DATE DUE

PRINTED IN U.S.A.

Amor verdadero

OCEANO ✿ *ámbar*

Amor verdadero

EL ARTE DE LA ATENCIÓN Y LA COMPASIÓN

Sharon Salzberg

 ámbar

AMOR VERDADERO
El arte de la atención y la compasión

Título original: REAL LOVE.
   The Art of Mindful Connection

© 2017, Sharon Salzberg

Publicado según acuerdo con Flatiron Books,
en asociación con International Editors' Co.
Todos los derechos reservados.

Traducción: Enrique Mercado

Diseño de portada: Henry Sene Yee
Fotografía de la autora: © Fabio Filippi

D. R. © 2018, Editorial Océano de México, S.A. de C.V.
Eugenio Sue 55, Col. Polanco Chapultepec
C.P. 11560, Miguel Hidalgo, Ciudad de México
Tel. (55) 9178 5100 • info@oceano.com.mx

Primera edición: 2018

ISBN: 978-607-527-520-8

Impreso en México / Printed in Mexico

A mi maestra, Nani Bala Barua (Dipa Ma), quien sufrió muchas pérdidas y llegó al poder del amor ilimitado

Índice

Introducción

En busca de amor

El amor nos quita máscaras sin las que tememos no poder vivir y
con las que sabemos que no podemos vivir.

JAMES BALDWIN[1]

Desde niños nos han contado las más diversas historias sobre
el amor. Esperamos que el amor nos dé júbilo, dicha, afecto,
pasión, dulzura, cariño, consuelo, seguridad y mucho más...
todo al mismo tiempo.

Con frecuencia, nuestra mente se confunde con las imágenes de la cultura popular que identifican el amor con el sexo
y el romanticismo, con escenas que ocurren bajo la luz de la
luna o en medio de destellos. Esta idea del amor nos hace decir y hacer cosas que no queremos. Hace que nos aferremos
desesperadamente a relaciones que deben cambiar, desafiar-
nos o desvanecerse. Es común que las grandes librerías tengan una sección dedicada al amor y las relaciones románticas,

con volúmenes sobre cómo conseguir, conservar y corregir una relación. Como me dijo un editor, "el mercado del amor está saturado".

Puede ser que creamos que ya hemos recibido la cantidad de amor que merecemos, nada generosa: "No tengo suerte en el amor" o "Me han herido demasiado para amar". Quizá nos hayamos vuelto tan cínicos (como una máscara para cubrir nuestro desconsuelo o soledad) que juzgamos desdeñosamente al amor como una ilusión lamentable. Algunos nos hemos cerrado al amor porque nos quita mucho más de lo que nos da. Justo en los momentos de angustia en que más necesitamos el amor, un corazón insensible podría ser nuestra mejor defensa.

A muchos de nosotros nos dijeron que si amábamos a los demás y nos sacrificábamos por ellos, no importaba que no nos amáramos a nosotros mismos. O que si queríamos a un amigo o a un hijo, ese amor curaría por sí mismo todos nuestros males y ya no sufriríamos derrotas ni reveses; así que la presencia de dolor en nuestra vida implicaría que fuimos malos para amar. O tal vez se nos sugirió que lo único que necesitábamos en este mundo era amor y que por tanto no estaríamos obligados a combatir la maldad ni a denunciar la crueldad o la injusticia.

Pero más allá de todas esas historias, es natural que como seres humanos vivamos con un deseo de pertenencia, conexión y hogar en este mundo. Anhelamos la cordialidad, las posibilidades y la abundancia que el amor parece prometer. Percibimos la existencia de un tipo de amor verdadero que es posible más allá de los límites por los que nos ha tocado navegar, una posibilidad no idealizada ni meramente abstracta. Tenemos la intuición de que podemos vincularnos mucho más a fondo con nosotros mismos y con los demás.

Uno de mis momentos decisivos llegó en 1985 mientras hacía un retiro de meditación en Birmania. Practicaba la meditación intensiva en la bondad amorosa y repetía todo el día frases de buenos deseos para mí y los demás, como "Que sea feliz, que sean felices". En determinado momento sentí como si hubiera llegado a un umbral. De un lado estaba mi idea convencional de mí misma como una persona que dependía por completo de otra para sentir amor en su vida; era como si considerara al amor como un paquete en manos de un repartidor todopoderoso que cambiaba de parecer en mi puerta y me dejaba desprovista e irremediablemente incompleta, sin el amor que tanto deseaba. Del otro lado del umbral estaba la reflexión de quién podría ser yo, una persona dotada de capacidad interior para amar en presencia de quienquiera y a toda costa, alguien con acceso al amor que otro podía aumentar o desafiar, pero que no podría quitarme nunca, porque nadie me había concedido esa capacidad. Y entonces atravesé ese umbral.

Comprendí que no podría florecer como ser humano mientras me viera a mí misma como una receptora pasiva de amor (postura que implica una espera demasiado larga, así como un alto grado de letargo). En cambio, ciertamente podría florecer como una personificación del amor.

Este libro es una exploración del amor verdadero —la capacidad innata de amar que todos poseemos— en la vida diaria. Pienso que el amor verdadero es una capacidad fundamental, a la que nada podrá destruir jamás. Esta capacidad podría estar oculta y ser difícil de encontrar y emplear... pero está ahí. Lo mismo que un latido, el amor verdadero pulsa tenuemente bajo las palabras con que nos saludamos unos a otros, cuando criticamos el trabajo de los demás sin ofenderlos, mientras nos armamos de valor para defendernos o cuando nos damos cuenta de que debemos terminar una relación; este amor verdadero persigue una vida auténtica en la cual desarrollarse y alcanzar su plenitud.

Considero que existe un único tipo de amor —*el amor verdadero*—, que intenta cobrar vida en nosotros pese a nuestros prejuicios, las distorsiones de la cultura y los hábitos del temor, la autocensura y el aislamiento que adquirimos a lo largo de la vida. Todos somos capaces de experimentar amor verdadero. Cuando vemos el amor desde esta amplia perspectiva, podemos experimentarlo hasta en los más breves momentos de relación: con un empleado en el supermercado, un niño, una mascota, un paseo en el bosque. Podemos descubrirlo dentro de nosotros mismos.

El amor verdadero está acompañado por un intenso reconocimiento de que estamos perfectamente vivos y sanos, pese a nuestras heridas, temores o soledad. Es un estado en el que permitimos que nosotros y los demás nos vean claramente y en el que, al mismo tiempo, ofrecemos una visión clara del mundo que nos rodea. Es un amor que cura.

El propósito de este libro se basa en técnicas de atención y otras prácticas de cultivo de la bondad amorosa y la compasión que he enseñado desde hace más de cuarenta años. La práctica de la atención ayuda a crear un espacio entre nuestras experiencias reales y las historias reflexivas que tendemos a contar sobre ellas (por ejemplo, "Esto es lo que me merezco"). La práctica de la bondad amorosa nos ayuda a salir de nuestros relatos predeterminados si éstos tienden a fundarse en el temor o el aislamiento. Nos volvemos autores de flamantes historias sobre el amor.

Aquí hay meditaciones, reflexiones y ejercicios interactivos para todos. Trazan un sendero de exploración emocionante, creativo e incluso divertido. Para idearlos me valí de mi propia experiencia y la de muchos de mis alumnos de meditación, quienes me brindaron generosamente sus historias para compartirlas en estas páginas. Las meditaciones en particular fueron creadas para ser realizadas más de una vez; con el tiempo, practicarlas creará una sólida base de atención y bondad amorosa en nuestra vida.

Nuestra exploración empezará con ese receptor de amor verdadero con frecuencia olvidado y aislado: nosotros mismos. Después, prolongaremos la exploración para incluir el trabajo con nuestra pareja, padres, cónyuge, hijos, mejores amigos y compañeros de trabajo, así como el divorcio, la muerte y el perdón: los retos y oportunidades de la vida diaria. Luego procederemos a explorar la posibilidad de permanecer en una sensación de conexión profunda con todos los seres, incluso con aquellos con quienes hemos establecido límites firmes o hemos tratado de bloquear en el pasado. Quizá no los apreciemos en absoluto, pero podemos desear que sean libres (y liberarnos de la influencia de sus acciones). Esa inmensa sensación de interconexión, dentro y fuera de nosotros, nos llevará a amar la vida misma.

He escrito este libro para todos aquellos que descubren el anhelo interior de ser más felices, que se atreven a imaginar que son capaces de mucho más en materia del amor. Y lo he escrito también para aquellos que a veces, como yo en otro tiempo, sufren por no sentirse amados y se creen incapaces de cambiar su destino. Con este libro espero ayudarles a cultivar el amor verdadero, ese espléndido espacio de comprensión donde estamos en armonía con toda nuestra existencia.

SECCIÓN 1

Introducción

Más allá del lugar común

Eres una persona digna de amor. No tienes que hacer nada para merecerlo. No tienes que subir el Everest, escribir una canción pegajosa que se vuelva viral en YouTube ni ser el director de una empresa de nueva tecnología que enseña a la gente a cocinar la totalidad de sus platillos con ingredientes cosechados en su huerto orgánico. Aun si nunca has ganado un premio ni posees placas que proclamen tus dotes excepcionales, mereces todo el amor del mundo. No tienes que ganártelo; para recibirlo simplemente debes existir. Cuando nos vemos y observamos la vida con más claridad, terminamos por confiar en eso y recordamos que merecemos la bendición del amor.

La falta de amor verdadero por nosotros mismos es una de las condiciones más negativas y dolorosas que puede haber. Nos aparta de nuestro profundo potencial para querer y relacionarnos; nos somete a un condicionamiento intenso, aunque superable.

Pero por valientes que nos mostremos ante el mundo, la mayoría de nosotros tenemos recurrentes dudas sobre nuestro mérito. Nos preocupa no ser lo bastante deseables, buenos o exitosos; tememos no ser suficientes, punto. Racionalmente sabemos que amarnos nos daría una base firme a partir de la cual podríamos dar amor al mundo, pero para la mayoría ése es un paso lógico, no del corazón; no nos arrojamos fácilmente a cosas en las que no confiamos, y la mayoría no creemos ser dignos del amor.

Nora expresa su confusión: "Aunque todos te dicen que para poder amar a los demás debes amarte a ti mismo, nadie te dice cómo hacerlo. Por un lado, parece un remedio para todo: 'Tengo que amarme si quiero encontrar pareja'; por otro, creo que muchos buscan el romanticismo como un medio para no amarse a sí mismos. En cierto sentido, el amor propio es el más difícil de todos, porque tú eres la persona a la que te resulta más práctico odiar".

Michelle describe una llamada de alerta: "Un día, al final de mis veinte, un amor platónico me dijo: '¿Sabes cuánto te quiero?'. Sentí al instante una ola de tristeza. 'No, no sé cuánto me quieres', contesté. 'Lo sé', replicó él sin rencor. En ese momento tomé conciencia de que nunca había pensado en mí como alguien a quien fuera posible amar. Y también me di cuenta de que era incapaz de recibir amor".

¿Por qué nos resulta tan difícil amarnos? ¿Por qué es tan complicado ser tan buenos y cariñosos con nosotros como lo somos con nuestros amigos?

Para comenzar, la noción del amor a uno mismo goza de una inmerecida mala fama, según la cual es un tipo de amor narcisista, egoísta y autocomplaciente; el delirio supremo de un ego desenfrenado que pretende ser el "número uno".

De hecho, es lo contrario. Cuando en un avión la presión cae, nadie llamaría egoísta al padre que se pone su máscara de oxígeno antes de ayudar a su hijo. En términos más generales, amarse genuinamente a uno mismo es estar en armonía con la vida, lo que incluye a los demás. La psicoterapeuta y practicante de la meditación Linda Carroll me explicó esa diferencia del modo siguiente: "Amarte es hacerte responsable de ser siempre mejor y el amor narcisista no tiene nada que ver con la responsabilidad".[1] En otras palabras, cuando damos aprecio y compasión a la totalidad de nuestras experiencias —las difíciles y dolorosas, además de los triunfos— somos naturalmente más amables y responsables con los demás. Se nos apacigua el corazón y vemos que cada quien lidia, a su manera, con esta vida que Zorba el Griego llamó "la completa catástrofe", llena de maravilla y de pesar.

Así que empecemos con nosotros mismos.

Todos nacemos listos para amar y ser amados, esto es un derecho inalienable. Nuestra aptitud para relacionarnos con los demás es innata, ya que está integrada a nuestro sistema nervioso, y necesitamos cercanía tanto como alimento físico. Pero también nacemos para aprender, y desde los primeros días comenzamos a crear nuestro mapa del mundo y del lugar que ocupamos en él. Nos hacemos expectativas simples: "Si lloro, alguien vendrá...". Pronto empezamos a convertir nuestras experiencias en historias que nos permiten explicarnos lo que nos ocurre y lo que pasa en el mundo a nuestro alrededor. Cuando somos chicos, la mayoría de esas expectativas e historias son *implícitas*, están codificadas en nuestro cuerpo y sistema nervioso. Pero cuando crecemos se vuelven *explícitas* y podemos recordar dónde y cuándo recibimos por primera vez un mensaje particular sobre nuestra valía y aptitud para amar y ser amados.

MENSAJES DE NUESTRA FAMILIA E HISTORIA DE VIDA

Cada uno de nosotros tiene una historia, familia y sucesos de vida propios que transmiten información como un incesante canal de noticias. Algunos de esos mensajes entran en nuestra mente consciente, mientras otros son recibidos por el inconsciente y pueden tardar años en recuperarse y articularse. Elliott recuerda que, de niño, cada vez que expresaba tristeza o amor su padre trataba de convencerlo de que no tuviera esos sentimientos. "No estás triste", le decía, o "No eres niña, así que no debes tener miedo". Sin estar consciente de ello, Elliott interiorizó el mensaje de que era arriesgado revelar sus emociones. No fue hasta que su matrimonio estuvo a punto de desmoronarse —lo que evitó gracias a psicoterapia y meditación— que sintió finalmente la libertad suficiente para expresar sus auténticos sentimientos.

Para la mayoría de nosotros, las experiencias de vida son una rica mezcla de elementos positivos y negativos, aunque los biólogos evolutivos aseguran que tenemos un "sesgo de negatividad" que nos vuelve especialmente alertas al peligro y la amenaza, no sea que un tigre nos devore (al menos eso es lo que el sistema nervioso nos dice). Para garantizar nuestra supervivencia, el cerebro recuerda sucesos negativos más que los positivos (conviene recordar dónde se escondía el tigre). Así, cuando nos sentimos perdidos o desanimados es difícil que evoquemos recuerdos y sentimientos de felicidad y sosiego.

Aunque esa reacción preestablecida es esencial para nuestra supervivencia cuando estamos en peligro, puede ser también fuente de gran sufrimiento. Con la meditación, sin embargo, podemos reeducar nuestro sistema nervioso y distanciarlo de esa respuesta de pelear o huir. Podemos aprender a identificar nuestros pensamientos y sentimientos como lo que son, sin ser arrasados por ellos.

MENSAJES DE LA CULTURA

Mis amigos a quienes les inculcaron la noción del pecado original suelen revelarme que la culpa los ha perseguido desde muy chicos. Entre sus pensamientos comunes están "Nací malo", "Nací defectuoso", "Hay algo fundamentalmente malo en mí". Y aunque esos conceptos no hayan formado parte de nuestro contexto religioso o familiar, persisten en la cultura y pueden ocasionar una sensación dominante de fracaso: "Nada de lo que soy o hago será suficiente nunca".

Para algunos, el pecado fue nacer en el género, origen étnico, raza u orientación sexual "equivocado", lo cual conduce a una sensación de no pertenencia. Estos mensajes culturales no sólo dificultan nuestra aptitud para amarnos y cuidarnos, sino que también pueden inhibir nuestro potencial, porque

disminuyen nuestras expectativas y reprimen nuestros sueños. También, nuestras oportunidades pueden reducirse a
causa de lo que la sociedad proyecta sobre nosotros. Incluso
podríamos ser blanco de odio y amenazas expresas a nuestra
seguridad.

James Baldwin, el brillante y ya desaparecido escritor gay
afroamericano, describió así la forma en que procesó esos
mensajes en su ensayo "They Can't Turn Back": "Me llevó
muchos años vomitar toda la inmundicia que se me había enseñado sobre mí mismo, y en la que hasta cierto punto creía,
antes de que pudiera caminar sobre la Tierra seguro de tener
el derecho de estar aquí".[2]

También pueden agobiarnos los mensajes de nuestra cultura materialista, los cuales resaltan la competencia, el prestigio y el "éxito" por encima del carácter y la inteligencia
emocional. Esto facilita caer en la trampa de compararnos
con los demás. Pero como señaló la psicóloga Sonja Lyubomirsky en su libro *The How of Happiness*, "entre más comparaciones sociales haces, más probable es que tropieces con
juicios desfavorables, y entre más sensible eres a éstos, más
probable es que sufras sus consecuencias negativas. [...] Por
exitosos, adinerados o afortunados que seamos, siempre habrá alguien que nos supere".[3]

Cuando se nos dice constantemente que deberíamos ser
más listos, productivos y ricos y estar mejor relacionados,
hace falta mucho valor para reivindicar el tiempo y espacio y
seguir el flujo de nuestro talento, corazón y aspiraciones, el
cual puede orientarnos en una dirección muy distinta.

MENSAJES DE LOS MEDIOS DE COMUNICACIÓN

¿Alguna vez has despertado tranquilo y satisfecho, pero te has sentido mal, te has llenado de envidia y has aspirado a algo más quince minutos después de haber revisado tu teléfono?

Hoy, muchos de nosotros estamos inmersos en las imágenes de una pantalla tanto tiempo como el que dedicamos al mundo exterior. Sutil o abiertamente, los anuncios nos dicen que nuestro cuerpo requiere un cambio radical, nuestra ropa es un asco, nuestra sala un desastre y que jamás se nos invitará a las fiestas indicadas, todo ello como un recurso para vendernos más y más. Entretanto, lo que podría ser una fuente de placer se convierte en motivo de ansiedad.

El activista social Jerry Mander especula que los medios de comunicación están deliberadamente diseñados para inducir odio a uno mismo, una imagen física negativa y abatimiento, mientras que la publicidad promueve —y vende— la supuesta solución a esos males.

Independientemente de cuál sea la fuente de tales mensajes, nosotros debemos tomar conciencia de ellos, analizar cuáles hemos adoptado como creencias y aprender a tomarlos más a la ligera. Con el tiempo, podríamos reemplazarlos incluso por una mente inquisitiva, un corazón abierto y una mayor sensación de vitalidad. Quizá no podamos hacerlos desaparecer, pero sí cuestionarlos. Cuanto más lo hagamos, menos molestos y limitantes resultarán. A su vez, nos relacionaremos más auténticamente con quienes nos rodean, lo mismo que con nuestros anhelos más profundos.

COMIENZA DONDE ESTÁS

Nunca he creído que uno tenga que amarse completamente a sí mismo para poder amar a otra persona; conozco a muchos que son muy duros consigo mismos, pero que quieren a sus amigos y familiares, y son queridos por ellos, aunque quizá tengan problemas para recibir ese amor. No obstante, es difícil amar a otra persona si no tenemos una sensación interna de abundancia y suficiencia. Cuando experimentamos carencia interior, el amor por otros se convierte fácilmente en ansiedad: de confirmación, de aprobación, de afirmación de nuestra valía. Si nos sentimos incompletos por dentro, buscaremos a alguien que nos complete. Sin embargo, la ecuación no opera de esa forma: los demás no pueden darnos lo que somos incapaces de darnos nosotros mismos.

Es importante reconocer que el amor propio es un proceso en permanente desarrollo que adquiere fuerza con el tiempo, no es una meta con un final fijo. Cuando prestamos atención, descubrimos que todos los días se nos reta a actuar en favor nuestro. Simples muestras de respeto —cuidar de nuestro cuerpo, relajar la mente y procurar belleza al alma por medio de la música, el arte o la naturaleza— son maneras de darnos amor. En realidad, todos nuestros actos —desde cómo reaccionamos cuando nuestros jeans preferidos ya no nos quedan hasta la variedad de alimentos que consumimos— expresan amor por nosotros, o autosabotaje. Lo mismo ocurre con la forma en que respondemos cuando un extraño se mete en la fila, un amigo hace algo que nos hiere o recibimos un diagnóstico poco grato.

Como dijo Maya Angelou en su libro *Letter to My Daughter*, "no puedes controlar todo lo que te sucede, pero sí decidir que eso no te reduzca".[4] Igual que muchas otras personas, yo inicié la práctica de la meditación para interrumpir mi tendencia a sentirme reducida por la vida.

Aun así, supone un valor especial desafiar los rígidos límites de nuestras costumbres. No es tan fácil cambiar radicalmente nuestra visión sobre la felicidad o de lo que nos da alegría, pero sí es posible. Podemos reconfigurar cómo nos vemos a nosotros mismos y reivindicar el amor propio para el que poseemos una capacidad innata. Por eso yo invito siempre a mis alumnos a emprender este camino con un espíritu de aventura, en lugar de sentir que el amor verdadero es un examen que no quieren presentar por temor a reprobarlo.

Aunque es común que al amor se le describa como dulce y soñador, el que nos damos a nosotros mismos es un poco más duro. Tú seguirás sintiendo rabia, deseo y vergüenza como todo el mundo, pero aprenderás a tener esas emociones en un contexto de afecto.

El amor verdadero da cabida al fracaso y el sufrimiento. Pese a que todos hemos cometido errores, algunos de ellos graves, podemos encontrar la manera de relacionarnos con ellos en forma bondadosa. Por muchos problemas que hayas sufrido o te hayas causado a ti mismo o a los demás, con amor puedes cambiar, crecer, corregirte y aprender. El amor verdadero no te sacará de ningún aprieto; no te induce a ignorar tus problemas o negar tus errores o imperfecciones; puedes verlos claramente y de todos modos optar por amar.

AMOR VERDADERO

EL MÚSCULO DE LA COMPASIÓN

Empezamos a cultivar verdadero amor por nosotros cuando nos tratamos con compasión. En cierto sentido, la autocompasión es como un músculo; entre más lo flexionamos, sobre todo cuando la vida no marcha de acuerdo con lo planeado (un escenario frecuente para la mayoría), más fuerte y resistente se vuelve.

Katherine dice: "Para mí lo más difícil de esta práctica ha sido escuchar, sentir y sufrir el inmenso dolor de mi infancia y adolescencia. Evitar este dolor cerró gradualmente mi vida y mi conciencia, aunque ya empiezo a sentir otra vez calor en mi corazón. Ya soy capaz de estar presente en nuevas formas para mí, mi esposo, mis hijos y mis nietos".

El calor del corazón al que Katherine se refiere no es una metáfora. Como escribe en su blog la psicóloga Kristin Neff (Self-Compassion.org), "cuando aliviamos nuestro dolor con el bálsamo de la autocompasión, cambiamos no sólo nuestra experiencia mental y emocional, sino también la química de nuestro cuerpo". Sus investigaciones indican que mientras la autocrítica aumenta la presión arterial, la adrenalina y la hormona cortisol —todo lo cual resulta de la respuesta de pelear o huir—, la autocompasión libera oxitocina, la "hormona de la vinculación", lo que incrementa la sensación de confianza, calma, seguridad y generosidad.[5]

El punto de partida de este radical replanteamiento del amor es la atención. Cuando tomas asiento en paz y te concentras en el ritmo constante de tus inhalaciones y exhalaciones, creas espacio para relacionarte contigo con compasión.

La respiración es la primera herramienta con la cual abrir un espacio entre la historia que te cuentas sobre el amor y tu capacidad para aprovechar el hondo pozo de amor que existe dentro y alrededor de ti.

Los padres de Nina eran muy estrictos y pensaban que jugar era frívolo, así que de niña la mantenían ocupada con toda clase de tareas. Y aunque a ella le gustaba cantar, sus padres la avergonzaban porque tenía un timbre imperfecto. Cuando yo la conocí en un curso de meditación, Nina señaló que su vida se reducía a trabajar con ahínco, sin nada de tiempo para divertirse ni cantar, su pasión. Sin embargo, luego de muchos meses comenzó a experimentar con las cosas que le habían dicho que no hiciera. Me escribió recientemente: "He entrado en un área que antes temía. [...] Cantar se ha vuelto una delicia, aprendo a divertirme".

Una prohibición contra el juego es un mensaje que haría a cualquiera acercarse al amor con los puños alzados y el corazón encogido, porque produce miedo, bloquea tu voz y fuerza vital, y te impide mostrarte al mundo como realmente eres: desafinado y todo lo demás.

LA MEDITACIÓN DE LA BONDAD AMOROSA

Para muchos, el amor verdadero por nosotros mismos puede ser una posibilidad a la que renunciamos hace mucho tiempo. Así, mientras exploramos nuevas formas de pensar debemos estar dispuestos a investigar, experimentar, correr algunos riesgos con nuestra atención y ponernos a prueba.

Intentaremos adoptar un nuevo enfoque del amor al que quizás hemos estado cerrados hasta ahora, porque hemos dado por hecho que conocemos ese asunto por dentro y por fuera.

La práctica de la bondad amorosa consiste en cultivar el amor como una fuerza transformadora que nos permite sentir un amor que no se apega a la ilusión de que las personas (incluyéndonos) son estáticas e inmóviles y están desvinculadas entre sí. Así, la bondad amorosa es un desafío a las emociones que suelen presentarse cuando nos imaginamos aislados de los demás: miedo, carencia, alienación, soledad. La bondad amorosa invade resueltamente esos sentimientos y favorece una alianza, no una enemistad, con nosotros mismos.

A diferencia del amor sensiblero de la cultura popular, relacionado con la necesidad, la pertenencia y la posesión, la bondad amorosa es abierta, libre, incondicional y abundante. Es la práctica de desear felicidad, tranquilidad, salud y fuerza a uno mismo y los demás.

Para expresar esos deseos usamos la repetición de ciertas frases, como vehículo para cambiar la forma en que nos prestamos atención a nosotros y a los demás. Son tres las esferas principales en las que experimentamos la bondad amorosa por medio de la meditación:

¿Cómo prestamos atención? Con la práctica aprenderemos a estar más presentes e íntegros en nuestra atención, en vez de fragmentados o distraídos.

¿A qué prestamos atención? Si nos fijamos en nuestros defectos y las faltas de los demás, sin caer en la negatividad, aprenderemos a admitir el otro lado: el bien que existe en nosotros, la

capacidad de cambio presente en nuestro interior pese a que aún esté encubierta o por ejercerse.

¿A quién prestamos atención? Aprenderemos a incluir a quienes hemos tendido a excluir, a examinar más que a ignorar a aquellos que tiempo atrás decidimos inconscientemente que no nos importaban. El espíritu de estos deseos es que nos unen con todos los demás en nuestro impulso común hacia la felicidad.

Cultivar bondad amorosa por nosotros es el fundamento del amor verdadero que sentimos por nuestros amigos y familiares, las personas con las que tratamos a diario, todos los seres y la vida misma. La progresión clásica de la meditación de la bondad amorosa es empezar ofreciéndote esa bondad a ti mismo para continuar después con aquellos con quienes tienes diversos grados de dificultad. Luego de hacerlo en nosotros, meditaremos en alguien que admiramos y respetamos, después en un amigo, luego en una persona neutral (como el empleado de la tintorería o la tienda), más tarde en una persona un tanto difícil para ti y por último en todos los seres. En esta sección nos centraremos en la bondad amorosa con nosotros y en las dos siguientes secciones completaremos el círculo de esta práctica.

- Tradicionalmente se usan frases como "Que yo esté a salvo", "Que sea feliz", "Que esté sano", "Que viva sin complicaciones".
- Algunos prefieren decir "Que me sienta a salvo, que me sienta feliz...". La última frase del párrafo anterior, "Que viva sin complicaciones", se refiere a las cuestiones de la

vida cotidiana, como el sustento y las relaciones: "Que la vida diaria no sea tan difícil".

- Si quieres, experimenta con estas frases o sustitúyelas en su totalidad por otras de tu elección. Algunos reemplazos comunes son "Que esté en paz", "Que esté lleno de bondad amorosa" o "Que tenga paz en el corazón".
- Cada frase debe ser lo bastante abierta y general para que sirva de conducto para verte de otro modo a ti y a los demás, mediante un espíritu de generosidad. Debe ser una especie de bendición; aquí no se trata de establecer metas ni de determinar áreas de superación personal, como "Que aprenda a hablar en público". ¿Qué ocurriría en este caso cuando pensáramos en el vecino o la abuela? En cambio, con cada frase que digamos practicamos la generosidad de espíritu.

El poder de concentración que queremos desarrollar se vería en peligro si tuviéramos que idear nuevas frases para cada receptor. Aunque no debes sentirte limitado, sería deseable que mantuvieras las mismas frases para tus diversos receptores. Además, los deseos que repetimos deben ser profundos y duraderos, no algo fugaz como "Que encuentre un buen lugar donde estacionarme".

PRÁCTICAS DE LA INTRODUCCIÓN

Presentación de la bondad amorosa

1. Comienza por sentarte cómodamente. Puedes cerrar los ojos o no, como te sientas más tranquilo. Si quieres, fija el lapso durante el que permanecerás sentado, usando una app o una alarma; si eres principiante, te sugiero meditar cinco o diez minutos. Elige las tres o cuatro frases que expresan lo que más deseas para ti y repítelas en silencio.

2. Repite tus frases, como "Que sea feliz", lo suficientemente espaciadas para encontrar un ritmo adecuado. Tengo un amigo que creía que entre más frases dijera, mejor; no te apures: di una por una poniendo en ellas toda tu atención.

3. No inventes ni simules una sensación especial. El poder de esta práctica procede de nuestra plena y sincera atención a cada frase, de que estemos realmente dispuestos a vernos, a nosotros y los demás, aunque quizás en formas inusitadas. Si temes sentirte sentimental o falso, éste es un recordatorio especialmente importante.

4. Estas frases son diferentes a las afirmaciones que hacemos para superarnos o para insistir en que somos perfectos tal como somos. Si te sientes falso o te da la impresión de que ruegas o imploras ("Que, por favor, sea feliz ya"), recuerda que ésta es una práctica de generosidad: te das un regalo de atención amorosa.

5. Puedes coordinar las frases con tu respiración, o hacer simplemente que tu mente se detenga en ellas.

6. Cuando descubras que divagas, intenta dejar de distraerte sin esfuerzo y regresar a la repetición de frases. No te preocupes si esto te pasa con frecuencia.
7. Cuanto estés listo, abre los ojos.

Recepción de bondad amorosa

Una práctica alterna con la cual experimentar es imaginar que alguien representa para ti la fuerza del amor. Podría tratarse de una persona que te haya ayudado directamente o que no conozcas, pero que te haya inspirado; un contemporáneo tuyo o un personaje histórico o mitológico; un adulto, un niño o incluso una mascota. Piensa en esa persona hasta que tengas una sensación de su presencia; puedes visualizarla o decir su nombre para ti.

Siente entonces que recibes su energía, atención, consideración o cuidado mientras repites en silencio las frases que expresan lo que más deseas. Pero dilas como si te las dijera ella: "Que estés a salvo", "Que seas feliz", "Que estés sano", "Que tengas paz en el corazón".

Esto puede hacer surgir todo tipo de emociones; quizá sientas gratitud y asombro o timidez y vergüenza. Cualquiera que sea la emoción que emerja, permite que pase por ti. Tu piedra de toque son las frases "Que seas feliz", "Que estés en paz" o las que hayas elegido. Imagina que tu piel es porosa y que recibe esa energía. No tienes que hacer nada especial para merecer este tipo de afecto o reconocimiento; llega sencillamente porque existes.

Puedes terminar la sesión haciendo que esa calidez y bondad amorosa llegue a todos los seres en todas partes; transformarás así lo que recibiste en generosidad. La bondad y cordialidad que existen en este mundo se volverán parte de ti y, en consecuencia, de lo que expresas.

Cuando estés listo, abre los ojos y relájate.

Ser amor

Cuando iniciamos la Insight Meditation Society, en febrero de 1976, no teníamos ningún plan para el primer mes, así que decidimos hacer un retiro. Yo resolví realizar una práctica intensiva de la bondad amorosa, que había querido hacer desde tiempo atrás. Aunque no tenía un maestro que me guiara, confiaba en mi conocimiento en la práctica (ofrecerte primero bondad amorosa a ti, etcétera) y me aventuré.

Dediqué la primera semana a brindarme bondad amorosa y no sentí nada, ningún resplandor, ningún gran avance, pura monotonía. Algo le aconteció entonces a un amigo nuestro en Boston y varios de nosotros tuvimos que dejar el retiro. Mientras me preparaba para partir en uno de los baños, tiré al suelo un jarrón enorme que se hizo añicos. Para mi sorpresa, noté que el primer pensamiento que me vino a la mente fue *Eres una tonta, pero te quiero*. "¡Mira nada más!", pensé. Si alguien me hubiera señalado un suceso de esa semana para convencerme de que algo había ocurrido, yo habría dicho que no, pero lo cierto es que algo profundo había empezado a cambiar desde el principio.

Así es como sabemos si esta práctica funciona o no. Es probable que nuestros esfuerzos no den resultado en el periodo formal que dedicamos cada día a la meditación; pero aparecerán en nuestra vida, lo que desde luego es lo que cuenta: cuando cometemos un error, cuando nos sentimos ignorados, cuando queremos celebrar nuestra capacidad de afecto. Veremos sus efectos cuando conozcamos a alguien o cuando hagamos frente a la adversidad. Los resultados se revelarán a raíz de nuestra intensa práctica, pero también porque la bondad amorosa es una herramienta a nuestra disposición, sea cual sea la situación en que nos encontremos.

La diferencia entre una vida aquejada por la frustración y otra sostenida por la felicidad depende de lo que la motiva: el odio o el verdadero amor por uno mismo. Son varios los factores que limitan o incrementan nuestra capacidad para partir del verdadero amor por nosotros.

Kaia me escribió lo siguiente sobre este tema: "Mis experiencias de temor, rechazo y dolor —que para la mayoría componen una infancia y vida adulta "normales"— acabaron por apartarme de ese amor puro, al menos por un tiempo. Creo que para casi todos el amor suele ser doloroso y vulnerable, como una pepita de oro que sabemos que está oculta en lo más hondo de nuestro ser, pero que nos sentimos forzados a proteger a toda costa. Y a menudo lo hacemos, sin siquiera darnos cuenta de ello".

1

Las historias
que nos contamos

Nos contamos historias para poder vivir.

JOAN DIDION

La mente humana está programada para crear orden, una narración coherente; y nuestras historias son nuestras anclas, nos dicen quiénes somos, qué es lo más importante para nosotros, de qué somos capaces, en qué consiste nuestra vida.

Nos sucede algo en la infancia —nos muerde un perro, digamos— y de repente tenemos una historia. Les tememos a todos los perros y durante años transpiramos cada vez que uno se nos acerca. Si estamos alerta, un día descubrimos que en nuestra mente hemos elaborado una historia sobre toda una especie con base en un único incidente con uno solo de sus ejemplares y que nuestra historia no es real.

Los relatos que nos contamos a nosotros mismos son los temas centrales de nuestra psique. Si uno de nuestros padres fue alcohólico y sufrió carencias emocionales, podríamos concluir —inconscientemente— que es nuestro deber cuidar a todos, aun en nuestro perjuicio. Si de adultos se nos diagnostica una enfermedad grave, podríamos creer que es culpa nuestra y crear una historia sobre eso: no comíamos bien, permanecimos demasiado tiempo en una relación tóxica. Mientras no cuestionemos nuestros prejuicios básicos acerca de nosotros mismos y no los veamos como algo eventual, no fijo, es fácil que repitamos los patrones establecidos y que, por mera costumbre, recreemos antiguas historias que limitan nuestra aptitud para vivir y amarnos con un corazón abierto.

Por fortuna, tan pronto como nos preguntamos si una historia es cierta o no en el presente, nos potenciamos para reformularla. Comenzamos por advertir que casi todos nuestros relatos pueden ser mirados bajo diversas luces, dependiendo de nuestro punto de vista. En ocasiones seremos el héroe de nuestra historia; otras, la víctima.

Pienso en Jonah, el primero en su familia que asistió a la universidad. Incluso el paso inicial de presentar su solicitud fue una tarea titánica, y una vez que se le admitió tuvo que buscar la forma de financiar sus estudios. Esto significó hacer malabares para organizar largos turnos laborales y una pesada carga de asignaturas. Jonah tuvo que hacer un gran esfuerzo para no atrasarse en sus cursos. Aun así, cuando refiere orgullosamente su historia, él mismo reconoce que los obstáculos que enfrentó fueron las claves de su éxito. Se graduó y consiguió un buen trabajo, donde conoció a su pareja. Una década después de su graduación dice: "Mírame ahora".

No obstante, Jonah podría contar su historia de otra manera, en la que sus adversidades adoptaran un papel central. Esta versión contendría más recuerdos de noches solitarias, de su sensación de exclusión, de sus preocupaciones por sentirse un impostor. Él podría describir que el mundo se puso en su contra y enfocarse en las personas que lo desairaron. Ésta también sería la historia de un héroe, aunque marcada por la frustración y la amargura.

Muchos de los relatos que nos contamos sobre el amor son como la versión atribulada de la historia de Jonah. Más que con compasión, tendemos a considerar nuestras pérdidas pasadas culpándonos a nosotros mismos. Y cuando se trata del presente, tendemos a especular y llenar los espacios en blanco: si un amigo no nos llama a la hora convenida nos convencemos de que se olvidó de nosotros, cuando lo cierto es que, por ejemplo, tuvo que llevar a su hijo al doctor. Si nuestro jefe quiere hablar con nosotros, estamos seguros de que hicimos algo malo, cuando, en cambio, decide asignarnos un nuevo proyecto. Como no somos conscientes de que elaboramos una historia, esas narraciones pueden aumentar nuestra ansiedad y depresión al tiempo que reducen nuestra esperanza del futuro y corroen nuestra autoestima.

Uno de mis alumnos atribuye su penoso matrimonio y divorcio, así como otras relaciones "fallidas", a su sensación de falta de mérito y a su complejo de culpa. "Soy muy susceptible porque me atormento todo el tiempo", dice. "Si hubiera sido más compasivo conmigo en mis relaciones pasadas, quizás habría tenido mejores mecanismos de defensa." A través de la psicoterapia y la meditación, este alumno ha aprendido a cuestionar sus narraciones negativas y a desentenderse de la constante censura de su crítico interno.

En cuanto su pareja rompió el compromiso entre ellos, Diane se culpó por ser "imposible de amar", pese a que ella también abrigaba serias dudas sobre el futuro de la relación. Pero en lugar de hacer una pausa e investigar con atención y autocompasión la fuente de su historia, se apresuró a sacar una conclusión negativa, que arrastraba desde su infancia.

Si oímos a un amigo decir: "No valgo nada; no soy interesante, he fracasado mucho y por eso nadie me quiere", es muy probable que salgamos en su defensa. "¡Yo te estimo!", insistiríamos. "Y tus demás amigos también. Eres una buena persona." A menudo, sin embargo, no contrarrestamos las frases negativas que saturan nuestra mente todos los días.

Podríamos preguntarnos en cambio: "Si examinara lo que pasa a través de los ojos del amor, ¿cómo contaría esta historia?".

SACA PROVECHO DE LAS NARRACIONES OCULTAS

Los sentidos suelen ser la puerta de entrada de nuestras historias, ya que desencadenan recuerdos de mucho tiempo atrás. Percibimos un aroma a bollos frescos de arándano y recordamos nuestra niñez: los arándanos silvestres que crecían en el jardín cuando nuestra familia tenía una casa en la playa. Y allá vamos: olemos el mar, sentimos el sabor de las almejas que comíamos sentados en los altos bancos del malecón y volvemos a la horrible noche en la que papá se emborrachó.

El nítido recuerdo de esa noche podría hacer surgir el triste pensamiento de que, en realidad, es probable que papá no nos haya amado nunca, seguido por un salto al presente: "Quizá no sirvo para el amor. Tal vez jamás seré amado".

Este proceso es en gran medida inconsciente. La mente inconsciente es un enorme depósito de experiencias y asociaciones que ordena las cosas con mucha más rapidez que la lenta mente consciente, la cual tiene que hacer un esfuerzo para unir los puntos. Además, la mente inconsciente opera con sesgos muy marcados y tiende a subrayar nuestro dolor.

En algunos casos, las historias que tejemos sobre nosotros ni siquiera nos pertenecen. De manera inconsciente, podemos revivir la ansiedad de nuestra madre, las decepciones de nuestro padre o los traumas no resueltos que sufrieron nuestros abuelos. "Así como heredamos el color de ojos y tipo de sangre, también podemos heredar sucesos traumáticos ocurridos en nuestra familia", explica el terapeuta Mark Wolynn, autor de It Didn't Start with You. Wolynn refiere el caso de una paciente que se paralizó de temor a ser "sofocada" cuando cumplió cuarenta años. Fue hasta que investigó la historia de su familia que descubrió que una abuela, quien supuestamente había fallecido por causas desconocidas, en realidad había muerto en la cámara de gas de Auschwitz a los cuarenta años.[1]

La idea de que es posible heredar vestigios traumáticos —o historias no resueltas— resulta innovadora. Las investigaciones en el campo de la epigenética —la ciencia biológica que estudia las alteraciones en la expresión de los genes— muestran que ciertos rasgos pueden transmitirse de una generación a las tres siguientes. Por ejemplo, un notable estudio en

Suecia determinó que la experiencia de hambre o saciedad de un abuelo tenía implicaciones para la vida de las dos generaciones posteriores.[2] Otro estudio, éste dirigido por Rachel Yehuda, profesora de psiquiatría y neurociencias en el Hospital Monte Sinai en Nueva York, reveló que los herederos de sobrevivientes del Holocausto tenían tres veces más probabilidades de reaccionar a un suceso traumático con trastorno de estrés postraumático (TEP) que los de personas que no vivieron el Holocausto. Más todavía, Yehuda y su equipo descubrieron que los hijos de mujeres embarazadas que estaban cerca del World Trade Center cuando éste se desplomó eran también más propensos al TEP.[3]

Si crees que es posible que vivas inconscientemente la historia de otra persona, Wolynn sugiere que te formules algunas preguntas clave o que se las hagas a tus familiares. Entre ellas están: ¿quién tuvo una muerte prematura? ¿Quién se marchó? ¿Quién fue abandonado o excluido de la familia? ¿Quién murió en el parto? ¿Quién se suicidó? ¿Quién experimentó un trauma significativo?

Ya sea que las historias que nos contamos surjan de nuestras experiencias de vida o nos hayan sido heredadas inconscientemente por generaciones previas, identificar la fuente de nuestras narraciones personales nos ayuda a liberarnos de sus aspectos negativos y a reformularlas de tal modo que promuevan nuestra integridad.

REESCRIBIR NUESTRA HISTORIA

Cuando forjamos nuestra identidad, tendemos a reforzar ciertas interpretaciones de nuestras experiencias, como "Nadie estuvo a mi lado, así que no soy digno de amor". Estas interpretaciones se arraigaron en nuestra mente y fueron validadas por las agudas reacciones de nuestro cuerpo, y fue así como empezaron a definirnos. No obstante, olvidamos que cambiamos constantemente y que podemos hacer y rehacer la historia de lo que somos. En cambio, cuando recordamos los resultados pueden ser dramáticos y trastornar nuestra existencia.

Stephanie luchó durante años con el insomnio. Cuando iniciaba sus treinta, el médico le recetó una sustancia para reducir la presión arterial y combatir así sus persistentes migrañas. El problema es que su presión ya era baja y el medicamento la redujo aún más, de manera que Stephanie se ponía tan ansiosa que creía que moriría si se dormía. En lugar de identificar la verdadera fuente de su mal, el médico le recetó pastillas para dormir. Cuando ella consultó a otro doctor (que interrumpió de inmediato su tratamiento para la presión), ya dependía de esas pastillas, cuya adicción conservó durante los veinte años siguientes.

"Me odiaba por tomarlas y muchas veces intenté dejarlas, pero no podía", recuerda. "Creía que había algo inherentemente malo en mí y que mi cuerpo ya no podía dormir sin sustancias químicas. Las noches en que intentaba no tomar píldoras permanecía despierta horas enteras, aterrada y empapada en sudor, hasta que al final me rendía y tomaba el medicamento".

Hace dos años, sin embargo, cuando comenzó a leer artículos sobre los peligros de las pastillas para dormir, resolvió dejarlas. Empezó a meditar con más regularidad y probó todos los remedios herbales imaginables; aun así, luchó y recayó durante meses. Pudo librarse de ellas hasta que identificó —y cuestionó— la historia que se había contado sobre que no podía dormir sin la ayuda de medicamentos. "Cuando por fin vi con claridad que había sido víctima de una historia que no era la verdad, fue como si un foco se encendiera. Por primera vez en veinte años pude confiar en mi aptitud para dormir sin tomar nada", dice.

En última instancia, nosotros somos los únicos capaces de tomar una historia rutinaria, codificada en nuestro cuerpo y nuestra mente, y cambiarla.

Nancy Napier, terapeuta de traumas, habla acerca de su trabajo con personas que han sufrido lo que ella llama "trauma de choque", una enorme perturbación en su vida, desde situaciones peligrosas como un terrible accidente automovilístico o de aviación hasta sucesos más comunes, como un despido o la ruptura de una relación percibidos como desastrosos. La pieza clave, dice Napier, es que la vida normal de esas personas se desestabiliza y sus expectativas se vienen abajo. Una de las primeras cosas que ella les dice a sus pacientes es *Sobreviviste*. "Te asombraría saber cuántos se sorprenden enormemente por eso", explica. "Es información de última hora para el sistema nervioso y la psique."[4]

Si tuviera que elegir pies de foto para imágenes de mis primeros años de vida, dirían: "Huérfana de madre", "Abandonada", "Padre aquejado por una enfermedad mental", "Educada por inmigrantes de primera generación", "No puedo ser como los demás". El dolor, la consternación y el temor me empujaron a buscar una nueva historia a través de la meditación.

Una de mis maestras de meditación fue una extraordinaria mujer india llamada Dipa Ma. Ella se convirtió en mi modelo, fue alguien que ha sufrido pérdidas apabullantes y resurgió provista de un amor inmenso. Toda su trayectoria de meditación estuvo motivada por la pérdida: primero la muerte de dos de sus hijos y después el repentino fallecimiento de su amado esposo. Se sentía tan apesadumbrada que se daba por vencida y se acostaba, pese a que todavía tenía una hija de la cual ocuparse.

Un día su doctor le dijo: "Si no hace algo por su estado mental, morirá; aprenda a meditar". Dicen que la primera vez que fue a meditar estaba tan débil que tuvo que subir a rastras las escaleras del templo.

Dipa Ma emergió de su dolor con enorme sabiduría y compasión, y en 1972 se convirtió en una de mis principales maestras.

Un día de 1974 fui a despedirme de ella antes de salir de la India a un breve viaje a Estados Unidos. Yo estaba convencida de que regresaría poco tiempo después y pasaría el resto de mi vida en la India. Ella tomó mi mano y me dijo:

—Ahora que te vas a Estados Unidos, enseñarás meditación allá.

—No —repuse—, volveré.

—Enseñarás —insistió.

—No —reiteré—, no puedo hacer algo así.

Continuamos un rato con este estira y afloja hasta que por fin ella me sostuvo la mirada y me dijo dos cosas cruciales.

Primero: "Comprendes en verdad el sufrimiento; por eso debes enseñar". Este comentario fue un catalizador esencial que me permitió reformular mi historia: mis años de pérdida y trastorno eran no sólo algo que tenía que superar, sino también una posible fuente de sabiduría y compasión que podía servirme para ayudar a los demás. ¡Mi sufrimiento podía ser una especie de acreditación!

Lo segundo que Dipa Ma me dijo fue: "Lograrás cualquier cosa que te propongas; lo que te detiene es tu idea de que no puedes hacerlo". ¡Qué enfoque tan distinto al de mi usual historia de incapacidad, imperfección e insuficiencia! Llevé conmigo a Estados Unidos el mensaje de despedida de Dipa Ma, el cual determinó el curso del resto de mi vida.

Decir que estoy agradecida por lo que sufrí en mi niñez es demasiado. Sin embargo, sé que esas experiencias son lo que me permite conectar con la gente, de corazón a corazón.

En un espíritu similar, la maestra zen Roshi Joan Halifax nos previene contra convencernos de que los traumas de la infancia son dones. En una charla reciente sugirió: "Concíbelos como hechos, no como dones". De esta manera no hay pretensión ni presión para replantear experiencias dolorosas. Si algo es un hecho, no lo negamos ni volteamos para otro lado; lo reconocemos y después vemos cómo seguir adelante del mejor modo posible.

PARA AMARNOS EN VERDAD

Para amarnos de verdad a nosotros mismos, debemos tratar nuestras historias con respeto, sin permitir que nos dominen, para que liberemos del pasado a nuestro mutable presente, así como a nuestro promisorio futuro.

Para amarnos de verdad, debemos abrirnos a nuestra integridad antes que aferrarnos a nuestras miserias, representados por nuestras viejas historias. Vivir en una narración de un yo limitado —en cualquier grado— no es amor.

Para amarnos de verdad, debemos desmentir la creencia de que hemos de ser distintos o inherentemente mejores para ser dignos de amor. Cuando tratamos obstinadamente de hallar la forma de mejorar, nuestra capacidad de amar se contrae y nuestros intentos de mejora saturan un espacio que debería ser llenado con amor.

Quizá no debamos corregir ninguna terrible deficiencia. Tal vez lo que realmente necesitamos es cambiar nuestra relación con dicha carencia, ver lo que somos con la fuerza de un espíritu generoso y un corazón sabio. San Agustín dijo: "Si buscas algo que esté en todas partes, no es preciso que vayas lejos; necesitas amor".

2

Las historias que otros cuentan de nosotros

Lo que determina nuestras decisiones no son las historias, sino aquellas que no cesamos de elegir.

SYLVIA BOORSTEIN

Igual que las historias que nos contamos a nosotros mismos, también las que los demás cuentan de nosotros definen nuestras experiencias. Éstas pueden tener un giro positivo o negativo, socavarnos o apoyarnos. Y a veces ni siquiera son relatos, sino ideas transmitidas por medio de señales no verbales, como el lenguaje corporal o las expresiones faciales, incluso una sola palabra o frase: *tímido*, *retraído*, *generoso*, *abstraído*. Que esas historias nos enaltezcan es un don; nos recuerdan que importamos y refuerzan nuestro amor verdadero por nosotros mismos.

En el caso de Melody, ese recordatorio provino de un vigilante de la preparatoria. Ella tenía problemas con su madre a causa de sus bajas calificaciones, fricción que se acentuó cuando dejó a sus antiguas amigas para unirse a un grupo más problemático. El vigilante la vio con sus nuevas amistades mientras recorría el perímetro de las instalaciones, donde se reunían. Un día en que Melody se dirigía a clases, él apuró el paso para alcanzarla. "Hija, ¿no te das cuenta de que eres mejor que esas jóvenes?", le dijo.

Esto era lo mismo que su madre había tratado de decirle, aunque su tono cortante y acusador provocaba que el mensaje no atravesara el abismo cada vez mayor entre ambas. En cambio, la voz del vigilante fue amable y sus palabras permanecieron con Melody todo el día. ¿Iba a negarlo? No. De hecho, antes de que el guardia le dijera su sentir, Melody había pensado que nadie reparaba en ella —lo buena que era y el gran esfuerzo que hacía—, ¿así que para qué se molestaba? Cuando él le demostró que la gente sí la veía y que esperaba cosas buenas de ella, se sintió elogiada y poco después se separó de aquel grupo conflictivo.

Podemos interpretar nuestras experiencias en formas muy diversas, basándonos en las señales externas que interiorizamos. Gus era el mediano de cinco hermanos y casi desde el principio pareció que había nacido en el lugar equivocado. Su familia vivía en Montana y gustaba mucho de la naturaleza, acampar, cazar y pescar, mientras que Gus prefería leer y oír música y detestaba salir de excursión y armar alboroto. Cuando los chicos crecieron, Gus se convirtió en el bicho raro y pudo haber tenido una adolescencia muy solitaria de no ser porque su tío lo entendió y admiró su sensibilidad. Si oía que alguien se burlaba de él, el tío intervenía: "No seas tan duro con él; tiene un don". La familia terminó por verlo como una persona excepcional que debía ser celebrada por su diferencia y Gus creció viéndose también de esa manera.

Cuando nuestros seres queridos expresan nuestra bondad y fortalezas, sus historias proyectan sobre nosotros una luz positiva y es natural que sintamos más amor propio.

LA RED DE LA FAMILIA

Las familias suelen asignarnos roles que determinan nuestras historias. Quizá ni siquiera recordamos cómo adquirimos esas etiquetas o si las elegimos. Y si tú has sido objeto de una de ellas, sabes que incluso las etiquetas positivas pueden resultar asfixiantes. Alguien que ha sido siempre "el responsable" puede verse en un profundo conflicto interno cuando en una ocasión particular no quiere serlo. O "el gracioso" que ha tenido un mal día podría sentir que defrauda a la humanidad porque no es capaz de cumplir su papel.

Mi amiga Billie habla acerca de la narración que abstrajo de chica: "¿Qué te pasa?", le preguntaba a menudo su padre. Aunque en su hogar era posible "abrirse amplia y maravillosamente", lo describe como un sitio donde "también se hacían muchas burlas abusivas". En consecuencia, ella aprendió a ridiculizarse a sí misma. Ahora se refiere a la clásica pregunta de su padre ("¿Qué te pasa?") como su "primer sufrimiento, seguido por hondas heridas y pérdidas" a lo largo de su adolescencia y juventud.

Tras interiorizar ese negativo concepto de sí, Billie recurrió al abuso de sustancias para aliviar su dolor. Fue muchos años después, cuando se unió a un programa de recuperación, donde encontró una nueva comunidad que le contó una historia muy distinta sobre ella. "Un buen día, en mi trigésimo segundo año en la Tierra, la Providencia sopló una bendición que cruzó todo el universo y cayó justo en mí", recuerda. "Fui a dar con unas personas que habían descubierto una mejor manera de vivir, una comunidad de adictos en recuperación, cuyas experiencias eran un reflejo de las mías. Que se sentaran todos los días a mi lado fue algo invaluable. Me tendieron la mano, se acercaron a mí y me ayudaron a sanar. Me prestaron silenciosa y concentrada atención y eso me enseñó a dármela yo misma".

En ese grupo ella era una persona con un valor innato, alguien que podía ayudar a los demás. Descubrió que esta nueva historia le permitía fortalecer su creciente aprecio por sí misma. Como ocurre con todo nuevo hábito, adoptar una visión corregida de uno mismo puede ser difícil y requiere práctica. Pero al comprometerse con el grupo y a través de la diaria labor de la recuperación, dice Billie, "aprendí a quererme y pude tenderles la mano a otros que también sufrían. Desde entonces he sido capaz de hallar satisfacción y gratitud en muchas cosas durante muchos años".

En ocasiones el relato de un familiar sobre nosotros refleja sólo un aspecto de nuestro carácter, pero lo aceptamos inconscientemente como si fuera toda la verdad. La madre de Kathy comenzó a llamarla "chica dura" desde que era una adolescente. Es cierto que las circunstancias de la familia habían sido difíciles y que Kathy reaccionó con una resistencia y disciplina superiores a su edad. Pero sentía que esa etiqueta era ofensiva: una limitación, no un cumplido. ¿Cómo podía permitirse ser vulnerable o sensible? ¿Cómo podía amarse? ¿Quién querría amar a una "chica dura"?

No obstante, yo podría contarte una historia muy distinta, e igualmente verdadera, sobre la vulnerabilidad y empatía de Kathy. Una sola pero reiterada frase ("chica dura") la llevó a definirse o a defenderse de una muy limitada serie de características. Su identidad se consolidó en torno a esa historia, pese a que el mundo no siempre le pedía ser dura y a pesar de que ella no respondía con dureza a todas las situaciones.

En determinado momento, ser una "chica dura" había sido un inteligente mecanismo de adaptación, pero no era una forma sana en la que Kathy quisiera verse siempre. Por eso es preciso que probemos una y otra vez los límites de nuestra historia, impidamos que se solidifique y generemos cierta holgura, elasticidad y un poco de espacio para hacer ajustes. Cuando nuestro relato es flexible, cada momento es una nueva oportunidad para aceptar todos los aspectos de nuestro ser. Kathy pudo apreciar que había sido dura cuando fue necesario —y que podía serlo de nuevo si se requería—, pero que esa dureza no la definía por completo.

EL JUICIO DE LOS AMIGOS

Ben cuenta un suceso que le ocurrió en segundo de primaria que hizo trizas su seguridad y alteró su narración sobre su familia. "En el recreo me juntaba con Justin y mi madre me sugirió que lo invitara un día a casa después de clases", cuenta.

"No sabía mucho sobre su familia; cuando tienes siete años no te fijas en esas cosas. Pero resultó que Justin era muy rico y vivía en una mansión inmensa en un barrio elegante. El día que él fue a mi casa se paró frente a nuestro modesto dúplex de ladrillo y, con expresión de horror, dijo: '¿*Aquí* vives?'".

"Jamás lo olvidaré", dice Ben ahora, "me sentí devastado. Yo creía hasta entonces que mi casa y mi familia eran perfectas. Éramos felices. En nuestra mesa había siempre comida en abundancia. Mi padre trabajaba para la oficina de correos y mi madre era maestra de preescolar. Pero después de ese comentario, la duda y la vergüenza se infiltraron. Sentí que había algo fundamentalmente malo en nosotros, y sobre todo en mí, que tardé años en superar."

Cuando creemos en una historia hiriente, todo nuestro mundo se ve disminuido. Es como si de pronto alguien apagara la luz y perdiéramos nuestros sueños y en nuestra capacidad para amar y ser amados. Si aceptamos esa historia como verdad puede sembrar semillas de envidia, rencor, ansiedad y depresión con las que lidiaremos muchos años.

A veces, sin embargo, la perspectiva de un amigo puede ayudarnos a ver con más claridad nuestra conducta y a restaurar nuestra seguridad en nosotros. Una de mis alumnas, Julia, está muy agradecida con la atenta pero honesta evaluación de una amiga suya sobre sus relaciones con los hombres.

"Una de mis amigas es muy franca conmigo y me ha dicho cómo percibe mi conducta romántica", explica Julia. "Quiere que me trate mejor a mí misma. Verla pensar y sufrir por mí me ha impulsado a estimarme de otro modo. No me hace sentir remordimientos; pero quiere que me cuide como cree que lo merezco. Ver cuánto me quiere y desea protegerme hace que yo lo desee también."

Aceptar la crítica de otro, aun cuando se ofrece por amor, requiere valentía. Si Julia hubiera reaccionado a la defensiva a los comentarios de su amiga, es probable que su amistad hubiera sufrido consecuencias, pero también que ella hubiera seguido relacionándose con los hombres en formas poco respetuosas consigo misma.

Hoy, cuando las redes sociales son ya una herramienta primaria de comunicación, hay más oportunidades que nunca para saber lo que los demás piensan de nosotros. A veces lo que oímos es positivo y afirmativo, pero con frecuencia no es así. El hostigamiento y las campañas de desprestigio en internet se extienden como pólvora y pueden hacer un daño irreparable: cincuenta y dos por ciento de los jóvenes estadunidenses dicen haber sido hostigados en línea, mientras que veinte por ciento de los afectados contemplan el suicidio y uno de cada diez lo intenta.[1] Dada la proliferación de teléfonos móviles y del uso de las redes sociales entre los chicos, la propagación viral de rumores y acusaciones perniciosos se ha vuelto un preocupante fenómeno social. Y desde luego que también muchos adultos son agredidos y avergonzados.

Si nos amamos de verdad a nosotros mismos, ¿evitamos compartir todo lo estrictamente personal o defendemos públicamente lo que somos y aquello en lo que creemos? ¿Cuál de estas actitudes es la que mejor refleja tu interés y preocupación por ti mismo?

HIJOS DE LA SOCIEDAD

Nuestra raza, religión, clase social, origen étnico o identidad de género y sexual son todas ellas conceptualizaciones que implican diferentes cosas de nosotros para los demás, dependiendo de su condicionamiento. Por eso es tan significativo —y esencial para el desarrollo de la sociedad— cuando las historias restrictivas y negativas son sometidas a una revisión a gran escala.

A veces un cambio drástico en las proyecciones de una sociedad puede conferir una sensación de legitimidad y pertenencia que antes parecía inimaginable. Tal fue el caso del trascendental fallo de 2015 de la Suprema Corte de Justicia de Estados Unidos sobre el matrimonio entre personas del mismo sexo, que liberó a hombres y mujeres homosexuales en formas que superan con mucho la libertad de transitar por la calle y decir legalmente "Así soy". A sus cincuenta años, el columnista del *New York Times* Frank Bruni describió de modo muy conmovedor su reacción a ese fallo:

Después de años extraordinarios durante los cuales un estado tras otro legalizaba el matrimonio entre personas del mismo sexo, la Suprema Corte decidió que todos los demás deben hacerlo también, que la Constitución así lo exige y que ésta es una cuestión de "igual dignidad ante la ley", como escribe el juez Anthony Kennedy.

Hablo por un hombre de cincuenta años que, aunque esperaba que esto ocurriera, apenas puede creerlo, porque parecía imposible cuando era joven, porque parecía inverosímil cuando fui un poco mayor y porque ahora todo es diferente, o lo será. [...]

Y eso se debe a que la decisión de la Suprema Corte no se reduce a unas cuantas bodas. Atañe a la dignidad. Desde la más alta tribuna de la nación y por voz de una de sus entidades más autorizadas, una mayoría de jueces le dijo a una minoría de estadunidenses que son normales y aceptados, plena, jubilosamente y con pastel.[2]

Casi al mismo tiempo que la Suprema Corte emitía su fallo, Paul Brandeis Raushenbush, clérigo que ya llevaba trece años con su pareja, dos de ellos casado, comentó la ambivalencia de las autoridades religiosas que, tras inclinarse con reservas a favor de esa resolución, terminaron por retractarse. "La idea de que unas personas cualesquiera debatan sobre mi vida y mi amor me parece ahora extraña y ofensiva", escribió en The Huffington Post. "Aunque seguiré atento a esos debates, en razón de mi presencia en los medios y de mi interés en la justicia para todos, en lo personal no podría importarme lo que esos sujetos piensen de mi vida. No voy a darles ese poder. [...] Sé que fui magníficamente hecho por Dios y que mi relación [...] está bendecida."[3]

Aun así, más allá de que el matrimonio gay sea condenado por los líderes religiosos o ratificado por la Suprema Corte, esta conversación jamás habría tenido lugar sin las décadas previas de lucha de los miembros de la comunidad LGBT —a menudo con un alto riesgo para su seguridad— en pro de su abierta identificación como homosexuales. Sólo entonces fue posible plantear el tema de la igualdad marital.

Para cualquier grupo marginado, cambiar el relato que la sociedad cuenta sobre él implica valor y perseverancia. Yo he visto a obreros estadunidenses mal pagados en peligro de perder su empleo (por mal renumerado que esté) pararse ante sus jefes y decirles: "Somos seres humanos con un valor innato y merecemos que s̲ nos trate como tales y se nos pague un salario digno". Para muchos de ellos, pasar a la acción ha sido aterrador y empoderador al mismo tiempo.

En ocasiones, las historias que interiorizamos tienen origen no sólo en nuestra familia, comunidad o amplia esfera social, sino en las tres. Cuando los mensajes son negativos pueden causar un choque emocional de dolor y sufrimiento; y para liberarse hace falta tiempo, conciencia y una práctica intencionada de amor a uno mismo.

Trudy Mitchell-Gilkey, discípula budista laica y psicoterapeuta afroamericana en Takoma Park, Maryland, que funda su práctica en la atención, fue la menor de trece hijos en un hogar relativamente pobre de la Arkansas rural. Pronto, asegura, absorbió el mensaje de sufrimiento de su infancia: "Yo valía poco en comparación con los niños procedentes de mejores casas y jardines", explica. Aunque en su familia se sentía a veces completamente invisible, en la escuela no segregacionista en la que cursó el primer año de primaria era demasiado visible, para mal. Ahí sufría discriminación y agresión física expresas. Después de que se le seleccionó para actuar en la obra teatral escolar le dijeron que no se le permitiría intervenir, y supo que esto se debía a que era negra. "La primera historia que me contaron cuando me aventuré en el mundo fue: 'En realidad no eres del todo una persona'", reflexiona.

No fue hasta que alcanzó una calificación sobresaliente en una tarea de redacción en décimo grado que tuvo un destello de su valor inherente. "Mi maestra escribió con tinta roja: '¡Me encanta cómo escribes!'", recuerda. "Fue la primera persona blanca que me ofreció un perdurable destello positivo de mí y esas cuatro palabras cambiaron el curso de mi vida." De cualquier forma, fue necesario que matizara esa experiencia: "Cuando tanto odio ha emponzoñado tu corazón a causa de fuerzas inesperadas, hace falta algo más que una persona que diga que importas para disipar toda tu oscuridad interior".

Trudy tuvo otros mentores relevantes a lo largo del camino, entre ellos una amiga de la iglesia que le ayudó a ver que "podía enfrentar todo ese sufrimiento y trascenderlo. Charlar con ella abrió la puerta de golpe", dice, "y vi que podía estar en cierto modo presente en el sufrimiento —propio y ajeno— y transformarlo". Años más tarde obtuvo un grado de maestría en trabajo social y poco después se inició en la práctica de la psicoterapia.

Aun así, a principios de su carrera como psicoterapeuta y sin un refugio seguro todavía, durante un año de pérdida y aflicción se sintió tentada a suicidarse. En un momento de gracia, sentada en su coche en un estacionamiento con el motor encendido, recibió la llamada telefónica de una cordial terapeuta y apagó el motor para oírla. Más tarde tuvo otro momento de gracia mientras escribía una nota suicida. Dice: "Tomé treinta días de descanso en el trabajo para escribirla, pero, por alguna razón, pasó de unas cuantas líneas a varios párrafos, y luego a múltiples capítulos de un libro que decidí que tenía que escribir para explicarle adecuadamente mi muerte a mi hija, que era entonces muy joven. Por extraño que parezca, cuando terminé la primera versión sentí mucha paz y tranquilidad, como si de repente mi vida se hubiera vuelto un poco más viable. Por suerte, una buena amiga me introdujo en el yoga y mientras estaba en la pose del cadáver tuve una sensación similar de paz y calma, como nunca había experimentado en esta vida. Así, tras haber querido quitarme la vida y escribir la nota suicida que me salvó, estaba lista para encontrar la manera de vivir otra vez".

En busca de la misma sensación de paz que había tenido durante el yoga, Trudy halló un curso de meditación y se puso a practicar en serio. "Ir a ese curso fue lo que encendió el cerillo; las enseñanzas de Buda fueron el combustible", dice. Tiempo después, una maestra —Tara Brach— la invitó a formarse como maestra de meditación.

Añade que su sensación de que "valía poco" sufrió una nueva transformación gracias al recurso de trabajar con sus pacientes. "Al ver en otros el sufrimiento universal y ayudarles a amarse más profundamente, la meditación en la bondad amorosa que les ofrecía me curó a mí también."

No es fácil saber quiénes somos detrás de las historias que los demás cuentan de nosotros y las etiquetas que la sociedad nos pone. Hacerlo implica correr riesgos, entrar en terreno desconocido y elegir la valentía sobre el temor. Cuando actuamos así, como descubrió Trudy, se abre de golpe una puerta. Podemos liberarnos de las antiguas historias que nos han reducido y permitir que florezca el amor verdadero por nosotros.

REFLEXIÓN

Intenta reformular tu historia como la aventura de un héroe, en la que sobreviviste a fracasos y momentos difíciles para convertirte en la persona fuerte y sabia que eres ahora. Trata de contarla como una serie de casualidades sobre las que no tenías ningún control y reescríbela entonces. ¿Cómo determinaron tus decisiones lo que eres ahora?

¿Vives la historia de otro? ¿Qué pasaría si declararas tu independencia? ¿Libras la guerra de otra persona? ¿Tu lealtad a alguien te impide optar ahora por la felicidad?

¿Esta situación revela partes de tu historia? ¿Te ayuda en el presente o te hace más difíciles las cosas?

3

Acepta tus emociones

El amor verdadero por nosotros mismos incluye por definición todos los aspectos de nuestra vida: los buenos, los malos, los difíciles, el desafiante pasado y el futuro incierto, así
como todas las experiencias y encuentros vergonzosos y des-
concertantes que preferiríamos olvidar. Esto no significa que
tengamos que celebrar todo lo que nos ha pasado o escribir notas de agradecimiento a quienes nos han herido. Pero,
nos guste o no, el residuo emocional de nuestras experiencias
forma parte de lo que somos. Si nos resistimos a cualquier
aspecto de ellas, nos sentiremos impostores, irreales y escin-
didos de nosotros mismos.

Si descuidamos nuestro ser auténtico nos arriesgamos a que
los demás nos dominen en lugar de que establezcan con nosotros relaciones cordiales. Pero cuando abrimos el corazón a
la experiencia en toda su amplitud aprendemos a sintonizar
con nuestras necesidades, percepciones, pensamientos y sentimientos en el presente, sin caer en juicios basados en las expectativas de los demás. Así es como al final notamos nuestro valor.

Este tipo de integración surge de la intimidad con las emociones y el cuerpo, tanto como con los pensamientos. Surge de contener todo lo que sabemos, queremos, tememos y sentimos en un espacio de conciencia y autocompasión. Si rechazamos o malinterpretamos nuestros sentimientos no tendremos acceso a esa intimidad e integración. Y si nos definimos a partir de los siempre fluctuantes sentimientos que nos acometen, ¿cómo podremos sentirnos a gusto con nuestro cuerpo y mente?

Cuando empecé a meditar tenía apenas dieciocho años, y aunque era consciente de que era muy infeliz, desconocía las distintas fibras de dolor, cólera y miedo que estaban dentro de mí. Luego, gracias a la meditación vi más claro en mi interior y detecté los diversos componentes de mi pesar. Lo que vi me alteró tanto que en cierto momento me dirigí resueltamente a mi maestro, S. N. Goenka, y le dije con tono acusador: "¡Nunca me había enojado tanto antes de empezar a meditar!".

Por supuesto que estaba muy molesta: mi madre había muerto años atrás, apenas conocía a mi padre y me sentía irremediablemente abandonada. La meditación me había permitido descubrir las fibras de ese dolor. Cuando culpé de mi pena al señor Goenka y la meditación, él se rio y me recordó las herramientas de las que yo disponía ahora para enfrentar los difíciles sentimientos que mantenía ocultos, aun de mi misma. Podía forjar una nueva relación con mis emociones para descubrir el justo medio entre negarlas y sentirme agobiada por ellas.

EL REFUGIO INTERIOR

La meditación de atención puede ser un refugio, pero no es una práctica que excluya a la realidad. Lo maravilloso de la atención es que nos permite tener pensamientos y sentimientos difíciles con conciencia, equilibrio y amor. Esto es lo que nos cura, porque es lo opuesto a aniquilar sentimientos dolorosos o erradicar negativos patrones mentales. La actriz Daphne Zuniga llegó a una comprensión similar durante un retiro de silencio de diez días.

Antes de asistir a ese retiro, ella ya meditaba y había experimentado, en sus propias palabras, "un muy agudo estado de felicidad y calidez". Para el cuarto día, sin embargo, "estaba segura de que algo marchaba mal. Presa de inseguridad y soledad, pensé que quizá nuestros queridos maestros no eran tan talentosos. Me senté en la sala donde nos poníamos los zapatos; había chamarras colgadas de las paredes, zapatos en los casilleros de abajo, botellas de agua y gorras en los estantes. De repente tuve un flashback: me recordé de niña en la escuela primaria y en casilleros como ésos, y la vergüenza me invadió. Mis padres se divorciaron cuando yo tenía seis años y mi papá se fue; eso me hizo sentir entonces que yo no merecía tener padres, porque en mí no funcionaban bien muchas cosas.

"Las lágrimas llenaron mis ojos. Sentí el cuerpo como en aquellos días, con una roca de vergüenza paralizadora en el vientre. Miré a mi alrededor, con la vista fija en los pies, las piernas y los sacos de la gente. Me pregunté si acaso ellos sentían lo mismo que yo y después pensé: '¿Y si en verdad es cierto que no merezco lo que tienen otros? ¿Y si voy a estar sola siempre porque no soy digna de tener más?". Salí de la sala de meditación con el temor de que el retiro no me sirviera para nada debido a mis muy arraigadas imperfecciones.

"Me acosté llorando frente a la pared y jalando la cobija, como lo hacía en mi litera cuando mis papás se peleaban en la habitación de al lado."

Me solicitó una entrevista al día siguiente.

—¿Cómo estás? —le pregunté ¡y no tardó un segundo en contestar!

—¡Nunca en mi vida me había sentido tan sola! Es una locura; todas estas amables y esperanzadas personas y yo misma vinimos aquí confiando en ti, ¡pero no dejo de tener sentimientos dolorosos y negativos! ¡Soy una persona feliz! ¡Antes de venir aquí despertaba sonriendo! Me encontraba en un estado de verdadera alegría y amor por todos —rompió a llorar mientras terminaba de desahogarse—. No es posible que nos hagas sentir así, es muy doloroso.

Le acerqué la caja de Kleenex desde el otro lado de la mesa.

—Vas por buen camino —le dije.

Me miró incrédula.

—¿A qué te refieres? Yo meditaba cada día y sentía un éxtasis que no había sentido nunca. Tenía un gran amor por la vida.

—Si imaginas la práctica de la meditación como construir una casa —le dije—, comenzaste por el ático. Ahora estás en los cimientos.

Daphne no estaba muy segura, pero la animé a continuar.

Permaneció en el retiro. No dejó de experimentar esos sentimientos ni de dirigir su atención a su respiración y a sus pies mientras caminaba lentamente. Me dijo: "Noté algo muy especial: la actitud con la que veía surgir y desaparecer mis pensamientos y sentimientos se volvió delicada y compasiva, como la de una madre que observa a su amado hijo, pendiente de cada una de sus casi imperceptibles inhalaciones, sin separarse de él. Al parecer yo valía algo, era digna de atención por el solo hecho de respirar. Esa presencia se volvió más fuerte a medida que la soledad se desvanecía. Aun cuando todavía tenía recuerdos o sensaciones de una soledad que conocía muy bien, eran sólo recuerdos y los veía pasar tranquilamente. Te voy a proteger, preciosa, pensé. Te voy a proteger".[1]

ABRIR LA PUERTA A LOS SENTIMIENTOS

Si intentamos bloquear o negar gran parte de lo que experimentamos, la relación íntima con nosotros mismos se verá muy disminuida. ¿Cómo podríamos sentirnos vivos entonces?

La conciencia y el amor son estados en los que podemos apoyarnos a cada instante. Nos ayudan a encontrarnos cuando hemos perdido el rumbo. Nos protegen en medio de tormentas o ventiscas. Y nos ayudan a dejar las nociones preconcebidas de lo que deberíamos sentir o de cómo debería ser la vida en un momento dado.

En junio de 2015, poco después de la masacre de fieles afroamericanos ocurrida en Charleston, Carolina del Sur, codirigí un retiro para negros. Una noche, en una sesión de preguntas y respuestas, una mujer llamada Erika le contó al grupo su experiencia durante la meditación. "Imaginé que iba a celebrar una cena y decidí invitar a todas las partes de mí que usualmente trato de eludir", dijo. "Fue difícil, pero tenía que permitir que la tristeza se sentara a la mesa y aceptar que estuviera ahí, no solamente tratar de seguir adelante." Mientras ella hablaba, un coro de sollozos se extendió por la sala.

Cuando, como Erika, acogemos con atención cada emoción, podemos sentir sin que nuestras emociones nos definan.

Curiosamente, un estudio reciente subraya la importancia de que nos permitamos sentir todas nuestras emociones, aun las que por lo común consideramos "negativas", como la ira y la tristeza. Usando como modelo la biodiversidad de los ecosistemas en el mundo natural, los investigadores hallaron evidencias de que la *emodiversidad* —término con el que designaron el espectro completo de las emociones humanas— desempeña un papel clave en nuestra salud y bienestar general.[2]

Esta idea fue bellamente expresada en la película animada de Pixar *Inside Out* (Intensa-Mente), en la que las emociones de una niña de once años llamada Riley son representadas por personificaciones que viven en su mente y reflejan sus estados de ánimo: Alegría, Temor, Enojo, Disgusto y Tristeza. Al principio de la película, la Alegría domina la acción; pero cuando la familia de Riley se muda al otro extremo del país y ella debe adaptarse a una nueva escuela y a la pérdida de su mejor amiga, las demás emociones se disputan el poder, en especial la Tristeza, quien camina con dificultad cubierta con un vestido azul. No es hasta que Riley le da a la Tristeza la oportunidad de expresarse que logra sanar y disfrutar de la promesa de su nueva vida.

Hace muchos años, durante un retiro intensivo en la Insight Meditation Society (IMS), pude darme cuenta de la importancia de aceptar todas las emociones conforme emergen. Meses antes se había suicidado una amiga y yo estaba llena de tristeza y aflicción. Aun así, me rehusaba a experimentar completamente mis sentimientos o a compartirlos con el monje birmano que dirigía el retiro, Sayadaw U Pandita. Lo veía como un asceta que había dejado atrás el desordenado mundo de las emociones, así que yo debía ser tan estoica como él y abstenerme de sentir toda la profundidad de mi dolor.

Un día le mencioné mi tristeza en una entrevista y él me preguntó si había llorado; intenté ajustar mi respuesta a lo que creí que él quería oír.

—Un poco —le dije.

Su respuesta me sorprendió:

—Cada vez que lloras, debes hacerlo con toda el alma. De esta manera obtendrás una mejor liberación.

Después de esa conversación me permití llorar sin reservas. Al final, la tristeza pasó; una vez que le permití entrar, dejé de ser su cautiva.

LA CURACIÓN ES UNA TAREA INTERNA

Cuando las emociones se contienen mucho tiempo y son muy complejas, en ocasiones tardan años en arribar plenamente a la conciencia y hasta entonces es imposible liberarlas y curarlas.

Tal fue el caso de mi amiga Barbara Graham, cuyo libro testimonial *Camp Paradox* describe la forma en que logró aceptar una experiencia que había tenido décadas antes.

"Tardé treinta años en entender que lo que pasó entre mi asesora de campamento y yo, en el verano en que yo tenía catorce años y ella veintiocho, fue abuso sexual. Tardé una década más en perdonarla por haberme tocado y —lo más difícil— en dejar de culparme por lo que ocurrió", me dijo.

"Cuando por fin comprendí lo sucedido, me estremeció una pena que había estado ahí desde el principio, pero que desconocía", añadió. "Lloré incontrolablemente. Tiempo después, el dolor dio paso a una furia que también había pasado inadvertida. Antes sólo había sentido una gran vergüenza, porque creía que algo estaba intrínsecamente mal en mí. Y a esa vergüenza le acompañaba una especie de aturdimiento cada vez que pensaba en ese campamento de verano, aunque evitaba pensar en él.

"Ahora tengo claro que esa pena y esa furia eran necesarias. Tenía que experimentar el huracán que había encerrado durante tanto tiempo en mí."

Como ella descubrió más tarde, experimentar el salvaje poder de sus emociones fue un paso crítico para darse amor a sí misma. A veces descubrimos que debemos llegar más lejos y decirnos la verdad no sólo a nosotros mismos sino también a otros; quizá sintamos la necesidad de actuar, buscar justicia o hacer enmiendas. Pero aun cuando abrirnos a nuestras emociones es apenas el primer paso, constituye la base del amor verdadero y la felicidad.[3]

PRÁCTICAS DEL CAPÍTULO 3

RAIN: un ejercicio para aceptar tus emociones

La mayoría de las personas que meditan buscan un respiro de lo que suele llamarse la "mente del mono": el perpetuo e hiperactivo (y a menudo autodestructivo) torbellino de pensamientos y sentimientos al que todos estamos expuestos. Sin embargo, la verdad es que la meditación no erradica la agitación mental y emocional; más bien, cultiva el espacio y la delicadeza que nos permiten intimar con nuestras experiencias a fin de que podamos relacionarnos de un modo muy distinto con nuestras emociones y pensamientos. En esa relación distinta reside la libertad.

RAIN ("lluvia") son las siglas de una práctica específicamente dirigida a aliviar la confusión y el sufrimiento emocional. Cuando aparece un sentimiento negativo o confuso, hacemos una pausa, recordamos los pasos indicados por las siglas y percibimos de una nueva manera.

R: RECONOCE. Es imposible que lidiemos con una emoción —o que superemos una dificultad— si no la reconocemos. Así, el primer paso es sencillamente advertir lo que se presenta. Supongamos que después de conversar con un amigo te sientes agitado o intranquilo. No intentes apartar o ignorar tu molestia; en cambio, mírala más de cerca. Podrías decirte "Ah, esto parece enojo". A este pensamiento podría seguirle otro: "Noto que me juzgo por estar enojado".

A: ADMITE. El segundo paso es una extensión del primero: acepta el sentimiento y déjalo estar. Para decirlo de otra forma, date permiso de sentirlo. Recuerda que no puedes afirmar simplemente: "No debería sentir algo tan desagradable por un amigo" o "Debo ser menos susceptible". A veces les pido a mis alumnos que imaginen cada pensamiento y emoción como un visitante que toca a su puerta. Los pensamientos no viven ahí; puedes recibirlos, reconocerlos y verlos partir. Más que tratar de descalificar el enojo y la autocrítica como "malos" o "incorrectos", rebautízalos como "dolorosos". Ésta es la entrada a la autocompasión: podrás ver surgir tus pensamientos y emociones, y hacerles un lugar aunque sean incómodos. No te aferres a tu enojo ni te obsesiones con él, tampoco lo trates como un enemigo por destruir; déjalo estar.

I: INVESTIGA. Procede ahora a hacer preguntas y explorar tus emociones con una actitud de apertura y curiosidad. Esto es muy diferente a dejarse llevar por la obstinación o por un deseo de justificarse o de culpar. Cuando nos limitamos a reaccionar es fácil que nos obsesionemos con el detonador y nos digamos "¡Estoy tan molesto por tal o cual cosa que les diré a todos lo que él hizo y lo destruiré!", en lugar de examinar la emoción. Hay muchas posibilidades en cultivar la curiosidad y acercarnos a un sentimiento antes que alejarnos de él. Podemos explorar entonces cómo se manifiesta en nuestro cuerpo y analizar su contenido. Muchas emociones intensas son en realidad intrincados tapices compuestos por varias fibras. El enojo, por ejemplo, incluye por lo común tristeza, impotencia y temor. Cuando nos acercamos a una emoción desagradable ésta se vuelve menos sólida y opaca; nos ocupamos menos de catalogar nuestro malestar y más de adquirir discernimiento. Como ya se dijo, no nos tragamos la emoción ni la reprimimos. Recuerda que progreso no significa que no se presenten emociones negativas, sino que en vez de que parezcan tan duras como el acero, éstas se vuelvan tersas, transparentes y accesibles para la investigación.

N: NO TE IDENTIFIQUES. En el último paso de RAIN, evitamos conscientemente que un sentimiento particular nos defina (no nos identificamos con él) en el momento en que lo enfrentamos. Sentir cólera contra una persona concreta, en una conversación determinada y sobre una situación específica es muy distinto a decirte: "Soy una persona colérica y lo seré siempre". En cambio, te permites ver tu enojo, miedo, rencor o lo que sea y en lugar de juzgarte ("Soy una persona terrible") haces una observación moderada como "Éste es un estado de sufrimiento". Esto abre la puerta a una relación compasiva contigo mismo, el fundamento genuino de una relación compasiva con los demás.

Aunque no es posible determinar los pensamientos y sentimientos que surgen en nosotros, *podemos* reconocerlos como lo que son, a veces recurrentes, otras frustrantes, otras fantasiosos, muchas dolorosos, siempre cambiantes. Cuando nos permitimos este simple reconocimiento, aceptamos que nunca podremos controlar nuestras experiencias, pero podemos transformar nuestra relación con ellas. Esto lo cambia todo.

4

Enfrenta a tu crítico interno

Una artista llamada Josephine describió de la siguiente mane-ra un encuentro reciente con su crítica interna: "Algunas ma-ñanas en que me miro al espejo siento que mi crítica interna está parada detrás de mí para señalar mis numerosos defectos físicos y lo envejecida que estoy. Y mi apariencia es apenas el principio. Imagino que ella sostiene una larga lista escrita con gruesa caligrafía en un pergamino antiguo, tan completa que incluye mis tropiezos morales, oportunidades perdidas, debi-lidades y momentos bochornosos desde que cursaba la escue-la primaria. Mencionar las fallas es una tradición oral en mi familia, transmitida por generaciones como una reliquia".

La voz interna que nos dice "No vales nada" es un gran obs-táculo para relacionarnos plenamente con nosotros mismos y sentirnos completamente amados. A veces podemos discutir con esa voz, pero cuando nos desconocemos a nosotros mis-mos o nos sentimos solos es fácil que nos volvamos presas de ella. Incluso resistir sus malintencionados mensajes puede ser muy difícil en una cultura que enfatiza el individualismo, la ambición, la competencia, el esfuerzo, la codicia y la perfección. Pero independientemente de si creemos esos mensajes o nos resistimos a ellos, nuestro crítico nos mantiene encarcelados en nuestros negativos pensamientos.

Aunque Josephine no ha desterrado a su crítica interna, la práctica de la atención ha relajado el dominio que ejerce sobre ella. La atención ha abierto un espacio entre su yo auténtico y su crítica, lo que le permite dar menos crédito a la incesante negatividad de esta voz. Como Josephine, nosotros también podemos modificar la relación con nuestras experiencias y sentimientos mediante el sencillo recurso de tomar conciencia de ellos y empezar a marcar distancia.

A Lilah le gusta concebir su labor con su crítica como una especie de experimento permanente. "Cuando medito con regularidad", dice, "soy más hábil para notar cuándo aparecen pensamientos críticos o de autocensura. Me pregunto entonces: '¿Acaso le hablaría así a una amiga?', '¿Qué diría si una amiga mía fuera tan autocrítica?' o '¿Cómo trataría a una versión más joven de mí misma?'" En cualquier caso, la indagación de sus pensamientos negativos habituales le ayuda a identificar a su crítica interna y desestimarla.

RECONOCER AL CRÍTICO

Esta práctica consiste en realidad en comunicarse con el crítico interno y, como en el caso de Lilah, el primer paso es captar su voz cuando aparece. Nos percatamos entonces de que el crítico vive en un mundo de absolutos, con poco margen para el matiz o las áreas grises. Sus palabras preferidas son *deberías*, *siempre* y *nunca*, y la culpa es su sistema operativo. "Metiste la pata, como *siempre*", "*Debiste* haberte dado por vencido", "Eres tan inconforme que nadie te amará *nunca*", "Tienes tantos defectos que jamás podrás ayudarte, y menos todavía a otros". En lugar de crear un espacio amplio y abierto para aceptar nuestra vida, el crítico interno hace que cuestionemos nuestro mérito y nos derrumbemos.

Para algunos, el crítico es una voz específica del pasado: su madre, su tía, un hijo, el jefe que los despidió. Mi amigo Joseph Goldstein recuerda todavía a su maestra de primer año, quien le puso con tinta roja una mala calificación en un trabajo de labores manuales (esto sucedió un día en que hicieron engrudo mezclando agua y harina, y al parecer el trabajo de Joseph estaba muy sucio).

Un amigo o un desconocido podría hacer un comentario impertinente que tomamos tan en serio que se vuelve parte de nuestra identidad. Y si, como en el caso de Josephine, la voz crítica es una "reliquia", esa identificación cala más hondo aún. Tengo una amiga que cuando sube apenas un par de kilos oye la desdeñosa voz de su madre, una mujer que veneraba la delgadez por encima de los demás atributos humanos. Paradójicamente, esa voz crítica incluso puede consolarnos, porque nos enlaza con el pasado y las personas más importantes en nuestra vida. Los juicios de quienes amamos o admiramos forman parte de nuestra historia y si no los detectamos en su momento los proyectaremos en nosotros y en los demás.

La atención nos ayuda a ver el aspecto adictivo de la autocrítica, un ciclo repetitivo por el que nos hacemos trizas una y otra vez y sentimos dolor en cada ocasión. El crítico interno puede convertirse en una especie de compañero de nuestro sufrimiento y soledad. Al juzgarnos con rudeza quizá creemos que así dejamos atrás muchos de nuestros defectos, cuando en realidad sólo reforzamos nuestra sensación de insuficiencia.

Cuando estamos alertas, vemos lo rápido que el crítico interviene incluso si ocurre algo bueno. Si le simpatizamos a alguien, el crítico podría susurrar que no sería así si supieran lo inseguros y deficientes que somos. O supongamos que acabas de correr un maratón; ¿celebras que entrenaste, corriste y terminaste? ¿O te reprendes por haber sido el último en cruzar la línea de meta?

Una alumna me contó que poco después de que nació su segundo hijo ella cayó en un tobogán de autocrítica, porque su casa era un desastre, ella lucía descuidada y no planchaba la ropa. Esta sensación era tan fuerte que pasó más de una semana antes de que ella se diera cuenta de que se comparaba con su madre, quien siempre parecía ecuánime y conservaba una casa impecable, pese a que tenía dos hijos, aunque también contaba con una empleada doméstica de planta. La comparación es una de las armas favoritas del crítico. Por suerte, la atención es mucho más sabia y fuerte que él.

EL PODER DE VOLVER A EMPEZAR

Aun así, mientras nos hallamos bajo la tiranía del crítico creemos que nuestro amor propio depende del constante esfuerzo, éxito y amor y admiración de los demás. En otras palabras, seremos dignos de que nos quieran sólo cuando consigamos ese ascenso, aprendamos a hablar en público, bajemos de peso y dejemos de perder los estribos, exhibir temor o llorar frente a nuestros hijos.

Agobiados por esos estándares inalcanzables, aprender a tratarnos con aprecio puede parecer un experimento peligroso. Mis alumnos me preguntan: "¿Si practico constantemente la autoaceptación corro el riesgo de volverme indolente?". La clave en este caso es advertir la diferencia entre la obsesión y el amor. A menudo, cuando creemos practicar el autocontrol o la autodisciplina en realidad nos confinamos en una cámara mental demasiado analítica y acartonada. Esto nos impide dar y recibir amor tanto de otros como de nosotros.

Aunque atenerse a la voz del crítico interno podría parecer provechoso en una cultura que exalta la autodisciplina y el control, pasa lo contrario. Los estudios demuestran que así como el estrés provoca un aumento en el nivel de cortisol, lo que cataliza nuestra respuesta de pelear o huir, en un principio la autocrítica puede hacernos sentir despiertos y motivados, pero no nos tonifica en forma sostenida ni nos pone en contacto con nuestra creatividad y confianza. Con el tiempo, la voz del crítico socava nuestra energía y nos deja agotados, paralizados y temerosos.

Recuerdo una clase sobre la bondad amorosa que impartí poco después de la recesión de 2008. Muchos de los asistentes habían perdido su empleo y su mundo se había venido abajo. Pero era difícil que no vieran eso como una derrota personal ocasionada por sus propias fallas. Un señor se había culpado tanto que parecía como si no hubiera una recesión mundial.

Esto no quiere decir que él o nosotros no podamos aprender a hacer las cosas de otra manera. Sin embargo, culparnos y humillarnos produce pasividad, no una conciencia inteligente y resolución. Asumir nuestra responsabilidad no significa ignorar las circunstancias de la vida, sino reconocer una situación como lo que es y planear después un nuevo curso de acción.

El competitivo mundo del deporte ilustra la diferencia entre la culpa punitiva y el uso prudente de la energía. Aunque muchos entrenadores han dirigido célebres reprimendas a sus jugadores para que alcancen un buen rendimiento, este método no surte efecto: en su libro *The Mindful Athlete*, el maestro de la atención George Mumford escribe: "No es posible resolver problemas con la misma conciencia con que se les crea. [...] Sólo si cambias tu conciencia puedes resolver tus problemas y transformar tu juego, sea cual fuere y dondequiera que lo practiques". Mumford ha enseñado la fuerza de la atención a los mejores: Bulls de Chicago y Lakers de Los Ángeles y ahora a los Knicks de Nueva York y a otros atletas. Recuerda a un golfista que "perdía el juicio cada vez que cometía un error, y su rendimiento empeoraba a causa de su negativo monólogo interior". Por suerte, la atención le enseñó a relajarse dentro y fuera del campo de golf.[1]

La atención nos permite cambiar el ángulo de nuestra historia y recordar que podemos aprender y cambiar en forma productiva, no contraproducente.

EL CONTROL DE TU CRÍTICO INTERNO

Cuando hablo del crítico interno, la gente suele decir que su meta es silenciarlo o expulsarlo de su cabeza. Aunque esto es natural, no es el enfoque más realista ni acertado. Parece violento, como si la única forma de manejar la crítica fuera amordazar esa voz o condenarla a un confinamiento solitario. Cuando dirigimos mucha energía hostil al crítico interno, libramos una batalla perdida.

Mi colega Mark Coleman, maestro de meditación y autor del libro *Make Peace with Your Mind*, relata:

En mi trabajo con estudiantes de meditación descubro a veces que necesitan muy poco estímulo para hacer un cambio radical en relación con su crítico. Pienso ahora en una exitosa abogada de cuarenta años que, aunque tenía una relación satisfactoria, gozaba de estabilidad financiera y llevaba una vida relativamente equilibrada e intensa, se sentía muy inquieta, vivía con una acuciante sensación de insatisfacción, como si no hiciera, se esforzara o triunfara lo suficiente.

Semanas más tarde resultó claro que ella no había identificado nunca la insistente voz crítica que hablaba dentro de su cabeza. Aunque la abogada prosperaba en su vida personal y laboral, vivía con un crítico interior al que desconocía. ¡No es de sorprender que eso proyectara una nube gris sobre todos sus logros! Cuando se lo hice notar, fue como si de súbito se encendiera un foco. La mujer detrás del velo quedó al descubierto y ella se dio cuenta de que podía percibir a su constante crítica interna y no ser presa de ella. Esa voz se había vuelto tan rutinaria que era como un ruido blanco, salvo que el zumbido tenía un impacto perjudicial en su bienestar.

Yo le sugerí que usara su ya adiestrada atención para identificar a ese crítico y ver sus comentarios como lo que eran: meros pensamientos sin relación con la realidad de su vida. Meses después su crítico aún clamaba en ocasiones, pero su intensidad era mucho menor y a ella había dejado de importarle lo que decía. Había descubierto una genuina libertad y era capaz de disfrutar las bendiciones de su vida.

Cuando mis estudiantes me preguntan cómo manejar a su crítico interno, les sugiero a menudo: "Prepárenle una deliciosa taza de té y propónganle que tome una siesta; está cansado, ése ha sido un largo día. Reiterar una y otra vez esos pensamientos negativos debe ser agotador; él comienza a repetirse, señal infalible de que necesita un descanso".[2]

Este buen trato al crítico aminora de inmediato su poder. ¿Esto significa que acallarás para siempre tus pensamientos negativos? No, es muy improbable que eso ocurra, pero podrás lidiar con ellos de otro modo.

Cuando induces a tu crítico interno a tomar una siesta, tú estás a cargo, no él. Quizá sientas todavía algo de ansiedad y su juiciosa voz te moleste, pero no te tensarás. Reforzarás tu confianza en que puedes aprender de tus errores y volver a empezar. Esto te ayudará a transmitir una sensación de paz o integridad, pese a la imperfección.

Otra técnica útil es dar al crítico interno una imagen, un nombre y tal vez un vestuario (Josephine le asignó a su crítica un "vestido negro y adusto, como de institutriz"). Yo llamé a la mía Lucy, a propósito de una historieta que vi hace años. En él, Lucy le dice a Charlie Brown: "El problema contigo es que eres tú". ¡Oh, claro!

Esa dominante voz de Lucy fue muy fuerte en mis primeros años; gracias a la práctica de la meditación he aprendido a responder con "Hola, Lucy" o "¡Calma, Lucy!". Así evito ceder ("Tienes razón, Lucy, no valgo nada" o "¡Vaya!, ya he meditado durante varios años, he gastado mucho en terapia, ¡qué horror que Lucy siga ahí!") y en cambio le doy a mi crítica interna una taza de té que ella bebe con toda tranquilidad.

Cuando le conté esta anécdota a un grupo de alumnos, un señor comentó que él había adoptado una técnica similar aprendida en su trabajo en Alcohólicos Anónimos: personificó a su crítico como un roquero punk, personaje al que no tomaría muy en serio. Otro contó que el suyo era un juez imponente con todos sus accesorios. ¡Diviértete con esto! Ve a tu crítico como un pariente anciano y refunfuñón que llega de visita. Suspira con sus ocurrencias o cálmalo con un té y dedica un momento a desear que pueda gozar más de la vida.

REFLEXIÓN

La siguiente vez que tu crítico interno se meta contigo, da un paso atrás y pregúntate:

—¿Tiene voz o rostro? ¿De quién?

—¿Qué pasaría si le dieras las gracias por preocuparse por ti, pero le dijeras que por el momento estás bien?

—¿Te impide intentar algo que quizá disfrutarías?

PRÁCTICAS DEL CAPÍTULO 4

Recuerda tu bondad

Si te sorprendes cavilando sobre las cosas que lamentas y los errores que has cometido, prueba este ejercicio; te ayudará a redirigir tu mirada y recordar tu bondad interior. El propósito no es que niegues tus errores, pero si no dejas de reproducirlos en tu mente, analizarlos y crear historias en torno a ellos, reforzarás el dolor y alienación que ya te han causado. Cuando reconoces y reflexionas en cualquier cosa buena en ti, tiendes un puente a la bondad y el aprecio. Esto te vuelve más capaz de ver honesta y directamente todo lo difícil y te da energía y valor para avanzar.

Siéntate cómoda y relajadamente y cierra los ojos. Piensa en algo que hayas hecho o dicho hace poco y que sientas que fue bueno o amable.

¡No es necesario que sea digno de la primera plana! Quizá le sonreíste o escuchaste a alguien, ignoraste tu fastidio ante una cajera lenta, fuiste generoso, te sentaste a meditar o le diste las gracias al conductor del autobús. No es presunción o arrogancia considerar estas cosas; resulta alentador y gratificante deleitarse en el bien que sentimos.

O bien, piensa en una cualidad o habilidad tuya que te guste o aprecies, como ayudar a que otros aprendan o que seas paciente con tu irascible vecino.

Si aún te sorprendes en plena autocrítica, admite que tiendes por naturaleza a la felicidad; hay bondad y belleza en eso.

O recuerda que todos los seres, en todas partes, quieren ser felices.

Jamás te avergüences de anhelar la felicidad; no olvides que es un derecho inalienable. El problema no es que queramos ser felices, sino que a menudo no sabemos dónde y cómo buscar una felicidad genuina y por tanto cometemos errores que nos causan sufrimiento a nosotros y los demás. Pese a todo, ese impulso a la felicidad es correcto en sí mismo y cuando lo cultivamos con atención puede convertirse en un instinto natural o una brújula que apunta a la libertad.

Si durante esta meditación emergen juicios o impaciencia, no sientas que has fallado; eso es del todo lógico. Permite que la reacción negativa retroceda como una ola en la playa y ve si puedes regresar a la contemplación positiva sin autocrítica.

5

Olvida la perfección

Si no te amas a ti mismo, ¡qué raro!
Calissa Grace Parrott, de seis años de edad

¿Cómo nos relacionamos con la perfección? Con cautela. Tratamos con renuencia las cosas que concebimos como "perfectas", y guardamos razonable distancia. La perfección es frágil; interactuar con algo que parece perfecto lo pone en peligro.

Piensa en un arreglo de flores perfecto en un jarrón; tan pronto como las cortaron, las flores empezaron a marchitarse. Rebana un perfecto pay de cerezas recién salido del horno y ve cómo se desmigaja su cubierta, le das la primera mordida y sabe delicioso; tres bocados después su dulzura comienza a empalagarte. Momento a momento, lo perfecto se convierte en imperfecto.

Es por eso que aferrarnos a nuestras ideas de perfección nos aísla de la vida y representa una barrera para el amor verdadero por nosotros. La perfección es un estado frágil que genera mucha ansiedad, porque alcanzar y mantener rigurosas normas —sean internas o externas— significa que estamos siempre bajo amenaza. Si nos concentramos en evitar el fracaso, el amor por nosotros no puede ser un refugio, porque se vuelve demasiado condicional, demasiado dependiente de nuestro desempeño. Como dijo Oscar Wilde en su obra de teatro *Un marido ideal*: "No es lo perfecto sino lo imperfecto lo que tiene necesidad de amor".[1] Y esto abarca a cada uno de nosotros.

La ilusión en que se sostiene el perfeccionismo es la noción de que con un autocontrol superior podemos mantener una vida perfecta. Pero esto es imposible, desde luego. Así creamos que la autocrítica nos ayudará a ser "mejores" o más dignos de amor, o que nos librará incluso del sufrimiento, éste es un uso dislocado —e improductivo— de nuestra energía y concentración.

Como maestra de yoga de renombre internacional, Kathryn Budig se las ve todos los días con la presión de la perfección. En una conversación reciente me explicó: "Es común que la gente inicie su día con el relato negativo habitual —es infeliz con lo que ve— y se fije sólo en lo que debe cambiar en ella". Para sobrevivir y también para prosperar en su trabajo, Budig ha tenido que reformular por completo lo que para ella significa ser perfecta. "La perfección no pasa de ser una norma social", dice. "Durante la meditación me digo sin cesar: 'Soy perfecta... No soy mi cuerpo'." Al disociar la idea de perfección de su cuerpo (que según los medios de comunicación debería ajustarse a un ideal de moda), Budig ha sido capaz de aceptarse y amarse.[2] Lo mismo que la meditación, la reformulación de nuestra perspectiva puede convertirse en una práctica.

El amor a uno mismo nos invita a renunciar a la ilusión de que podemos controlarlo todo y persigue aumentar el recurso interno de la resistencia. Cuando aprendemos a responder a las decepciones con aceptación, nos damos espacio para comprender que todas nuestras experiencias —buenas y malas por igual— son oportunidades de aprender y crecer. Esto es propiamente un acto de amor.

Mi alumna Elaine define el amor a sí misma como lo contrario al perfeccionismo. "Es prescindir de la necesidad de encontrar al culpable de algo, en mí y en otros", y añade: "Evaluar constantemente las cosas en términos de éxito y fracaso significa que *alguien* tiene la culpa". Pero ella ha aprendido a "cambiar el canal" para pasar de un estado anímico sofocante y en esencia ruidoso a uno inclusivo e indulgente.

LA LIBERTAD DE LA IMPERFECCIÓN

Cuando empecé a codirigir retiros de meditación, mi perfeccionismo me hacía sufrir. Esos retiros incluían un día de meditación intensiva, con tiempo para instrucción y reuniones con un maestro, seguidas por un discurso formal en la noche. Yo me desenvolvía muy bien en la interacción con los alumnos y tenía mucho que decirles, pero esa charla nocturna me aterraba. Temía perder el hilo de mis ideas o decir algo de modo tan inepto que mi mente se bloqueara. La idea de quedarme sin habla era una imagen tan vívida que me negaba a dar esa plática. Mi perfeccionismo me hacía callar y uno de mis colegas tenía que hablar en mi lugar.

Los meses pasaron y al final decidí que intentaría dar una charla sobre la bondad amorosa. Supuse que si me quedaba totalmente en blanco, podía hablar de la meditación tradicional de la bondad amorosa y quizá nadie notaría mi deficiente desempeño.

Un día me di cuenta de que todas nuestras charlas trataban básicamente sobre la bondad amorosa. No se requería alcanzar un desempeño intachable, sino sintonizar con la audiencia y transmitirle una sensación de inclusión y aprecio. Mi capacidad para compartir mis ideas con más libertad surgió cuando me entendí a mí misma y ese espacio interior de aprecio. Mi mirada pasó de la autoprotección y la necesidad de ser perfecta a dar lo que podía ofrecer. Éste fue un gran cambio de intención, un desplazamiento del yo solitario a un espacio de conexión. Y cuando llegué a ese reconocimiento, encontré mi voz.

Muchos años después fui invitada, como parte de los maestros occidentales de meditación, a participar en un evento de una semana de duración donde el Dalái Lama hablaría sobre la paciencia. Nunca antes me había dirigido a un público tan numeroso y mi temor de no hacerlo bien volvió a la superficie. Por fortuna, el Dalái Lama nos dio a todos una excelente lección acerca de "hacerlo bien". Sentado en su silla frente a mil doscientas personas, explicaba un texto del siglo VIII. Conforme al formato usual de esas charlas, leía un pasaje en el original tibetano y hacía un comentario, y mientras éste era traducido él hojeaba el pasaje que analizaría en seguida. En cierto momento, algo en la traducción al inglés llamó su atención; apartó la vista del manuscrito y le dijo al traductor:

—Eso no fue lo que dije.

—Sí lo es —replicó aquél.

Discutieron un rato hasta que el Dalái Lama retornó al pasaje en disputa, y tras examinarlo estalló en carcajadas.

—¡Cometí un error! —exclamó, como si se tratara de un agradable descubrimiento.

Su risa aumentó el amor en la sala. Yo supuse que muchos de los presentes imaginábamos que si fuéramos tan evolucionados como el Dalái Lama nunca cometeríamos un error. Su holgura consigo mismo, su fácil admisión de un error nos hizo ver a todos la apertura y la luz del amor que existen cuando aceptamos la vida tal cual es.

Pese a que podría parecer nocivo para nuestro perfeccionista interno, reconocer nuestros errores como una lección valiosa (no como un fracaso) nos permite sentar las bases para el éxito subsecuente. En una entrevista con David Letterman publicada en *The New York Times*, el cineasta Spike Jonze dijo: "Hice muchos productos malos y en cada ocasión aprendí de mis errores y mejoré un poco".[3] Y en una investigación sobre estudiantes de un programa de neurocirugía, un sociólogo descubrió que quienes fracasaron habían asegurado que era extraño que cometieran errores, mientras que los que tuvieron éxito no sólo admitieron sus errores sino que también revelaron los pasos que darían para no repetirlos en el futuro.

REPARA EN LO QUE AMAS

Si dejáramos de imponer normas imposibles de cumplir y de castigarnos por fracasar —o por lo que entendemos por eso—,

¿en qué mejoraría nuestra vida? Tener curiosidad por el origen de esas normas es el primer paso para librarse de ellas.

Primero, pregúntate de quién son las normas que tratas de cumplir. Mi alumna Charlotte dice que su padre, habitualmente juicioso, le inculcó un marcado patrón de autocrítica. Pero una vez que ella advirtió esta dinámica, se sintió mucho más potenciada y fue capaz de hacer cambios en su relación con él y consigo misma.

Con frecuencia son nuestros amigos quienes fijan las normas. Raina, una joven practicante de meditación que conozco, resolvió crear para sí y su bebé la experiencia de nacimiento perfecta. Planeó dar a luz igual que su mejor amiga, Laura: en una profunda tina de jacuzzi de un centro de nacimiento provisto de parteras, acompañada por una *doula* (madre acompañante) y con música celestial de fondo. El día en que inició su trabajo de parto todo marchaba según lo planeado, hasta que el pulso del bebé descendió peligrosamente y la partera dispuso que Raina fuera llevada al hospital y se le practicara una cesárea de emergencia. Al principio, Raina se sintió un completo fracaso por haber defraudado a todas las personas importantes para ella: su esposo, la partera, la *doula*, Laura y sobre todo su bebé y ella misma. Pero pese a esa consternación, en cuanto cargó a su hija todas sus desilusiones se desvanecieron. "Fue una gran lección para mí", recuerda. "Aprendí una vez más que la vida es la que tiene la última palabra, no yo ni mis planes de cómo debería ser."

Si no te es posible identificar la fuente de tu perfeccionismo, examina los mensajes sociales que te rodean. ¿Has aceptado en cierto modo la noción de que deberías ser perfecto o perfecta como (selecciona lo que se aplique a ti) anfitrión, padre, hijo, pareja, jefe, empleado, practicante de meditación, atleta o figura de moda? Tan pronto como distingas los mensajes que has interiorizado, fijarás límites saludables.

Muéstrate más curioso todavía: ¿concuerdas con las expectativas que identificaste? ¿Reflejan tus valores más profundos? La atención nos permite equilibrar nuestro impulso a la superación personal con un sano escepticismo por las normas externas. ¿En verdad quieres mantener un hogar impecable como tus difuntos abuelos o estás dispuesto a renunciar a eso con tal de pasar ratos más relajados y agradables con tus hijos? Reducir el control que las metas de otros ejercen sobre nosotros permite que nos concentremos en lo que más nos complace.

La sana búsqueda de la excelencia es muy diferente al perfeccionismo. Piensa en algo que te haya costado mucho trabajo, como obtener mejores calificaciones, lograr un buen rendimiento en la natación, o hacer una hermosa labor de la jardinería, e intenta recordar cuándo empezaste a sentir un fuerte impulso a hacer eso. ¿Conseguir progresos te hizo sentir bien, pese a que fueran paulatinos? ¿Sentiste un intenso deseo de hacerlo bien aunque sabías que nadie lo notaría? Cuando acometemos una aventura reconociendo lo que no sabemos y lo que no podemos controlar, aprovechamos nuestra energía para la búsqueda.

He oído decir esto a escritores y artistas una y otra vez. Un amigo autor compara la redacción de sus libros con escalar el Everest. "Empiezo siempre con la visión de llegar a la cumbre o, en mi caso, de crear el libro perfecto con el que he soñado.

A veces me acerco bastante y siento que si no dejo de pulirlo, mi manuscrito llegará a la perfección, aunque eso no ocurre jamás. Aun así, en determinado momento tengo que decidir que es suficiente, decir *¡Basta!* y pasar a otra cosa, porque de lo contrario me volvería loco". Pero añade: "Creo que en realidad eso es bueno. Si uno de mis libros fuera perfecto, ¿qué caso tendría que escribiera otro? Es la diferencia entre mi aspiración y lo que logré lo que me da energía e impulsa el proyecto siguiente, que por supuesto será *perfecto*", ríe.

Mi amigo tiene la sensatez de darse cuenta de que el perfeccionismo es enemigo de la creatividad: es implacable y está plagado de temores. Cuando nos aferramos a normas poco realistas, minamos nuestras aptitudes y nos obsesionamos innecesariamente con la reprobación y el rechazo.

Sin embargo, también es importante recordar que perseguir la excelencia no es un problema. De hecho, concentrarnos en lo que más nos importa, sea nuestro trabajo, nuestras relaciones o coleccionar mariposas, puede ser un genuino acto de amor por nosotros, pero sólo si no nos obsesionamos con el resultado o con *alcanzar la perfección*.

Afortunadamente, cuando nos relacionamos con nosotros con bondad amorosa, el perfeccionismo disminuye, como es lógico. Puede que nunca cantemos un aria en la Ópera de Nueva York, pero de todas formas podemos amar la ópera, seguir a nuestros cantantes favoritos e integrarnos a un coro. No hay frustración, amargura ni autocrítica en este tipo de aceptación afable. Esto no significa que seamos complacientes, sino que dejamos de resistirnos a cómo son las cosas en la realidad. La aceptación sincera es un elemento básico del amor, comenzando por el que nos profesamos a nosotros mismos, y una puerta al regocijo. Por medio de las prácticas de la bondad amorosa y la autocompasión podemos aprender a amar a nuestro deficiente e imperfecto yo. Y en esos momentos de vulnerabilidad abrimos nuestro corazón para unirnos a los demás también. No somos perfectos, pero valemos.

PRÁCTICAS DEL CAPÍTULO 5

Aceptación de uno mismo

1. Piensa con toda claridad en algo que hayas hecho o dicho y que lamentes y entra en contacto con tus sentimientos acerca de eso.
2. Imagina ahora que un amigo al que estimas mucho se lamenta o se culpa contigo en una conversación. ¿Qué le dirías para reanimarlo?
3. Analízate a través de los ojos de un aliado atento y comprensivo.
4. Reconoce que la imperfección forma parte de la experiencia humana. No somos peores que los demás porque hayamos cometido errores particulares. Somos perfectos en este momento tal como somos.

REFLEXIÓN

Da un paso atrás para preguntarte: ¿hay áreas específicas de tu vida en las que el perfeccionismo emerge más a menudo, como tu apariencia, personalidad, desempeño laboral, vida social o condición de padre o madre? ¿Qué sería lo "aceptable" en esas áreas?

Intenta sorprenderte en el momento: cuando surja la ansiedad de control, date tiempo para respirar y repite: "Calma, calma".

Sigue el ejemplo del Dalái Lama: si cometes un error trivial pero bochornoso, admítelo alegremente y sigue adelante.

6

Reencuéntrate
con tu cuerpo

En su cuento "Un caso lamentable", James Joyce presenta a un tal míster Duffy, que "vivía a cierta distancia de su cuerpo". Lo mismo nos sucede a casi todos, al grado de que en ocasiones sentimos que arrastramos a un desconocido hostil. Reencontrarnos con nuestro cuerpo tiene algo muy curativo, recordar lo que somos y recuperarlo. Así como debemos integrar nuestras emociones para amarnos más plenamente, también debemos reencontrarnos con nuestro cuerpo. La canción de Ben Harper "You Found Another Lover (I Lost Another Friend)" habla de cómo el corazón nunca miente.[1] Yo pienso a menudo que, para muchos de nosotros, el cuerpo nunca miente. No es por nada que al estómago se le conozca también como el segundo cerebro, y además existe un creciente cúmulo de investigaciones sobre la conexión mente-cuerpo. ¿Cómo podemos sentir un vínculo genuino con el mundo si no sentimos nuestro propio cuerpo?

La aventura de amarnos no significa que nos guste nuestro cuerpo en su totalidad (o nuestra personalidad), sino que debemos dejar de obsesionarnos con lo que nuestros padres, pareja, grupo social, los medios o las chicas malas de la prepa nos dijeron que estaba mal en nosotros. Si podemos sentir y apreciar nuestro cuerpo desde dentro, dejaremos de someternos a los mensajes que vienen de afuera. Cuando contemplamos el milagro de la vida, nos asociamos más benévolamente con nuestro cuerpo.

REFLEXIÓN

Aprecia tu vitalidad

Esta reflexión ha sido adaptada de las enseñanzas de una de mis colegas, Kate Lila Wheeler.

Tenemos sólo un cuerpo en esta vida, justo el que tienes en este momento. Trata al tuyo con el respeto que se merece. ¿Sabías que todos sus átomos tienen una antigüedad de catorce mil quinientos millones años? Todos los cuerpos forman parte de la materia, la cual se creó en el Big Bang trece mil millones de años antes de que apareciera la Tierra. Sí, tu cuerpo se compone de siete cuatrillones de átomos (un siete seguido por veintisiete ceros), producidos en su mayoría por la explosión de estrellas. Así pues, eres literalmente polvo de estrellas, igual que todo lo que te rodea.

El agua que tu cuerpo contiene, que fluye y luego sale a través de poros y orificios (al igual que las demás aguas de la

Tierra), nadie sabe de dónde procede; se dice que quizá de la cola de un cometa. Y si tienes empastes de oro, tus dientes llevan una parte de todo el oro que existe en el universo, porque el número de moléculas de oro es finito.

Tu cuerpo no es sólo mineral y elemental. Está intensamente vivo, como lo sabe cualquiera que alguna vez haya bailado, tenido dolor de garganta, hecho el amor o sufrido un golpe en un dedo del pie.

Intenta sentir la piel que cubre tu cuerpo. ¡Siente qué viva está! Dale las gracias de esto a una criatura unicelular. Se cree que la profusa variedad de la vida en la Tierra proviene de un diminuto ancestro común que apareció hace cuatro mil millones de años (aunque tampoco eso es seguro). Y aún hoy, funciones básicas como la respiración parecen similares en plantas y animales en el nivel celular. Lo mismo pasa con nuestro ADN: los seres humanos compartimos la mitad de nuestra información genética con las plantas. Realmente no estamos muy lejos de nada.

Nuestra sangre salada nos recuerda nuestros orígenes oceánicos; la estructura de la columna y las costillas se desarrolló inicialmente en los peces. Los genetistas coinciden en que todos los seres humanos formamos literalmente una misma familia. ¿Cómo sería nuestro mundo si todos actuáramos en consecuencia con esta verdad?

Pero por interrelacionados que estemos, existe una pasmosa diversidad dentro de un solo ser humano. Cada persona es absolutamente distinta. Nuestras huellas digitales de manos y pies y nuestras papilas gustativas no se reproducirán jamás.

Sin embargo, el cerebro es sin duda la parte más fabulosa de nuestro cuerpo. Los científicos creen que el cerebro humano es el objeto más complejo del universo, capaz de establecer cien mil millones de conexiones neurales. Si colocaras en fila todas tus neuronas, llegarían a la luna y de regreso. Despierto, dormido o soñando, tu cerebro está activo noche y día, como una linterna mágica. Sus neuronas interactúan en patrones variables de energía eléctrica y están perfectamente sincronizadas unas con otras y con el mundo exterior. No sólo eso, sino que además tu cerebro es capaz de tener conciencia de sí.

El cerebro y el cuerpo son colaboradores inseparables, lo cual produce la sinfonía que nos impregna por completo. Ésta es la maravilla de la vida. Es asombroso que aún pueda maravillarnos.

PRÁCTICAS DEL CAPÍTULO 6

Meditación: Bondad amorosa para tu cuerpo

Aprendí esta meditación de un monje de Sri Lanka que llegó a visitarnos a la Insight Meditation Society a principios de la década de los noventa. El venerable Ananda Maitreya, de noventa y cuatro años de edad, parecía tener más energía que el resto de nosotros y estaba aprendiendo a usar una computadora, algo con lo que yo me debatía en ese tiempo. ¿Qué tanto de su vigor procedía de su constante ofrecimiento de amor a su cuerpo?

Concentrándose en diferentes partes del cuerpo, él nos hacía repetir en silencio: "Que mi cabeza sea feliz, que esté en paz" o "Que mis ojos sean felices, que estén en paz", y así sucesivamente con todo el cuerpo.

Nosotros repetíamos eso respecto a nuestros hombros, espalda y estómago; aquellas partes que normalmente denominaríamos "dañadas", como una rodilla adolorida, y con aquellas otras partes del cuerpo que querríamos ocultar, partes de las que usualmente estamos muy distanciados. Terminábamos con "Que mis dedos de los pies sean felices, que estén en paz". Haz la prueba.

Conocí a Phil en un seminario de un día de duración que impartí en el Medio Oeste de Estados Unidos. En un receso, se acercó a mí para describirme ansiosamente que recientemente había iniciado una práctica de meditación, cuando un amigo le regaló un libro que contenía una meditación guiada sobre el cuerpo que dirigía poco a poco la atención desde lo más alto de la cabeza hasta los dedos de los pies.

Me dijo que esa meditación guiada no lo calmaba. Concentrarse en su cuerpo lo inquietaba y su crítico interno llenaba el espacio con calumnias. Cuando sentía una punzada en el tobillo, lo sermoneaba diciéndole que ése no sería un problema si se parara de vez en cuando de la silla para ir a dar un paseo, aunque fuera nada más por la calle; debía hacer algo, estaba malgastando su vida. Cuando se enfocaba en sus rodillas, sentía que le dolían. ¿Acaso su abuela no había reemplazado sus dos rodillas cuando tenía más o menos su edad? Sería terrible que él tuviera que guardar cama durante

semanas. Cuando dirigía su atención a su cuerpo y se juzgaba, ¡se llevaba un gran susto!

Podemos olvidarnos de nuestros prejuicios, o al menos dejarlos de lado, mientras continuamos tomando conciencia
de nuestro cuerpo, así como empeñarnos en ofrecer bondad
amorosa a todo lo que descubrimos.

Desde esa visita de Ananda Maitreya, he enseñado esta
meditación a muchas personas con enfermedades graves, cicatrices o lesiones, dolor crónico y un arraigado odio a su
cuerpo. Ha sido fantástico ver cómo sentirse traicionado por
el propio cuerpo, así como la alienación y humillación pro-
vocadas por eso, pueden transformarse en una sensación de
colaboración. Una amistad nueva con nuestro cuerpo nos
produce una paz genuina, junto con una buena dosis amor.

7

Trasciende la vergüenza

Lo que motiva nuestra vergüenza es algo que hicimos o dejamos de hacer y esto a menudo tiene que ver con cosas sobre las cuales no ejercíamos control, como la conducta de uno de nuestros padres o el nivel económico de nuestra familia. Dondequiera que recaiga la responsabilidad, la vergüenza produce una firme y terrible sensación de insuficiencia que se asienta en el cuerpo, el almacén de recuerdos de nuestros actos, reales o imaginarios, y de los secretos que guardamos sobre ellos.

El corazón se contrae cuando el cuerpo es abatido por la vergüenza. En sus poderosas garras nuestra aptitud para sentir amor por nosotros se marchita.

Clara escribe: "Cuando estoy avergonzada, mi estómago se tensa, revuelve y enfría, pero el resto de mi cuerpo arde. Dicen que las mejillas se me encienden con mayor intensidad que cuando me sonrojo. Entre las opciones de pelear, huir y paralizarse, muchas veces yo sencillamente me paralizo. Espero contra todo pronóstico que nadie lo note, aunque, sólo por si acaso, me pongo a buscar la salida. Quisiera desaparecer, pero en un momento de vergüenza extrema hasta moverme puede ser difícil".

El significado de la palabra *vergüenza* sugiere nuestro afán de escondernos, aun de nosotros mismos. Para evitar el sentimiento atroz de la vergüenza, en ocasiones actuamos en forma dañina y compulsiva. La vergüenza puede hacer que comamos demasiado, compremos en exceso, bebamos inapropiadamente o consumamos drogas, a menudo en un intento deliberado de aquietar nuestra agitación interior. La vergüenza suele ser desproporcionada respecto a lo que la causa. Pequeños defectos y tropiezos menores, apenas notorios para los demás, pueden generar sensaciones de vergüenza abrumadoras.

Una diferencia, una enfermedad, una imperfección, un error se convierten en nosotros. Nuestro padre con una enfermedad mental se convierte en nosotros.

Maria escribe:

Cuando mi padre creía que me había tocado una mala maestra, iba a la escuela y hacía un escándalo que siempre me alteraba. Me avergonzaba, desde luego, y no creía merecer un lugar en un grupo mejor. Cuando quería conseguir un empleo de verano —tal vez despachando helados como los demás chicos—, él insistía en que tal cosa no era digna de mí; yo era una gran pintora, decía, y debía dedicar mi tiempo a pintar y vender mis cuadros. La verdad es yo era una joven que quería encajar y aprender cosas de jóvenes, como ganarse la vida. Siempre he sido poco realista en mis decisiones sobre mi sustento, de lo que culpo (sí, culpo a mi padre) por su renuencia a permitirme ser común y corriente.

Ahora comprendo mejor por qué él aspiraba a ser excepcional, importante, exitoso y rico y a tener siempre la razón. Para la mayoría de la gente, él *era* guapo, rico y exitoso, pero él se consideraba un fracaso, siempre insuficiente.

Recuerdo a mi padre:

* Gritándole a mi madre y golpeándola frente a mi hermano y a mí.
* Lanzándose directo contra otro auto porque se le atravesó.
* Pisando las manos del empleado de un estacionamiento para que soltara una llave.
* Teniendo amantes sin tomarse siquiera la molestia de ocultarlas.
* Diciéndome: "No te enamores, sólo ten sexo".
* En un viaje conmigo, encantado de que la gente pensara que éramos una pareja, pese a lo mucho que me enfadaba a mí.

En la cultura popular se celebra en exceso a quienes siguen su propio camino: los soñadores, los inconformes. Para muchos, sentirse tan distintos de quienes los rodean no es precisamente una situación envidiable. Y si esta sensación de distinción se deriva de un padre que no podemos gobernar o contener, un enorme potencial de vergüenza podría fortificar las murallas de nuestro aislamiento.

Muchos hijos de hogares disfuncionales llevan consigo el sentir de que si hubieran sido mejores personas, sus padres habrían sido mejores. Patty dice: "Mis papás eran alcohólicos y yo pensaba que si los demás lo sabían, me rechazarían u hostigarían. No invitaba a mi casa a compañeras de la escuela porque me aterraba que vieran cómo vivíamos realmente y difundieran en la escuela ese secreto vergonzoso. Mi secreto era lo más vivo de mí; todo lo demás caía en una espiral de muerte. Aunque era buena alumna y una amiga leal, asimilé la vergüenza de mis padres y mi sensación de carencia como algo central en mi identidad".

La vergüenza nos debilita. Puede disuadirnos de emprender algo nuevo. Nos aparta de todo lo que nos da placer, autoestima o sensación de aprecio. La comediante y activista Margaret Cho describe este efecto: "Cuando no tienes autoestima, dudas de hacer cualquier cosa en tu vida. Dudas de conseguir el trabajo que quieres, de pedir un aumento, de reportar una violación, de defenderte cuando te discriminan. Dudas de votar, dudas de soñar. Para nosotros, tener autoestima es un acto revolucionario, y nuestra revolución debió ocurrir mucho tiempo atrás".[1]

Perdidos en la vergüenza, nos apartamos del mundo y de quienes podrían querernos y apoyarnos. Si nos escondemos, no es fácil que sintamos ni recibamos amor y se vuelve cada vez más difícil recordar que lo merecemos.

VERGÜENZA POR ENFERMEDAD

Me preocupan mis amigos y estudiantes que asumen la responsabilidad sobre absolutamente todo, como si sus pensamientos fueran capaces de controlar el universo. He conocido a personas que se sienten avergonzadas por tener cáncer o una enfermedad autoinmune, porque creen que ellas mismas se lo provocaron por no llevar una vida lo bastante pura.

Aunque considero que atinamos al reconocer el poder de la mente para afectar nuestro cuerpo, es iluso imaginar que poseemos un control total. Creer que nuestra manera de pensar es la causa de todo lo que nos sucede es ser crueles con nosotros mismos. Si tienes cáncer, no debes creer que tus pensamientos lo provocaron y que la culpa es tuya, yo revisaría si vives cerca de un tiradero de desechos tóxicos o tienes una predisposición genética.

O bien, podría ser una causa desconocida. No todas las personas con cáncer de pulmón fumaban, por ejemplo, ni todas las que se sienten estresadas sufren un infarto. ¿Podemos reconocer y alentar el poder de nuestra mente sin convertirlo en un mazo para lastimarnos? Podría haber lecciones que aprender en una enfermedad; quizá deberíamos considerar esa grasosa costilla que comimos como la última que consumiremos en la vida o reconocer que estaríamos mejor físicamente si aprendiéramos a controlar el enojo. Pero si creemos dominar los vuelcos de la existencia con nuestros esfuerzos de control estamos condenados al fracaso, y a avergonzarnos de él. Si añadimos vergüenza a algo difícil, podemos alejarnos y aislarnos; justo cuando necesitamos más cercanía y amar lo que somos.

VERGÜENZA POR SUFRIR

En mi libro *Faith: Trusting Your Own Deepest Experience* escribí lo que sufrí en mi infancia y durante mis años de aislamiento e infelicidad. Cuando lo leyó, mi amigo Bob Thurman me dijo: "Nunca deberías avergonzarte de lo que has sufrido". Su comentario me sorprendió. Me percaté en ese momento de la vergüenza sutil que había llevado en mí sin darme cuenta.

Bob me transmitía un mensaje que había recibido muchos años antes, después de que perdió el ojo izquierdo en un accidente. Su maestro en ese tiempo, el monje mongol Geshe Wangyal, le dijo: "No te avergüences nunca de lo que te pasó; perdiste un ojo, pero ganaste un millar de ojos de sabiduría".

Opino que es demasiado simplista asegurar que experiencias tan horribles como ésa deberían considerarse dones. Sin embargo, reconocer que del dolor puede emerger un don no es menospreciar el dolor sino afirmar que podemos vivir cualquier experiencia desde la plenitud de nuestro ser y superar nuestra vergüenza. De cualquier manera Bob perdió un ojo, yo tuve una infancia desdichada, los padres de Patty fueron alcohólicos y el de Maria se comportó distante e hiriente. No obstante, si utilizamos esas experiencias para amarnos y cuidarnos más y para relacionarnos mejor con otros, la pérdida puede, en efecto, abrir un millar de ojos de sabiduría.

REFLEXIÓN

Exploración de la vergüenza con RAIN

Una vez que adviertes una emoción difícil, pregúntate si la vergüenza es uno de los sentimientos presentes en ella. Explora qué pasa en tu cuerpo cuando eres presa de sensaciones de vergüenza.

Abrazar lo que es

Estamos condicionados a creer que los sentimientos dolorosos son "malos" y los agradables "buenos". A menudo nos es más fácil —aunque no más sano— evitar el dolor y el pesar, y aceptar únicamente sentimientos como la felicidad, la seguridad y el amor.

Pero cuando aceptamos y aprendemos a abrazar las inevitables contrariedades de la vida, nos damos cuenta de que podemos experimentar una sensación de felicidad más duradera.

Desde luego que esto es difícil y requiere práctica. La siguiente meditación es una invitación a experimentar qué se siente meditar cuando el objeto de tu atención no es tu respiración, una frase que sirve de ancla o un mantra, sino una sensación o experiencia incómoda. Con frecuencia suponemos que la meditación sirve sólo como instrumento para relajarnos, aliviar el estrés o despejar la mente, y a menudo lo es. Pero este ejercicio muestra que podemos usar la meditación para experimentar con nuevas formas de relacionarnos, incluso con nuestros pensamientos desagradables:

1. Siéntate cómodamente, con la espalda recta pero no tensa. Cierra los ojos o posa la mirada en el suelo.
2. Piensa en una conversación, situación, experiencia o sensación dolorosa que hayas tenido. Recuerda qué te hizo

sentir en el cuerpo esa emoción. Mientras indagas en la experiencia visceral de esa incomodidad, vuelve más profundas tus inhalaciones y exhalaciones naturales.

3. Con cada inhalación, imagina que te abres a toda la pena y molestia asociada con la experiencia que recordaste.

4. Con cada exhalación, libera toda la presión que sientes al reaccionar a esa pena en una forma particular.

5. Podrían surgir pensamientos, recuerdos y experiencias adicionales que te alejen del ancla original de tu meditación. Mientras emergen, aprovecha la oportunidad de estar atento a cada uno de ellos. Esta práctica consiste en abrazar en todo momento lo que es.

8

Define tu postura
ante la felicidad

Georgia es una escritora independiente que trabaja en casa, en un *loft* de dos pisos con ventanas altas que dejan entrar una hermosa luz. Hace tiempo se halló bajo gran presión financiera y aceptó mucho trabajo para compensar. Pero cuando sus plazos de entrega llegaban, uno tras otro, se desplomó.

Aunque es una buena cocinera, cuando la presión se intensificó sólo comía alimentos chatarra. No tenía ganas de hacer ejercicio, así que su vida se vio confinada a sus cuatro paredes, donde el mal humor la acometió. Dejó de limpiar su casa, desde luego, y abandonó también su práctica de meditación. Se había comprometido a meditar cuarenta y cinco minutos bajo las cobijas al acostarse, pero caía dormida demasiado pronto. Y comenzó a beber más que en cualquier otra época de su vida.

Georgia dedicaba todas sus horas de vigilia (y gran parte de su tiempo de sueño) a satisfacer metas y demandas ajenas. En parte, la necesidad de protegerse la motivaba a hacerlo porque necesitaba dinero. Pero su forma de conseguirlo no era la adecuada, y cayó en un estado de fatiga. Se sentía desconectada de su cuerpo y de todo lo que la nutría. Y el modo en que se hablaba a sí misma se volvió demasiado castigador.

Por un tiempo no encontró la salida de esa espiral descendente, hasta que tuvo un momento de conciencia. "No había considerado mi derecho a ser feliz", me dijo después. "Me di cuenta de que debía hacerlo para amarme otra vez."

Como primer paso fue al supermercado para abastecer su cocina de alimentos saludables. La tienda estaba muy iluminada y se oía música de fondo; mientras ella recorría un pasillo desconocido, tropezó con un exhibidor de veladoras mexicanas. Pese a que no es cristiana, le encantan las velas y tomó una del anaquel. Mostraba al frente la imagen de san Judas Tadeo, el santo patrono de los casos difíciles y desesperados, en la parte de atrás tenía una oración tradicional en español e inglés: "Ruega por mí. Estoy solo e indefenso". Esto resumía las sensaciones de Georgia, así que se llevó la veladora a casa, donde la encendió luego de darse un baño.

Se sintió entonces algo ridícula, porque en realidad su caso no era tan difícil ni desesperado. Se recordó que estaba sana, disfrutaba de su trabajo y tenía muchas íntimas y sólidas relaciones, cosas que sencillamente había perdido de vista. *Debo recordar todo lo que tengo*, pensó.

Fue a dar un paseo al río y al volver a casa subió las persianas para que entrara la luz y puso música. Regresó gradualmente al mundo. Reanudó su práctica de meditación y con ese fundamento recuperó gran parte de su equilibrio.

Para restaurar el amor en su vida tuvo que empezar con el

perdón: primero a sí misma por haber caído tan bajo y compadecerse del dolor que la había mantenido ahí. Recurrió también a la bondad amorosa para cuando elegía las alternativas equivocadas, cuando consumía una botella de vino o comida chatarra y parecía olvidar su derecho a ser totalmente feliz.

Para mí es fascinante que Georgia haya formulado el argumento que la hizo cambiar: "No había considerado mi derecho a ser feliz", porque la forma particular de meditación que más le sirvió para recuperarse fue meditar de pie.

Más tarde me escribió: "Tras colocarme en lo más alto del *loft*, cerraba los ojos e imaginaba mi proximidad con el mundo por medio de mi sensibilidad, el deseo de ser feliz, de no sufrir mental ni físicamente y de vivir en paz, que todos compartimos. ¿Cómo había podido sentirme tan sola?

"Sentía que la tierra me sostenía, que mis piernas hacían algunos ajustes para que yo pudiera mantenerme erguida en un mundo que no cesa de moverse y cambiar. Pensaba: *Mi cuerpo sabe cómo hacerlo.*"

Mientras proseguía con su meditación, sentía que su corazón salía de una jaula.

Y concluyó: "Inhalaba sintiendo una conexión con todas las cosas, con el bello mundo más allá de la ventana, con las aves que veía en los pantanos junto al río, con mis vecinos y conmigo misma. Exhalaba para propagar esa sensación, para compartirla con las pequeñas ciudades vecinas, las que estaban a la distancia y todos los lugares más lejanos. La luz entraba y salía de mí a raudales en una relación de gratitud con el mundo".

La meditación de pie sigue siendo la principal en la práctica de Georgia. Cuando su cuerpo está en una postura que expresa dignidad innata, siente el apoyo de la tierra, su pecho se abre con la respiración y adopta una posición ante la integridad de su ser y su unión con todos los demás seres.

PRÁCTICAS DEL CAPÍTULO 8

Meditación de pie

Georgia hacía esta meditación descalza, lo cual es una buena manera de involucrar todos tus músculos y experimentar plenamente la forma en que mantienes tu equilibrio en el espacio, puedes usar calcetines si así estás más cómodo.

Párate derecho, cierra los ojos y siente que la tierra te sostiene. Estira bien los dedos de los pies para que sientas la solidez del suelo y el modo en que las fibras de la alfombra tocan tus plantas. Haz pequeños movimientos para distribuir ampliamente tu peso y prueba el arco del pie mientras haces avanzar y retroceder éste con lentitud para relajar tus tobillos.

Comienza a experimentar ahora con el reajuste de tu esqueleto hueso por hueso, para asumir una postura más sólida y firme. Con las rodillas un tanto dobladas, haz que tus tobillos se ajusten a una línea más recta, como una columna. Luego endereza poco a poco las rodillas sin estirarlas completamente, haciendo un movimiento de unos dos centímetros.

Extendiendo bien las piernas, siente cómo la pelvis levanta tu columna mientras tus hombros retroceden. Esto quita

mucha presión de la base de la espalda y permite que se esti-
re. Haz una pausa ahí mientras realizas este ajuste menor de
las rodillas y disfrutas de que entre más estiras las piernas,
más te enderezas y más hondo respiras.

La pelvis es el siguiente punto de enfoque. Inclina dos centímetros la cadera y haz retroceder los hombros un poco más.
Con movimientos hacia delante y hacia atrás, siente cómo las
costillas se extienden levemente con cada inclinación.

Sin forzar el movimiento de las costillas, siente subir y
bajar tus pulmones al tiempo que respiras. Intenta respirar
desde el fondo de los pulmones, donde se encuentran con el
diafragma; explora cómo se dilatan hacia los lados. Siente tu
respiración moverse por tu espalda, bajo los omóplatos. Visualiza que liberas a tu corazón de una jaula. Continúa mientras disfrutas el ritmo de tu respiración y la expansión de tus
huesos, y consideras tu derecho a ser feliz.

9

Sigue tu brújula ética

¿Qué tiene que ver la ética con amarte a ti mismo? Después de todo, la ética es un gran asunto, mientras que el amor propio parece algo más individual, más íntimo. Solemos pensar que ser libres y felices significa hacer lo que queramos. Pero si analizamos nuestros actos con los ojos del amor, veremos que nuestra vida puede ser más directa, más simple, menos sujeta al miedo y el pesar, más armoniosa con nuestros valores más profundos.

Tomar en cuenta las implicaciones éticas de nuestras decisiones no ha sido nunca tan apremiante —o tan complicado— como ahora. Nuestras opciones, muchas de ellas impensables hace cien años, están casi fuera de control en el mundo global y digital de hoy. ¿Es correcto que comamos carne o deberíamos ser veganos? ¿Para qué nos comprometemos con una persona cuando es posible conocer a una nueva todos los días en Tinder? ¿Qué tan lejos debemos —o podemos— llegar como individuos para proteger nuestro atribulado planeta? ¿Cómo *tomamos* decisiones si las posibilidades parecen ilimitadas?

Buda propuso esto: "Si en verdad te amaras, jamás perjudicarías a nadie". Éste no es un enfoque moralista o represivo ni una invitación a negar nuestros deseos o a juzgarlos. No es ni siquiera una visión que se atenga exclusivamente a la compasión por otro, a abstenernos de robar o mentir porque no queremos afligir a nadie.

Causar daño nunca es un acto unidireccional. Si perjudicamos a alguien es inevitable que también nos afectemos a nosotros mismos. Cierta sensibilidad y conciencia debe impedir que cosifiquemos a los demás, que les neguemos que sienten y que quieren ser felices como nosotros. No juzgamos que patear una mesa sea un asunto moral. Para que una persona o un animal se convierta en un objeto, como una mesa, en nuestra mente hace falta adormecimiento (difícil de sacudir), unas anteojeras (con éstas no es posible ver) y un alto grado de defensa (que no se puede quitar a voluntad). Desarrollamos una piel indiferente.

Sin embargo, aunque hagamos todo lo posible por tratar bondadosamente a los demás, suele ser complicado determinar qué acciones expresan mejor nuestro amor y aprecio por nosotros. Podemos creer que comer animales es éticamente incorrecto, pero ¿qué decisión tomaremos si el médico nos diagnostica anemia y nos recomienda comer carnes rojas para recuperar la salud? Tengo una amiga que vive en la zona de California aquejada por sequías y trata de racionar cada gota de agua que usa, pero le preocupa que su hija vaya a la escuela con su vestido favorito manchado o le molesta poner la lavadora cuando no tiene una carga completa. ¿Cómo sabemos qué es bueno si hay tantas áreas grises, tantas respuestas imperfectas?

ESCUCHA A TU CUERPO

Cuando nos sentimos en conflicto a causa de una decisión o acción particular, es común que el cuerpo tenga la respuesta si nos damos tiempo para detenernos y sintonizar con él. La mente tiende a precipitarse al futuro o a reproducir el pasado mientras que el cuerpo está siempre en el presente. Una tensión en el pecho o una sensación de aprensión en el vientre puede indicar daño, aun cuando la razón sugiera que una decisión es perfectamente ética. Una sensación de calma o de expresividad en el cuerpo transmite un mensaje muy distinto.

Mi alumna Sarah no era en estricto sentido una bebedora, pero disfrutaba de la ocasional copa de vino en reuniones sociales. El problema era que de vez en cuando, y en forma impredecible, una sola copa le causaba una migraña fatal. La sensación que sentía en la garganta cuando contemplaba la posibilidad de tomar una copa le hacía saber que se produciría daño si seguía adelante, pese a lo cual a veces decidía ignorar la señal de emergencia de su cuerpo. Recientemente, después de años de jugar a la ruleta rusa con su salud, decidió dejar de tomar vino por completo y ahora ya no padece migrañas. Me dijo: "Siento que haber dejado de beber es un elocuente acto de amor por mí".

APÓYATE EN PRECEPTOS ORIENTADORES

Cuando no conseguimos oír el mensaje del cuerpo o cuando ese mensaje no es claro, podemos protegernos si seguimos algunos preceptos esenciales, muy similares entre sí en las diversas tradiciones de sabiduría del mundo.

Mi colega Joanna Harper extrajo los siguientes preceptos de las enseñanzas budistas. Son sencillos, accesibles y cubren lo básico con gran acierto:

A sabiendas de que nuestras vidas están estrechamente entrelazadas, asumo el precepto de proteger la vida.

A sabiendas de que nuestras vidas están estrechamente entrelazadas, asumo el precepto de ser generoso.

A sabiendas de que nuestras vidas están estrechamente entrelazadas, asumo el precepto de proteger mi sexualidad y la de los demás.

A sabiendas de que nuestras vidas están estrechamente entrelazadas, asumo el precepto de cuidar mis palabras.

A sabiendas de que nuestras vidas están estrechamente entrelazadas, asumo el precepto de no consumir estupefacientes, para conservar una mente y corazón claros.

Estos preceptos nos exigen poner atención en lo que sentimos y a lo que más queremos. Nos piden renunciar dignamente a nuestros deseos, sin juzgarnos. También requieren que reconozcamos cuando hacemos o decimos algo ajeno a su espíritu y que resolvamos volver a empezar.

He tenido alumnos y amigos que se han propuesto reemplazar las estrecheces morales que se les impusieron de niños por su propia serie de valores. Una amiga, al describir su nueva comprensión de la fuerza y libertad obtenidas de la meditación, señaló: "Si en verdad quieres ser rebelde, practica la bondad". O para decirlo de otra manera: "Si quieres vivir a tu modo y librarte de viejos hábitos e historias que no tienen ya ningún significado, sé diferente: practica el amor".

OBSERVA TUS SECRETOS

Tiendo a usar los secretos como una especie de brújula moral personal. He visto que imponen un costo a quien los guarda, a quien los ignora y a todos los implicados que desean que los secretos permanezcan siéndolo. Aun si los empleamos con despreocupación, eso no significa que no tengan consecuencias. Como dijo el arquitecto Christopher Alexander: "Forjar algo íntegro cura al forjador".[1] En otras palabras, el entorno que creamos contribuye a curarnos o a fracturarnos. Esto se aplica no sólo a los edificios y paisajes, sino también a las interacciones y relaciones. ¿Qué nos aporta contribuir a la fragmentación antes que a la integridad? ¿Qué pasa en nosotros cuando incrementamos la división y el aislamiento?

Pienso en mi infancia, repleta de secretos. Cuando tenía once años me dijeron que mi padre había sido hospitalizado tras haber tomado "por accidente" una dosis de pastillas para dormir. Aunque desde entonces vivió en hospitales psiquiátricos, no fue hasta años después, cuando yo estaba ya en la universidad, que uní las piezas y comprendí que esa sobredosis no fue accidental.

Durante todos esos años, parte de mí vivió en confinamiento emocional y físico a causa de que mi saber interior no concordaba con la versión que me habían ofrecido. Obviamente, lo que movió a mi familia fue ahorrarme el dolor, pero guardar secretos siempre es un acto con consecuencias para todos los involucrados.

Cuanto más practicamos la atención, más alertas estamos al costo de guardar secretos. John me contó este caso:

Me ofrecieron rentar un departamento en Nueva York a un costo razonable y en el barrio que yo deseaba. Esto parecía demasiado bueno para ser verdad y de hecho así fue. Según las reglas de la cooperativa de propietarios que controlaba el edificio, ningún dueño estaba autorizado a arrendar.

La tentación era enorme. ¡Rentar no contravenía las leyes de Dios ni del estado! ¿Quiénes eran esos sujetos de la cooperativa, además? Probablemente un montón de entrometidos deseosos de poder. ¡Y luego dicen que hay crímenes sin víctimas! ¡En verdad quería ese departamento! Mis amigos me animaban: "¡Tú sabes cuánta gente viola a diario las leyes de las cooperativas! ¡Acéptalo!".

Sin embargo, luego imaginé que tendría que entrar furtivamente al vestíbulo todos los días, con la esperanza de que se hallara a cargo el portero "correcto", el menos receloso de la ley, el menos proclive a preguntarme por mi "primo", dueño del departamento. Yo sabía que alguien podría calcular cuánto tiempo llevaba ahí, y deducir que tenía un plan para ausentarme ocasionalmente a fin de parecer un visitante más que un residente. Vi mi futuro: pagar renta por un departamento en el que nunca podría vivir feliz y en paz.

Aun si jamás nos descubren, "no caes por el crimen sino por la coartada", como advierte el viejo adagio. El costo de guardar secretos implica un creciente aislamiento debido al miedo a que nos descubran y el repliegue en nuestro interior para no sentir los efectos de nuestra conducta. No podemos permitir que se nos vea y conozca de verdad, ni siquiera por nosotros mismos.

El precio de guardar secretos puede oprimir literalmente a la gente, de acuerdo con una investigación dirigida por el profesor Michael Slepian, de la Universidad de Columbia. En un estudio, se les pidió a varios homosexuales que le ayudaran a mover unas cajas. ¿El resultado? Quienes no habían salido del clóset movieron menos cajas. Otro estudio reveló que las personas con una infidelidad reciente se sentían más agobiadas por las tareas cotidianas, como subir las compras. En una entrevista con *The Atlantic*, Slepian comentó: "Entre más preocupada estaba la gente por sus secretos, más esfuerzo gastaba en guardarlos, y por tanto daba la impresión de que otras cosas les resultaban mucho más difíciles".[2]

Con esto no quiero decir que debamos revelar todo a los demás. Existe todavía la discreción y nuestras decisiones de estilo de vida no son de la incumbencia de nadie. No obstante, el temor a que nos descubran puede impregnar nuestros días y hasta nuestros sueños. Para mí, ésta es una señal importante de que generamos más sufrimiento que integridad.

MONITOREA TU RESPETO POR TI MISMO

Otro termómetro clave que nos ayuda a valorar la rectitud de nuestras acciones es el respeto por nosotros mismos. Yo he descubierto que mi capacidad para aceptar los desafíos de la vida se relaciona en buena medida con el respeto por mí misma. Cuando éste es elevado, soporto momentos difíciles sin abatirme; es decir, las dificultades no reflejan una falta básica de autoestima y puedo disfrutar de los buenos tiempos sin tratar de controlarlos por temor a que pasen y me hagan sentir mal. Para mí, el respeto a uno mismo es clave para preservar la felicidad. Y está claro que éste echa raíces en la forma en que me comporto.

Cuando nos apreciamos de esta manera, no necesitamos experiencias o relaciones que nos hagan sentir mejor. No percibimos un profundo vacío interior que deba ser llenado. El respeto por nosotros mismos nos permite amarnos más, y aumenta nuestra destreza para amar.

La psicóloga Barbara Fredrickson, profesora de la Universidad de Carolina del Norte en Chapel Hill, destacada experta en el campo de la psicología social y autora de *Amor 2.0*, desarrolló la teoría de las emociones positivas de "ampliar y enriquecer". La idea es que el cultivo de las emociones positivas, como el amor y respeto a uno mismo, refuerza nuestros recursos internos y nos abre a una gama más amplia de pensamientos y acciones. Esto nos permite confiar en nuestra resistencia y aptitud para enfrentar las sorpresas que la vida nos depara. Ésta puede ser estresante y contener periodos de peligro, pero podemos estar seguros de nuestra capacidad para hacerle frente en lugar de que nos destroce.

Seguir nuestra brújula ética nos ayuda a mantener esta ágil respuesta. Confiamos cada vez más en que nos comportaremos éticamente, hablaremos con consideración y actuaremos con responsabilidad. No estamos agobiados por guardar un secreto vergonzoso que arruinaría nuestra reputación si se revelara.

En la vida diaria estamos atentos a la sincronía entre nuestros actos y valores. Ésta es otra pieza de la seguridad que nos permite propagar el amor.

HONRARNOS

"Si en verdad te amaras, jamás perjudicarías a nadie." Estas palabras de Buda sugieren que somos capaces de superar la mediocridad y de hacer mucho más que sobrevivir en este mundo. Como seres humanos, poseemos una grandeza de espíritu, la aptitud para ir más allá de las circunstancias en las que nos encontramos, y la posibilidad de experimentar una vasta sensación de conexión con toda la vida. Conformarnos con encerrarnos en nuestra indiferencia, con la exaltación temporal de obtener por cualquier medio lo que queremos o con la mezquina emoción de vencer a toda costa a alguien es muy triste en realidad.

Si percibiéramos todo lo que podemos ser y nos honráramos por eso, no comprometeríamos nuestra integridad por la sensación superficial de poder que procede de mentirle a alguien ("Sé algo que tú no") o por la cosificación y distancia que proviene de la explotación. Si somos capaces de superar la mediocridad, no tendríamos que imaginarnos entrando a escondidas al vestíbulo de un edificio con la esperanza de que el portero no nos pregunte qué hacemos ahí.

Si en verdad nos amáramos, nunca perjudicaríamos a nadie. Éste es un modo verdaderamente revolucionario y celebratorio de cuidar de nosotros mismos.

REFLEXIÓN

¿Hay alguien en tu vida a quien concibas como modelo de integridad en algún área? ¿Te identificas con esa persona o te parece demasiado rígida?

¿Tienes desacuerdos con amigos o colegas sobre la buena o mala conducta? ¿Con quién hablarías si quisieras resolver un dilema moral? ¿Cómo decides qué es lo bueno para ti?

Si guardas un secreto sobre una importante área de tu vida, ¿cómo afecta esto tu relación con los demás y contigo mismo?

SECCIÓN 2

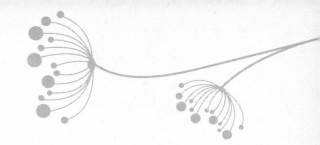

Introducción

El amor como verbo

Una vez tuve un sueño en el que alguien me preguntaba: "¿Por qué amamos a la gente?".

Aún dormida, respondí: "Porque nos ve". Desperté y pensé: *¡Qué buena respuesta!*

Ver y ser vistos: esta noción podría llenarnos de una sensación de satisfacción y paz. Podría regocijarnos la idea de que se nos aprecia por lo que somos, no a causa de un logro o esfuerzo de nuestra parte. De igual forma, podría alegrarnos la idea de ver y aceptar a otra persona por lo que es. Ese mutuo reconocimiento parece bueno, sólido, equilibrado, auténtico y verdadero.

Tomemos el caso de Elle y Gil, quienes celebraron hace poco sus bodas de plata. "Trabajo en una oficina en la que se me acercan muchos jóvenes para pedirme consejos sentimentales", me escribió Ellen. "Yo les digo siempre que busquen el amor incondicional. Cuando me preguntan cómo identificarlo, les cuento la siguiente anécdota, que invariablemente genera muchas respuestas del tipo '¡Ah, ya entendí!'.

"Cuando Gil y yo comenzamos a salir, yo vivía en Brooklyn y él iba a recogerme a la estación del tren cuando iba a verlo a Long Island. Una vez, mientras él manejaba, empecé a contarle el divorcio de mis padres, cuando yo tenía diecisiete años, y todo lo que sucedió antes, durante y después. Él redujo la velocidad y detuvo el coche a un lado de la carretera. Cuando le pregunté qué pasaba, me dijo: 'Me estás contando algo importante y quiero escucharte con toda atención'. Eso fue decisivo para mí. Hoy, él me escucha todavía... ¡es increíble!"

Él la ve a ella, ella a él. Es claro y es real. Si nuestras relaciones íntimas fueran así todos los días, tendríamos una vida maravillosa.

Las habilidades que la atención pone a nuestro alcance vuelven absolutamente posible llevar ese tipo de amor a nuestras relaciones con los demás. Lo que aprendemos en la meditación podemos aplicarlo a todos los demás campos de nuestra vida. Un amigo me sugirió titular este libro como *Amor verdadero: simple, pero no fácil*. Ésta es una descripción excelente de los retos que enfrentamos.

LA DESCARGA DE NUESTRO BAGAJE CULTURAL

El primer reto es desprendernos de algunas nociones del amor perpetuadas por nuestra cultura. Por ejemplo:

El amor es un objetivo o estado por alcanzar, una especie de ideal fijo.

En realidad, el amor es fluido; es un verbo, no un sustantivo. Es una capacidad viva que está siempre presente en nosotros, aun si no la sentimos. Y existen muchos tipos de amor. El sánscrito cuenta con palabras distintas para describir el amor por un hermano, por un maestro, por la pareja, por los amigos, a la naturaleza, etcétera. El inglés y el español cuentan sólo con una, lo que produce una confusión persistente.

La cima del amor es el amor romántico: éxtasis y tormento.

Como escribió Oscar Wilde en *La importancia de llamarse Ernesto*, "La esencia misma del romanticismo es la incertidumbre".[1] Éste es un viaje lleno de peligros; en él estamos a merced de fuerzas externas. Se nos atraviesa con flechas. Caemos sin remedio. Nos perdemos. Nos cae un rayo. Deshojamos la margarita del "Me quiere, no me quiere". Pero cuando nuestros ojos se obsesionan con el romanticismo, podemos pasar por alto el amor profundo y sostenible que está justo ante nosotros. Nunca olvidaré lo que le oí decir a una joven mientras conversaba con su amiga: "Le dije a mi hermano que amo a mi prometido, pero que echo de menos la intensidad de mi relación anterior. Y él me dijo: 'Sí, y también lo mucho que te aburrías'".

El amor nos salvará y completará.

Esta máxima establece que sin el amor de otra persona somos insuficientes, incapaces de vivir plenamente por nosotros mismos. Este tipo de pensamiento mágico llena las anticuadas y pícaras novelas y películas hollywoodenses, tierra de los corazones rotos y los ojos azules que lloran bajo la lluvia. Sin embargo, esto no tiene por qué determinar nuestra vida.

En una conversación que sostuvimos, Linda Carroll me explicó que si no cuestionamos esos mensajes, podríamos aceptar de manera inconsciente dos visiones extremas del amor: "Está el escenario uno, donde todo es perfecto, y el escenario tres, donde todo es horrible, no un amor suficiente o tranquilo, o del tipo 'Pasamos un buen día y nos apoyamos amablemente (aunque no demasiado)'. Ésta no es una sentencia atractiva, ¿quién la aceptaría? A lo que nos aferramos en nuestra cultura es al drama del amor, no a la tranquilidad del amor".[2]

O como me dijo Molly, a quien conocí en un centro de meditación: "Cuando era joven el único tema que me interesaba era el sufrimiento por amor. Lo padecía constantemente y lo fomentaba. Siempre trataba de experimentar la sensación de ser destrozada, sufrir en carne viva y desilusionarme".

No tengo nada contra la pasión y la excitación, pero cuando nos concentramos en buscar, perfeccionar o aferrarnos al romanticismo, la intensidad suele ser generada por la inestabilidad, no por una proximidad auténtica con otra persona. Entonces, como escribió Zadie Smith en su novela *White Teeth*, "El objeto de la pasión es sólo un accesorio de la pasión misma".[3]

RECONOCER EL AMOR VERDADERO

El amor verdadero opera a bajo voltaje pero es más sólido y sostenible. Desde el primero hasta nuestro último suspiro, se nos presenta constantemente la oportunidad de experimentar una conexión profunda, duradera y transformadora con otros seres: de amarlos y ser amados; de mostrarles nuestra genuina naturaleza y percibir la suya. Junto con ellos, abrimos nuestro corazón para dar y recibir. Compartimos la alegría y la compasión, las luchas y pesares, las ganancias y las pérdidas. Y aprendemos lo que significa formar parte de algo más grande que nosotros.

Hace siglos, el filósofo chino Lao Tse describió un amor profundo y potenciador: "Ser profundamente amado por alguien te da fuerza, mientras que amar profundamente a alguien te da valor". Y aunque desde entonces la Tierra ha girado incontables veces sobre su eje, todavía podemos oír esa verdad si prestamos atención. Como dice un personaje de la novela *Jazz* de Toni Morrison: "No creas que me prendé de ti y me desviví por ti. El amor no me derribó: me elevó".[4]

Mi alumna Samantha me escribió acerca del expansivo y reverberante amor que atestiguó en su familia. "El año pasado, mi padre fue operado del corazón", me dijo. "Durante su estancia en el hospital, en una ocasión, él accionó muchas veces la luz para llamar a la enfermera, pero nadie acudió y mojó la cama. Cuando regresamos de comer en la cafetería, mi madre y yo lo encontramos empapado y avergonzado. Mi madre, quien fue enfermera, se puso a trabajar de inmediato: le quitó la ropa sucia, lo llevó al baño para limpiarlo y cambió la cama.

"Mientras la veía trabajar con tanta determinación y humildad, pensé: *Esto es amor*. Los medios de comunicación nos bombardean con imágenes de bodas, anillos de compromiso, fiestas y flores, pero eso no es amor. Al amor lo definen los difíciles actos de compasión y generosidad humana. Me sentí muy orgullosa de mis padres ese día (y siempre) por lo que hicieron. Y aunque a ellos les avergonzaría contar esta historia, son mis héroes."

En el relato de Samantha vemos no sólo el profundo amor entre sus padres, sino también que irradia fuerza hacia quienes lo presencian. La gente suele decirme que se siente magnificada cuando aprecia a otro, avivada por la generosidad y devoción mutua. Cuando le pido que describa su experiencia de ser amada, dice sentirse a gusto en el mundo, estimada, reconocida, afirmada y alentada.

Ninguna relación es fácil ni está libre de contratiempos, por muchos minutos que meditemos cada día. Lo que vuelve sostenibles nuestras relaciones es cómo nos relacionamos con el conflicto, lo mismo que nuestras necesidades y expectativas diferentes. Aun si hacemos todo lo posible por tratar con sumo respeto y comprensión a quienes nos rodean, el conflicto aparecerá. Así es la vida. Así es la naturaleza humana.

Pero también es propio de la naturaleza humana (y lo que hace que volvamos a los demás) el deseo fundamental de relacionarnos. "Los seres humanos somos criaturas sociales", escribió el autor y cirujano Atul Gawande en *The New Yorker*. "Somos sociales no sólo en el sentido trivial de que nos agrada la compañía o en el sentido obvio de que dependemos de otros. Somos sociales en una forma más elemental: nuestra simple existencia como seres humanos requiere que interactuemos con otras personas."[5]

LA PARADOJA DEL APEGO

Ese impulso a relacionarnos persiste desde la cuna a la tumba, de acuerdo con el ya desaparecido psicoanalista británico John Bowlby. Él fue el creador de la teoría del apego, que define a nuestras primeras relaciones, en especial con nuestra madre, la cual determina todos los demás vínculos que estableceremos a lo largo de la vida. Si nuestros cuidadores fueron capaces de satisfacer nuestras más importantes necesidades emocionales, aprenderemos gradualmente la regulación emocional y el cuidado de nosotros mismos y desarrollaremos la aptitud de establecer relaciones seguras con los demás. En caso contrario, nuestra orientación al apego tenderá probablemente a la ansiedad o la evasión.

Yo veo todo el tiempo en mis alumnos ambas expresiones del apego. Por ejemplo, la madre de Nick perdió un bebé un año antes de que él naciera y vivió sumida en el pesar durante la infancia de Nick. Hoy, él tiende a preocuparse obsesivamente de que las personas que más le importan lo abandonen de pronto. Por otro lado, Elaine, cuya madre estuvo hospitalizada varios meses poco después de que ella nació, tiende a retraerse en cuanto una pareja potencial se acerca. En el curso de psicoterapia y retiros de meditación, Nick y Elaine identificaron esas primeras fracturas del apego como la fuente de sus problemas en las relaciones.

Pero ¿un apego fuerte realmente es bueno?

Quienes conocen las enseñanzas budistas suelen inquietarse por nuestra necesidad humana de relaciones estrechas y preocuparse por que éstas representen una forma poco sana de aprensión. *¿No se supone que debo practicar exactamente lo contrario?*, se preguntan. *¿No es acaso el no apego el estado preferido y más iluminado?* Como me dijo una perpleja practicante de la meditación: "Quiero ser como el Dalái Lama, pero también quiero amar a mi esposo".

En realidad no hay conflicto entre amar profundamente a los demás y vivir con atención.

Hay personas particulares con las que tenemos una fuerte conexión y eso es bueno: nuestros hijos, pareja, padres, hermanos y otros miembros de la familia; nuestros profesores y mejores amigos. De hecho, el Dalái Lama menciona a menudo relaciones especiales en su vida, sobre todo con su madre, quien sembró en él las semillas de la bondad y la compasión.

El Dalái Lama ha dicho también que podemos vivir sin religión ni meditación, pero no podemos sobrevivir sin afecto. Al mismo tiempo, las enseñanzas budistas desalientan el apego a los seres queridos y la pretensión de controlar a la gente o a la pareja. Más todavía, nos animan a aceptar la temporalidad de todas las cosas: la flor que hoy crece morirá mañana; los objetos que poseemos se deteriorarán, desaparecerán o dejarán de ser útiles; nuestras relaciones cambiarán; la vida llegará a su fin.

Cuando se analiza el uso de la palabra *apego* en la psicología y en el pensamiento budista se descubren más paradojas que contradicciones. Como señalaron Baljinder Sahdra y Phillip Shaver, este último profesor emérito de psicología de la Universidad de California en Davis, en *The International Journal for the Psychology of Religion*, los términos pueden confundir, pero las intenciones de fondo son muy similares: "Ambos sistemas destacan la importancia de dar y recibir amor y de minimizar la aprensión o la distancia evasiva y la supresión de experiencias mentales indeseables".[6]

Yo encuentro útil describir los paralelismos de esta manera: el apego seguro de la psicología occidental se asemeja al no apego budista; el apego evasivo es lo contrario a estar atento y presente, y el apego ansioso se ajusta a la noción budista de aprensión.

UNA EXPERIENCIA DE CUERPO ENTERO

Sea cual sea el lenguaje que empleemos para describir las relaciones saludables, en su seno nos sentimos nutridos por ellas en cuerpo y mente. Roger, uno de mis estudiantes, escribe: "Amo a mi esposa, a mi hija, a mí mismo, a mis experiencias y a mis amigos. ¿Pero qué es lo común en todos estos casos? Para mí, es la sensación física que aparece cuando me hallo en un estado apreciativo. No es un estado apasionado o de amistad. Es la cordialidad a la que llegamos por medio de la práctica de la bondad amorosa y la compasión. Para mí, el amor verdadero ocurre cuando experimento esa sensación física".

De hecho, los científicos documentan ya las extensas implicaciones físicas de la proximidad, las cuales van de aliviar el dolor a intensificar el funcionamiento del sistema nervioso. Richard Davidson, neuropsicólogo de la Universidad de Wisconsin en Madison, investigó los efectos del tacto y la compañía durante experiencias estresantes. En un estudio de 2006 sus colegas y él usaron la resonancia magnética para monitorear los niveles de temor y dolor experimentados por mujeres que recibían leves descargas eléctricas. Cuando se les dejó solas, ellas sintieron temor y dolor, y las áreas de su cerebro responsables de la emoción fueron particularmente activas.[7]

Sin embargo, si un laboratorista las tomaba de la mano, su cerebro mostraba menos temor, pese a la permanencia del dolor físico. Y cuando las tomaron de la mano sus respectivos esposos, su actividad cerebral disminuyó en alto grado. El efecto tranquilizador resultó ser directamente proporcional al vínculo que tenían con quien las confortaba.

La ciencia indica así que el amor no sólo reduce la experiencia de dolor físico, sino que además puede volvernos más saludables, y a nuestra pareja también. Barbara Fredrickson estudió lo que llama los *micromomentos de conexión*. "Es cuando compartes un genuino sentimiento positivo con otro ser vivo", explicó en una conferencia en Nueva York. "Podría ser reír con un amigo, abrazar con compasión a tu vecino o sonreírle a un bebé. Ni siquiera es necesario que sea tu bebé, podría ser cualquiera."[8]

Añadió que la ciencia sugiere que esos micromomentos podrían ser más potentes de lo que se cree. Las investigaciones demostraron que cuando las sonrisas, gestos y posturas de una persona eran percibidos por la otra, la sincronización entre ambas era más que superficial.

"Cuando estás vinculado verdaderamente con otro", apuntó Fredrickson, "el ritmo cardiaco de ambos, su bioquímica, incluso la activación de sus neuronas están en sincronía." Más aún, esa resonancia biológica de buenos sentimientos y buena voluntad tiene efectos perdurables. Un aumento de micromomentos promueve la función del nervio vago, el largo nervio craneal que se abre paso del cerebro al abdomen y que incrementa la aptitud del cuerpo para retardar a un corazón acelerado y regular la inflamación y el nivel de glucosa.

"Los efectos no se reducen a la salud", señaló Fredrickson, "porque cuando se está realmente vinculado con otro, el corazón propio se afina y el ajeno también. Cuanto mayor sea la vinculación, más se reforzará la disposición a relacionarse, más se reducirá el riesgo de infarto y más aumentará la posibilidad de tener una vida larga, feliz y saludable."

Fredrickson asegura que se le enchina la piel cuando comprueba que el mero hecho de sonreírle a alguien puede tener relevantes consecuencias en la salud. Ella ve ahora cada interacción en su vida como una oportunidad de micromomentos, ya sea al jugar con sus gatos y sus dos hijos o al sonreírle a un niño cualquiera. "Todo esto forma parte de la magia que da firmeza a nuestros lazos y salud a nuestro corazón", dijo. "Así, dejemos de esperar que la flecha de Cupido nos elija. Elijamos amar. Escojamos relacionarnos con quienes nos rodean."[9]

En esta sección exploraremos el amor verdadero con nuestra pareja, hijos, padres y hermanos, así como con nuestros amigos, colegas y maestros espirituales. ¿Cómo amamos atinadamente a otro? ¿Cómo tomamos nuestras buenas y puras intenciones y les damos expresión? ¿Cómo enfrentamos la pérdida, la desilusión y el dolor? ¿Y cómo nos mantenemos lo bastante sensibles para experimentar el amor verdadero, sabiendo que es temporal?

La respuesta breve es momento a momento. Pero, desde luego, eso no es todo: es simple pero no fácil.

10

Barreras al amor verdadero

El amor no comienza y termina como creemos.

JAMES BALDWIN[1]

"Saca las espinas de tu corazón; verás entonces los rosales dentro de ti", escribió Rumi, el poeta y místico sufí del siglo XIII.[2]

¿Por qué pensar en las "espinas", todas las barreras al amor que quizá sentimos en nosotros, en vez de cultivarlo directamente? ¿Cuáles son esas espinas, además?

Por paradójico que parezca, identificar nuestros pensamientos, emociones y patrones de conducta habituales es la clave para la libertad y la transformación. Si no sabemos dónde nos estancamos, nos enredaremos inevitablemente para esquivar ciertos sentimientos y percepciones, y el amor, que de otra forma estaría a nuestra disposición, será también un amasijo de nudos. En cambio, cuando exploramos nuestros puntos emocionales conflictivos, abrimos un camino hacia el amor verdadero.

Por ejemplo, aunque consideres que *deberías* hacerlo, no creo que puedas forzarte a amar a tu vecino —o a tu jefe— si no lo soportas. Si, al contrario, intentas comprender tu molestia con atención y compasión, sin olvidarte de la *auto*compasión, creas la posibilidad de cambio. Tu vecino o tu jefe no dejarán de hacer cosas que te enfaden, pero el enojo y la tensión que sientes en el pecho tenderán a disminuir, lo que te volverá más libre y más disponible para el amor.

En lugar de buscar sólo fuera de nosotros la fuente de nuestras dificultades con los demás, también busquemos dentro. Esto se aplica a todas las relaciones. Nuestro anhelo de cercanía nos pone frente a esos obstáculos internos, así que empecemos por nuestro interior.

EL GRAN MALABARISMO

No es forzoso que te ames de manera incondicional para que puedas dar o recibir amor verdadero. Esto convertiría la búsqueda del amor propio en un proyecto de superación personal, y sería una barrera adicional para sentirte íntegro y digno de amor.

La buena noticia es que las oportunidades de amor llegan a nuestra vida de modo impredecible, hayamos perfeccionado o no la autocompasión o amistad con nuestro crítico interno. Cuando desarrollamos nuestra capacidad de amor en un área, al mismo tiempo reforzamos otra, siempre que nos mantengamos abiertos al flujo de la introspección y la compasión.

Así como un prisma refleja la luz de otra forma cuando cambias su ángulo, cada experiencia de amor ilumina de formas nuevas, extraídas de una infinita paleta de patrones y colores.

Vemos a un bebé y nos llenamos de ternura; y cuando nos damos cuenta de que eso no es producto de algo que el bebé haya hecho, podemos pensar en tratarnos del mismo modo. Aprendemos algo de toda relación en la que hayamos tenido una conexión sincera.

No obstante, ese malabarismo entre la consideración por nosotros mismos y el amor a los demás es delicado; sufrimos cuando nuestra sensación de valía depende demasiado de lo que damos o recibimos. Algunos damos demasiado y llamamos a eso amor; quizá nos dijeron que si amábamos a los demás y nos sacrificábamos por ellos nos realizaríamos. Otros somos posesivos con los demás a fin de sentirnos completos; tal vez nos dijeron que si ejercíamos el control en nuestras relaciones nos sentiríamos más fuertes. Pero cuando nuestro punto de partida es la carencia interna, el amor se vuelve mera ansiedad: de confirmación, de aprobación, de afirmación de nuestro ser.

Para mi alumna Emma, el amor era una noble visión de idealización y abnegación. Este patrón se inició en el verano posterior a su primer año en la universidad, cuando fue a Italia para estudiar a Dante. "El profesor se centró en san Francisco tal como es presentado por Dante y visitamos Asís", recuerda. "Francisco fue uno de los protagonistas de la *Divina comedia* debido a su visión ideal del amor. Se humilla por completo, pone la cara sobre la tierra y renuncia a todo. La imagen que el profesor enfatizaba era que san Francisco se había vaciado como una copa, se convirtió en un recipiente vacío para que Dios lo llenara.

"Mi ideal del amor era ser un telón de fondo constante, relajante, bondadoso e indulgente contra el que mi radiante pareja pudiera desplegar su brillantez. Quería ser desinteresada." Más todavía, agrega, "me atraían los hombres con una apariencia de genios trastornados. Estudiaba literatura inglesa, y relaciones literarias históricas como la de Vera y Vladimir Nabokov justificaban mi noción del amor, aunque a mis amigas les horrorizaba que estuviera dispuesta a renunciar a mi autonomía. Aun así, entregarme por completo a otra persona parecía algo sagrado, puro y esencial.

"Una vez tuve una cita que parecía perfectamente normal con mi primer novio serio, en el Museo de Bellas Artes de Boston. Era primavera, después dimos un paseo y él no dejaba de repetir 'No puedo hacerlo... no puedo... no puedo', así que me alarmé", dice Emma en retrospectiva. "No entendía qué le molestaba tanto hasta que por fin dijo: 'No puedo decirte lo que quieres oír o lo que crees que debería decirte...'." Emma comprendió de súbito que su novio y ella eran dos personas distintas, lo cual estaba muy lejos de su visión idealizada de una relación: nunca dos personas, sólo una.

Con frecuencia actuamos basándonos en ideas del amor que no coinciden con nuestra realidad. Fue hasta que Emma sacó a la luz sus suposiciones sobre las relaciones íntimas que logró tratarse a sí misma con el cuidado y respeto que antes concedía a los demás, y gracias a esto sus relaciones se volvieron gradualmente más recíprocas y satisfactorias.

En definitiva, como escribe el psicólogo junguiano James Hollis en *The Eden Project*, "lo mejor que podemos hacer por nuestras relaciones con otros [...] es volver más consciente nuestra relación con nosotros mismos".[3]

SACAR A LA LUZ NUESTRAS SUPOSICIONES

En una ocasión di una plática sobre la ecuanimidad y después una mujer se me acercó. Al principio se refirió a la belleza del templo donde había tenido lugar la conferencia y luego me dio las gracias por haberla dado. Sin embargo, parecía muy inquieta y movía los ojos para todas partes, aunque sin mirarme.

—¿Qué le diría a alguien que sufrió abuso físicamente? —preguntó finalmente mientras miraba hacia el techo.

No indagué si su pregunta era hipotética o personal y pensé con cuidado qué contestar, pues intuí que había mucho en juego.

—Bueno —respondí—, es importante que tengamos bondad amorosa con nosotros. Cuando hablamos de ecuanimidad en el contexto del abuso, hablamos de límites. La gente en situaciones abusivas a veces se siente responsable de la felicidad del otro o cree que lo ayudará y hará que se sienta mejor. La práctica de la ecuanimidad enseña que no te corresponde hacer feliz a nadie.

Ella pareció considerar pausadamente lo que le dije, nos vimos a los ojos, me dio las gracias y se fue.

De hecho, la práctica de la ecuanimidad nos hace darnos

cuenta de que *tampoco* le corresponde a nadie hacernos felices a nosotros. Ésta puede ser una píldora amarga, sobre todo si estás solo. La cantante Janis Joplin dijo célebremente: "En el escenario hago el amor con veinticinco mil personas y después me voy sola a casa". No es malo que te vayas solo a casa si te sientes completo; pero si te vas pensando que no vales nada sin alguien a tu lado, estás condenado a sufrir.

Mi estudiante Dan, quien es vulnerable a la depresión, soñaba que cuando fuera padre sus demonios desaparecerían como por arte de magia. "Quizá porque me sentía muy severamente juzgado por mi padre, creía que sólo sanaría si tenía un hijo", dice ahora. "Cuando él nació, mis más preciadas esperanzas se cumplieron. Ser un papá hogareño dio sentido a mi vida. Mi hijo me necesitaba y yo estaba ahí, a diferencia de mi padre. Cuando Jake creció, íbamos juntos a partidos de beisbol y basquetbol y a todo tipo de salidas. Éramos un equipo, incluso después de que él entró a la escuela primaria."

Sin embargo, una vez que Jake entró a tercer grado y le interesó más jugar Lego con sus amigos que pasar todo su tiempo libre con su papá, Dan se hundió en una profunda depresión. "Fue muy doloroso, pero la única forma en que pude salir de ese abismo fue ver la carga que le había impuesto a ese niño: que me procurara felicidad", reflexiona Dan. "Por su bien y por el mío, tuve que renunciar a mi propósito y permitir que él desarrollara su propia personalidad". Una combinación de psicoterapia y atención, con fuerte énfasis en la autocompasión, sacó a Dan de su estado codependiente y depresivo y, en última instancia, salvó su relación con su hijo.

Para librarnos de nuestras suposiciones sobre el amor debemos preguntarnos qué son esas arraigadas y a menudo ocultas creencias y hacerles frente, lo que implica valentía, humildad y bondad. ¿Pensamos, como Dan, que otro es responsable de nuestra felicidad o que nosotros somos responsables de la felicidad de otra persona?

Nuestras expectativas inconscientes adoptan muchas formas. Kathryn me explicó qué aprendió cuando una relación importante llegó a su fin: "Comprendí que no le comuniqué a mi novio mi supuesto básico, esta transacción: 'Lo cuidaré e intentaré curarlo y después él cuidará de mí'. En la terapia me di cuenta de que, igual que mi expareja, yo también sufría un trauma agudo. Mi padre es alcohólico; era una persona difícil y abusiva en varios sentidos. Pero yo quería restaurar a mi expareja y desmoronarme después para que él me reparara a mí. En nuestras relaciones invertimos gran parte de nuestro dolor y esperanzas personales, y esto es muy injusto con nosotros y con el otro".

Quizá pensamos que si queremos lo suficiente a un amigo, hijo, hermano o cónyuge, nuestro amor curará todos los males. Sufriremos menos reveses, y nuestros seres queridos también. No más llamadas ni intervenciones desesperadas a medianoche. ¿Creemos tener la culpa de que alguien que queremos sufra mucho? ¿Esperamos que otra persona nos complete o nos enmiende?

HAZ LAS PACES CON EL MIEDO

Cuando prestamos atención a las sensaciones de nuestro cuerpo, sentimos que el amor es el enérgico opuesto al temor. El amor parece abrirnos y amplificarnos nada menos que hasta el nivel celular, mientras que el temor hace que nos contraigamos y repleguemos. Sin embargo, con frecuencia el temor nos impide decirle sí al amor, quizá nuestro mayor reto como seres humanos.

Las relaciones nos piden abrir el corazón y exponer nuestros pensamientos y sentimientos más íntimos. Pero si en la infancia no te sentiste visto ni apreciado, abrirte podría parecer casi una amenaza para tu vida. O si sólo se te valoró como un "niño bueno" y no se te alentó a expresar tu individualidad, la intimidad podría resultarte sofocante. La forma en que nos sentimos con quienes cuidaron de nosotros en la niñez es el prototipo (a menudo inconsciente) de nuestras relaciones posteriores. Tomar conciencia de esos sentimientos tempranos puede quitarnos el miedo a desprendernos de nuestras máscaras protectoras.

Este temor a la pérdida es natural, sobre todo si de chico sufriste una gran pérdida, pero también puede impedirte saborear el amor que está ahora a tu disposición.

CÓMO TRABAJAR CON LAS BARRERAS

Mientras exploramos nuevas formas de amar y ser amados debemos prepararnos con una mente abierta y flexible; y estar dispuestos a investigar, experimentar y evaluar a medida que abordamos un tema del que creíamos saber mucho.

Imagino una versión de una posición que se enseña en el tai chi, en la que las rodillas están siempre ligeramente dobladas. Conocida como la postura del caballo, se cree que esta posición aumenta el flujo de energía en todo el cuerpo. También baja el centro de gravedad, lo que incrementa la estabilidad en caso de un golpe inesperado.

En la práctica de la atención, la posición equivalente a la postura del caballo podría llamarse postura de la indagación. Nos fijamos en el presente. Concentramos nuestra atención una y otra vez y nos abrimos a lo que venga, que aceptamos con humildad. De este modo, quitamos las capas de condicionamiento y expectativas inconscientes; no podremos juzgar si son realistas o no hasta que sepamos que las tenemos. Empezamos a discernir que el amor está a nuestro alcance, en términos de lo que podemos dar y de lo que podemos recibir. Y en un nivel más profundo nos percatamos de que el amor existe simple y perpetuamente y de que hacerle lugar es cuestión de aseo psíquico.

Como dijo el psicoanalista y filósofo Erich Fromm en su libro *El arte de amar*: "El amor no es una relación con una persona específica; es una actitud, una orientación del carácter que determina la vinculación de un individuo con el mundo en su conjunto".[4]

PRÁCTICAS DEL CAPÍTULO 10

Meditación de pérdida y ganancia

Esta práctica sirve para neutralizar nuestros temores en lo referente a amar a los demás. Podemos reconocer que las condiciones de la vida cambian sin cesar, lo que incluye naturalmente a nuestras relaciones. En cualquier momento, todos, y en particular quienes han desarrollado ciertos temores en torno a la intimidad, podemos hallar algún elemento de cambio, provocado para algo.

1. Con nuestras inhalaciones nos permitimos encarar el dolor del temor, en especial el que rodea constantemente al potencial de cambio. En lugar de apartar ese sentimiento, le damos la bienvenida con cada respiración.
2. Con nuestras exhalaciones reconocemos nuestra capacidad para obtener perspectiva en cada momento, aun en medio de la incomodidad. Reconocemos el espacio que tenemos para la aceptación y la gratitud, y vemos los cambios constantes en nuestras relaciones con curiosidad y flexibilidad.

Esta práctica nos permite dejar de identificarnos con nuestras preocupaciones respecto al amor a los demás y el aumento de nuestro temor.

Práctica de la abundancia interior

En este ejercicio examinaremos los sentimientos de carencia y disminución que a menudo se confunden con el amor a los demás, cuando nos sumergimos en la sensación de que somos responsables de la felicidad ajena y perdemos de vista nuestra abundancia interior.

1. A lo largo del día, advierte los momentos en que te sientes abrumado por creerte responsable de alguien, sea uno de tus padres, tu pareja, hijo, alumno o amigo. Puede ser que estés convencido de que debes darle más de ti a esa persona o que tengas rencor porque ella debería sentir lo mismo por ti y no lo hace.
2. Intenta acercarte al peso de ese sentimiento con más amplitud y explorar qué pasa tanto en tu cuerpo como en tu estado de ánimo cuando te relajas.
3. Tómate todo el tiempo que necesites para describir tu relación con ese sentimiento de diferentes maneras, con autocrítica, rencor o temor a la permanencia y/o la pérdida, *versus* el estado de adoptar una perspectiva de "amplio criterio". Busca momentos de:

- *Enojo*
- *Deseo*
- *Crítica y/o autocrítica*
- *Inquietud / impaciencia / frustración*
- *Incertidumbre*

Esta práctica es por completo transferible, lo que significa que puedes probarla en cualquier experiencia de agobio. Sirve en particular para eliminar las confusas y restrictivas suposiciones sobre el amor a los demás, como la noción común de que amar implica que es nuestra responsabilidad reparar o ser reparados por ellos. Con esta práctica se cultiva la conciencia abierta, la cual nos vuelve más curiosos y creativos en nuestras relaciones con otros y con nosotros mismos. Al reconocer lo que tenemos dentro y la sensación de que valemos, abrimos espacio al amor verdadero.

11

Cultiva la curiosidad
y el asombro

Uno de los cimientos de las relaciones afectivas es la curiosidad, estar abiertos a la idea de que aún tenemos mucho que aprender de quienes han estado cerca de nosotros durante décadas. Pienso en la noche en la que una vieja amiga mía se puso de pie durante una cena y procedió a entonar una efusiva canción alemana en celebración del alcohol. La miré maravillada mientras ella agitaba las manos. Para el segundo estribillo, la mayoría de los presentes ya cantaba con ella. Y esto venido de una mujer tímida y de suave voz que siempre había huido de los reflectores. Después de tantos años, mi amiga todavía podía sorprenderme.

¿Quién sabe qué capacidades permanecen dormidas en aquellos que queremos? Tenemos una historia que ha fijado un tono entre nosotros; nuestros intereses comunes y experiencias compartidas nos han hermanado. Incluso podríamos decirles a amigos mutuos que ya no hay nada en la otra persona que nos sorprenda.

Pero piensa un minuto: ¿tus hijos, tu cónyuge y tu mejor amigo saben todo acerca de ti?

Jenny era una dinámica abogada corporativa. Jamás encontró una pareja que le convenciera, aunque había tenido varios noviazgos largos. Nunca quiso tener hijos. Era inteligente, graciosa, generosa, una gran amiga y compañera de viaje que, al acercarse a la madurez, no parecía tener siquiera una pizca de instinto maternal.

Cuando a una amiga mutua se le diagnosticó la etapa cuatro del cáncer de ovarios, Jenny usó sus formidables habilidades jurídicas para que la incluyeran en una prometedora prueba clínica. Esto resultó impresionante, justo el tipo de esfuerzo eficiente al que Jenny debía su fama.

Sin embargo, cuando nuestra amiga se vio aquejada por los efectos secundarios de sus múltiples y potentes medicamentos, conocí un nuevo lado de Jenny. Ella iba todos los días a la casa de nuestra amiga, le llevaba con anticipación provisiones o cosas útiles, se hizo cargo de la comunicación con sus médicos y permaneció a su lado mientras su cáncer entraba poco a poco en remisión.

Un día le di las gracias por su esmero y le dije que estaba asombrada por la forma en que había asumido ese papel. Ella me dijo entonces algo que yo no sabía: que justo cuando terminó la preparatoria había pasado tres años como voluntaria en el hospicio donde su amada abuela había muerto.

De repente entendí: esta parte de Jenny estaba ahí mientras ella se concentraba en su trabajo, pero regresó cuando ella y nuestra amiga la necesitaron. Tras veintidós años de amistad, Jenny me había tomado de improviso; me había maravillado y yo miraba con azoro todas las cosas sobre ella que todavía podía descubrir.

Lo que convierte al asombro en un tan eficaz llamado al amor es su carácter inesperado. Se acerca sigilosamente a nosotros. No nos pide permiso para cautivarnos; lo hace y ya. Puede provenir de una sola mirada, un sonido, un gesto.

Supongamos que estás sentado junto a un pariente tuyo y que le dices algo que lo hace reír. Su risa es fuerte, libre y prolongada. Es uno de los aspectos de su generosidad, en su manifestación más explícita. Y como prestas atención, aunque ya has oído esa risa incontables veces ahora la escuchas con asombro.

VER LO INDICADO FRENTE A NOSOTROS

Fritz Perls, el cofundador de la terapia Gestalt, dijo: "El aburrimiento es falta de atención". Tendemos a buscar experiencias intensas para sentirnos vivos. Si nuestra atención no está educada para apreciar la rutina o la sutileza, esperaremos el siguiente gran golpe y nos desconectaremos hasta entonces. Por lo general es preciso que hagamos un esfuerzo consciente para interesarnos por la persona que está delante de nosotros y dejar atrás nuestras suposiciones sobre ella, pero dicho esfuerzo nos mantiene abiertos a la cercanía.

He conocido a muchas personas de enorme poder y recursos en términos convencionales, que parecen tenerlo todo y que despiertan envidia en quienes las conocen. Gracias a mi renuencia a aceptar la imagen que proyectan (o que yo proyecto en ellas, o ambas cosas) he podido verlas por dentro y descubrir su vulnerabilidad. Gracias a mi presencia plena he estado emocionalmente disponible para oírlas hablar de su hermano alcohólico o su adolescente atribulado, su inmensa frustración y ansiedad y la nobleza de su eterno amor por ese miembro de su familia.

También he conocido a muchas personas de muy pocos recursos, en realidad quebrantadas o deprimidas, que sin embargo dan muestras de poseer sorprendentes fortalezas. Les entusiasma ayudar a un vecino discapacitado, al apesadumbrado chico de la esquina o a otros integrantes de su comunidad que sufren. Es demasiado fácil meter a alguien en la categoría de "necesitado" y no reconocer la inmensa ayuda que brinda a los demás.

EL PODER DEL ASOMBRO

Resulta difícil sostener una auténtica relación con el asombro justo en la era de lo "impresionante", palabra de la que se abusa tanto que ha perdido casi cualquier significado. Hoy en día, cuando alguien dice que algo es "impresionante" lo dice usualmente en sentido irónico: "Tuve que esperar tres horas y media en la oficina de control vehicular. ¡Fue impresionante!". O quizá nos dirige un cumplido por el aperitivo que ordenamos: "Impresionante elección". El asombro genuino, en cambio, nos pone en contacto con el mundo de una nueva manera.

Una alumna mía procede de una familia que premia la auto-suficiencia. Se le educó para hacer cosas por sí sola; era mal visto pedir favores. Cuando conoció a quien más tarde sería su esposo, resultó que compartían la autosuficiencia; su mutua aptitud les atrajo. "Ya llevamos casados una docena de años", dice ella, "y claro que hemos caído en algunas rutinas, pero hay aspectos de él que todavía me dejan atónita. Cada vez que llego a casa después un viaje, él da por hecho que me recogerá en el aeropuerto o la estación del tren; ni siquiera tengo que pedírselo." Esto le recuerda a cada oportunidad la generosidad de su esposo, más dulce aún porque ambos saben que ella podría llegar sola a casa fácilmente. "Cada vez que esto pasa, me sorprende; siempre siento como si recibiera un regalo imprevisto."

RENUNCIA A LA FANTASÍA

Cuando se trata de seleccionar a una pareja, o incluso a un amigo, la mayoría tenemos una imagen idealizada del "elegido". Buscamos a la persona perfecta y a menudo proyectamos en los demás nuestro ideal fantástico. Y cuando, inevitablemente, los sujetos de nuestra película hollywoodense personal no están a la altura, nos sentimos solos, frustrados y pesimistas sobre la posibilidad de encontrar algún día a nuestra media naranja.

Sea cual sea la fuente de nuestro ideal imaginario —sacado de libros, canciones, películas, modelos reales o todo lo anterior—, es esencial que pongamos nuestras suposiciones bajo la luz de la conciencia. Sólo cuando distinguimos la realidad de la fantasía podemos forjar con los demás vínculos afectuosos y sostenibles, con humildad y los ojos bien abiertos.

En el pasado, Yvonne se había enamorado siempre de hombres altos, guapos y poderosos, pero retraídos; Alejandro, en cambio, era bajito, regordete, atento y divertido. Y aunque su interés en ella era notorio, desde hacía tiempo, ella evitaba involucrarse con él porque no era su "tipo".

Un día ella se perdió, literalmente. Era muy desorientada y perderse había sido frecuentemente uno de sus problemas. Esta falla técnica de su mente era tan severa que ella se perdía aun usando su GPS. Sus novios anteriores habían sido rígidos y ofensivos cuando ella les llamaba desde la calle, así que temía telefonearle a Alejandro, con quien ya salía pese a su resistencia inicial. Pero como ya llevaba más de media hora tratando de encontrar su casa y estaba cada vez más desesperada, se dio por vencida y le llamó.

—Oríllate lo más pronto que puedas —le indicó Alejandro.

Ella continuaba agitada después de que detuvo el coche, a la espera de un desaire.

—Te quiero —la tranquilizó Alejandro—. Dime dónde estás.

Una vez que él determinó la ubicación de Yvonne, la guio paso a paso, sin dejar el teléfono un instante. Cuando ella llegó a su casa, él la recibió con un abrazo amoroso y una cena.

Ser bienvenida de esa forma resultó inusitado para Yvonne, quien acostumbraba estar con hombres a los que les molestaba su defecto, en tanto que Alejandro la hizo sentir apreciada y segura. La amaba por lo que era, no por lo que debía ser.

Yvonne también terminó amándolo por lo que era y dejó atrás su ideal romántico.

Cuando identificamos los pensamientos que nos impiden ver a los demás como son en lugar de esperar que satisfagan mágicamente un ideal, preparamos el terreno para el verdadero amor.

FIJA UNA INTENCIÓN

En años recientes, numerosos maestros y terapeutas se han referido a las relaciones como un camino hacia la toma de conciencia. Esta visión del amor no se reduce a alcanzar salud psicológica; vista de este modo, la vinculación personal pasa a ser una práctica espiritual.

En *Embracing the Beloved*, los autores Stephen y Ondrea Levine escribieron: "Si otra persona es lo más importante en tu vida, estás en problemas y ella también lo está, porque se ha vuelto responsable de tu sufrimiento. Pero si lo más importante en nuestra vida es la conciencia y la relación un medio para alcanzar ese fin... ¡ah!, nos aproximamos al paraíso. Nos acercamos a la posibilidad de convertirnos en seres humanos de verdad antes de morir".

El punto de partida es la intención, dicen los Levine: "Cuando uno se compromete con prácticas que despejan la mente y exponen el corazón —como atención, perdón y bondad amorosa—, lo que antes parecía imposible puede volverse el centro mismo de la relación. [...] Nuestra intención posee un considerable poder curativo".[1]

Así que comencemos por la intención: por mantenernos abiertos al presente, dispuestos a la curiosidad y el asombro, y por prestar atención a los seres que el universo pone en nuestro camino, a sabiendas de que podríamos terminar por apreciarlos profundamente.

PRÁCTICAS DEL CAPÍTULO 11

Atención

La sensación de apatía en nuestras relaciones se deriva a menudo de que prestamos insuficiente atención a quienes nos rodean. Recuerda: todos aquellos con los que interactuamos pueden sorprendernos en una infinidad de maneras. Reconocer esto puede abrirnos a cada una de nuestras capacidades innatas para amar.

¿Pero cómo?

Este ejercicio consiste en buscar formas creativas de prestar atención a nuestras relaciones con mayor intención: de abrirnos, de cultivar la curiosidad, de reconocer el infinito potencial del asombro en nuestra vida.

1. Comienza por prestar más atención a cada una de tus interacciones. Advierte si la intención que pones en diferentes interacciones varía, dependiendo de con quién tratas. ¿Te cierras más con algunos? ¿Aplicas ciertas suposiciones a otros? Intenta percibir todo impulso, expectativa, deseo

y juicio cuando aparezcan. No los apartes; ve cómo afectan tu perspectiva.

2. Busca en cada interacción algo sorprendente o prueba un nuevo modo de interactuar. Quizá nunca antes hayas hecho un contacto visual tan deliberado con una persona dada y hacerlo te haga verla de una forma nueva. Tal vez tiendes a dirigir tus conversaciones con tus amigos; podrías permitir que ellos tomen la iniciativa. Es probable que descubras que los ves bajo una nueva luz.

3. Haz las siguientes preguntas abiertas a amigos, familiares, tu pareja y otros conocidos. Sin duda hay situaciones que no serán ideales para estas interrogantes, pero incluso considerar en nuestra mente las posibles respuestas de diferentes individuos nos ayudará a mantener viva nuestra curiosidad.

Preguntas:

- ¿Cuál es uno de los recuerdos más vívidos de tu infancia?
- ¿Hay un poema, pieza musical u obra de arte que te haya conmovido en forma memorable?
- ¿Qué experiencias asocias con cada una de las estaciones del año?
- ¿Alguna vez has tenido un trabajo que no recuerdes con frecuencia?
- ¿Cuál es tu hora favorita del día?
- ¿A quién sentiste más cerca de ti en tu niñez? ¿En tu adolescencia?
- ¿Dónde te sientes más vital y seguro?
- ¿Cómo te relajas?

Formular preguntas es una oportunidad de creatividad y expresión personal tanto para quien las hace como para quien las contesta. Añade si quieres otras preguntas que contribuyan a poner más atención y curiosidad en tus interacciones, aunque no olvides verificar tu intención sistemáticamente. Fíjate en la asociación entre tu aspiración a buscar más conexión y asombro en tus relaciones y los pequeños gestos contenidos en tus encuentros cotidianos.

Meditación: bondad amorosa hacia un benefactor y amigos

Comenzamos por ofrecer bondad amorosa a alguien que nos ha ayudado. A esta persona se le conoce como benefactor, y podría ser alguien que ha sido generoso o amable con nosotros o que nos ha inspirado aunque no lo conozcamos. Este ser simboliza el poder del amor para nosotros. El benefactor es una persona que nos hace sonreír cuando pensamos en ella; puede ser un adulto, un niño o una mascota.

Mientras piensas en un benefactor, imagínalo en tu mente, di su nombre y dirígele las frases de la bondad amorosa. "Que estés a salvo, que seas feliz, que estés sano, que vivas en paz".

Después ofrece bondad amorosa a un amigo al que le va bien hoy en día, sea que goce de éxito o de buena suerte en algún aspecto de la vida. Imagínalo, menciona su nombre para ti y dirígele las frases de la bondad amorosa: "Que estés a salvo, que seas feliz, que estés sano, que vivas en paz".

Piensa ahora en un amigo que tenga una dificultad o experimente algún tipo de pérdida, dolor o temor. Obtén una sensación de su presencia, como si estuviera frente a ti, y dirígele las frases de la bondad amorosa.

Puedes terminar esta sesión con un ofrecimiento espontáneo de bondad amorosa a quien te venga a la mente.

12

La comunicación auténtica

La dramaturga Lillian Hellman dijo célebremente: "La gente cambia y olvida decírselo a los demás". Aunque supongo que hizo este comentario en son de broma, contiene una verdad inapreciable. Cuando no les explicamos a nuestros seres queridos lo que nos sucede o no los escuchamos con cuidado, tendemos a llenar los espacios en blancos con historias falsas. Por ejemplo, podríamos concluir que un amigo que parece triste o distraído está enojado con nosotros, cuando en realidad está deprimido o abrumado. O podría preocuparnos que nuestra pareja ya no nos quiera cuando parece contestarnos con brusquedad sin que le demos motivo, cuando en realidad teme que la despidan y tiene miedo de decírnoslo.

En las relaciones íntimas es muy común que el tema del que se habla no sea en absoluto importante. Como dijo la psicóloga Virginia Satir, "el problema no es el problema; el problema es cómo enfrentarlo".[1]

¿Cómo identificamos entonces lo que efectivamente sucede entre nosotros y nuestros seres queridos? ¿Cómo nos educamos para comunicar nuestras experiencias y escuchar las de ellos sin juzgar? ¿Cómo evitamos caer en patrones de conducta y comunicación repetitivos, predecibles y frustrantes?

Desde la perspectiva tanto del budismo como de la psicología occidental, el punto de partida es la bondad. Aunque esto parezca simplista, estudios realizados en el Instituto Gottman, con sede en Washington, confirman que la bondad es la predicción clave de un matrimonio afortunado. Pese a que muchas personas consideran la bondad como una cualidad, en general no se le percibe como la piedra angular de las relaciones saludables.

No obstante, practicar la bondad con la pareja, familiares o amigos *no* impide enojarse o molestarse. No significa endulzar la realidad. Practicar la bondad conlleva un compromiso con la verdad, aunque en formas constructivas y que sostengan el crecimiento de la relación. Como dijo Julie Gottman, cofundadora del Instituto Gottman, en una entrevista con *The Atlantic*, "bondad no significa que no expresemos nuestro enojo, sino que lo expresemos como se debe. Puedes arrojarle lanzas a tu pareja o explicarle por qué estás herido y molesto, y éste es el camino bondadoso".[2]

Mi amiga Carolyn me contó hace poco que su pareja y ella consultaron a un terapeuta a comienzos de su relación para encarar los conflictos que tenían a causa de la frecuente presencia del ex de Carolyn, con quien ella compartía la custodia de su hijo. Al final de la primera sesión, la terapeuta comentó que creía que ellos resolverían satisfactoriamente sus dificultades, porque exhibían "buena voluntad" entre sí, en otras palabras bondad. Esto tuvo lugar hace treinta y cinco años.

La bondad no es un rasgo fijo que tenemos o no, sino que más bien se asemeja a un músculo que se puede desarrollar y fortalecer. Ejercitamos la bondad cada que reconocemos nuestra humanidad, con todas las esperanzas, sueños, alegrías, desalientos, vulnerabilidad y sufrimiento que eso implica. Esta simple pero profunda conciencia nivela el terreno de juego. Todos somos seres humanos y hacemos nuestro mejor esfuerzo.

ABRIRSE Y ESCUCHAR SIN CRITICAR

En las relaciones conscientes tenemos la intención de investigar las viejas historias que nos contamos a nosotros mismos y nuestros hábitos de pensamiento y conducta. En términos prácticos, esto significa que asumimos la responsabilidad de nuestras acciones, reacciones y estrategias defensivas como retraernos, guardar secretos o culpar al otro de nuestro sufrimiento.

"La gente se desarrolla en un clima de responsabilidad, donde nadie culpa al otro ni asume la condición de víctima", afirman los expertos en relaciones Kathlyn y Gay Hendricks en un artículo en The Huffington Post. "Con base en esa posición potenciada, los problemas pueden resolverse rápido, porque no se pierde tiempo y energía en el infructuoso intento de buscar culpables."[3]

Asumir la responsabilidad de uno mismo es por definición un acto de bondad. Pero aunque el cien por ciento de responsabilidad es un ideal valioso, somos seres imperfectos y a veces puede ser difícil alcanzar esa meta. Mi amigo Jonah, comprometido practicante de la meditación, me contó una experiencia que tuvo con su mejor amigo, Peter. Desde que se conocieron en la universidad, estos dos chicos han sido como hermanos y compartido casi todo. Cuando los conoce, de hecho, la mayoría de la gente supone que son hermanos, porque se parecen. Incluso cumplen años con dos días de diferencia y siempre lo celebran juntos. El año pasado, sin embargo, cuando Jonah telefoneó a Peter para planear esa fecha, éste esquivó el tema, dijo que estaba muy ocupado para pensar en eso y se comprometió a buscarlo al día siguiente. Después de no saber de él por una semana, Jonah le llamó y le molestó saber que el nuevo novio de Peter lo había invitado a esquiar en la semana de su cumpleaños y que él había aceptado sin avisarle.

La atención de Jonah se fue al demonio, él se encolerizó, acusó a Peter de haberle mentido y colgó estrepitosamente el teléfono. Consciente de haberse comportado con brusquedad, Peter le llamó varias veces para remediar la situación, pero Jonah se negó a contestar o a devolverle la llamada. Al final, Peter lo esperó fuera de su edificio a que regresara del trabajo.

Se disculpó profusamente y admitió que había temido comunicarle sus planes por temor a que se irritara. En vez de decirle la verdad, había evitado la confrontación y desaparecido, misma estrategia que adoptaba de niño cuando su padre, que era alcohólico, se iba de parranda. Jonah reconoció por su parte que la conducta de Peter había detonado en él antiguas sensaciones de ser ignorado y relegado por su numerosa familia. Aunque dolorosa, esta conversación fue curativa para ambos. No sólo hicieron otro plan para celebrar sus cumpleaños, sino que también coincidieron en que un conflicto que podría haber destruido su amistad acabó por afianzar su vínculo.

"Aunque al principio nos fue difícil abrirnos, el hecho de que nos mostráramos vulnerables y dijéramos la verdad hizo toda la diferencia", reflexiona Jonah. "Peter y yo confiamos en que si somos francos y hablamos con la verdad, por difícil que sea, nuestra amistad sobrevivirá prácticamente a todo."

En su libro *And Baby Makes Three*, los psicoterapeutas y fundadores del Instituto Gottman, John y Julie Gottman, describen la buena comunicación entre los miembros de una pareja cuando surgen problemas, lo que considero que también se aplica a los amigos: "Preguntan: '¿Para ti hay algo detrás de esto, tal vez una historia de la infancia que haga que esto sea crucial?'. Quieren poner de relieve no sólo los sentimientos superficiales, sino también las capas más profundas".[4]

VIVES CON TU MAESTRO

Cuando vivimos con quien tenemos una relación comprometida, vivimos con nuestro maestro, dice George Taylor, terapeuta que se especializa en trabajar con parejas. "Somos puestos a prueba a diario y cada día tenemos la oportunidad de enfrentar nuestra resistencia y capacidad de respuesta. Momento a momento, lo que sucede en nosotros se refleja en nuestro lenguaje corporal y las reacciones a nuestra pareja, y viceversa. Cada uno es un increíble espejo del otro".

La buena noticia, dice Taylor, es que somos muy aptos para aprender. "En mi matrimonio y en mi trabajo con parejas he visto que reparar en nuestros juicios y reacciones, a menudo inconscientes, nos permite responder de otra manera. Aun breves momentos de atención pueden ser sumamente transformadores".[5]

Cuando estamos dispuestos a explorar nuestras experiencias, abrimos la puerta a una mayor conexión e intimidad, explica Taylor. Nuestro amor aumenta y estimamos a nuestra pareja por lo que es, y ella nos ama y estima por lo que somos, sin máscaras completamente. Bajo la mirada del otro, somos vistos.

Daniella y Rayne se enamoraron y casaron en una playa de California en 2010. Luego de que la Suprema Corte estadunidense ratificó en 2015 la ley del matrimonio entre personas del mismo sexo, ellas celebraron una segunda ceremonia para legalizar su unión. Para entonces, sin embargo, su relación fue puesta a prueba casi al punto de ruptura.

Eso ocurrió cuando decidieron poner una cafetería. Aunque ambas habían tenido negocios previamente, sólo Daniella contaba con experiencia en restaurantes. Aun así, sus primeras fases de ensueño, en las que experimentaron con recetas y planearon su cafetería, las inspiraron y acercaron. Pero cuando firmaron el contrato de arrendamiento empezaron a pelear respecto a cada decisión. Daniella es muy creativa, pero tiene problemas para limitar sus opciones; mientras que Rayne padece trastorno por déficit de atención e hiperactividad y se pone nerviosa cuando las cosas no suceden al instante. Llegaron a una encrucijada, quedó claro que podían continuar enojándose por las manías y carencias de cada una o aceptarlas y ayudarse a crecer. Optaron conscientemente por este último camino.

Ahora, dice Rayne, "reflexionamos en cuánto hemos logrado juntas".

Daniella añade: "Si luchamos, intentamos mejorar. Constantemente tratamos de saber más de nosotras mismas. Nuestra vida en común ha sido un total renacimiento que nos ha abierto los ojos".

Aunque gran parte del trabajo que llevamos a cabo en una relación comprometida se dirige a nuestra pareja, en ocasiones tenemos que empezar con nosotros mismos.

Clara aprendió esto durante un arduo periodo en el séptimo año de su matrimonio con James, cuando sus dos hijos eran pequeños. Ella había dejado su empleo para cuidarlos y casi siempre estaba contenta, pero al final de la jornada era frecuente que estuviera cansada y los niños malhumorados, así que se enfadaba con su esposo, sobre todo a causa de su hábito de ver la tele.

Cada noche cuando llegaba de trabajar, él tomaba la cena que ella le había preparado y se plantaba frente al televisor. Clara se sentía molesta y frustrada por su falta de interés en ella. Le preocupaba que su matrimonio hubiera llegado a un punto muerto y era obvio que James también sentía eso. Una noche en que ella lo recibió con su usual mala cara, él comentó: "Sólo por una vez me gustaría volver a la casa de una persona a la que le dé gusto verme".

Esta frase le llegó directo al corazón. Clara no quería herir a James, pero no sabía cómo manejar su angustia. Recordó entonces la práctica de trabajar con emociones difíciles que estudiamos en la sección 1, RAIN: reconocimiento, admisión, investigación y no identificación (las instrucciones detalladas aparecen en las páginas 69-71).

Comenzó con el paso 1, Reconoce, y se permitió experimentar sus sentimientos por completo. Se paró en la puerta para mirar a James mientras veía la tele. Notó que ella tenía los brazos firmemente cruzados y que apoyaba la cadera en el dintel, en una postura cerrada e iracunda. Al ver a su esposo pensó: *Le importo un comino*. Antes de que tuvieran hijos, las cosas eran distintas. A veces ella ponía música y bailaba con James; otras, se sentaban a platicar. Era habitual que estos pensamientos le pasaran por la cabeza, aunque sin que los notara ni cuestionara; cuando se detuvo a reconocerlos, y percibió la amargura y lástima de sí misma que tenía, experimentó un pasmoso momento de toma de conciencia.

Sentada en la cocina, Clara continuó con el paso 2, Admite. Aceptó que le daba mucha tristeza pensar mal de James y reconoció lo solitaria y relegada que se sentía. Extrañaba su trabajo. Aunque no lamentaba su decisión de quedarse en casa, se permitió añorar los aspectos de su vida profesional que le habían dado tantas satisfacciones.

Paradójicamente, permitir que su tristeza fluyera le procuró alivio y se sintió menos enojada y a la defensiva. Siguió entonces con el paso 3 de RAIN, Investiga, y sondeó por qué se sentía así. Se dio cuenta de que en el fondo de su soledad había una sensación de abandono que provenía de sus sentimientos cuando sus padres se divorciaron. Después de la ruptura entre ellos, la vida se había vuelto más agitada y difícil para su madre, y Clara no quiso ser una carga, así que deslizó un velo sobre sus sentimientos, justo como había hecho con James.

Vio igualmente las cosas desde la perspectiva de él: invertir largas horas de trabajo, sentir la presión de sostener a la familia. El rencor de Clara se atenuó. Comprendió que James y ella habían tomado juntos sus decisiones y que ella ya no necesitaba identificarse como la parte agraviada. Había llegado al paso 4 de RAIN, no identificarse. Ésta era simplemente una fase en su vida común. En unos años los niños entrarían a la escuela y tanto su matrimonio como su vida laboral les brindarían nuevas posibilidades.

Mediante la exploración de su experiencia, Clara fue capaz de volver a vincularse con James. Eligió momentos tranquilos para sostener breves conversaciones con él y su franqueza hizo que él se abriera y compartiera sus sentimientos: la extrañaba y le frustraba tener tan poco tiempo para sí mismo. "Iniciamos un diálogo que continúa aún", dice Clara. "Y que nos hace sentir muy bien, vivos, ya no estancados como antes. Estamos mucho más enamorados y hacemos todo lo posible por satisfacer mi necesidad de contacto y su necesidad de espacio. Ahora, cuando tenemos dificultades *hablamos* de lo que pasa."

"En la enrarecida atmósfera de las relaciones comprometidas, erigimos murallas una y otra vez", dice George Taylor. "No obstante, los instrumentos de la atención nos permiten trabajar con ellas y cumplir nuestra visión de ser afectuosos, con todo el cuidado, perdón y generosidad que esto implica."

LA OLLA EXPRÉS DE LA FAMILIA

La comunicación entre los miembros de una familia suele ser tan volátil como entre los integrantes de una pareja. Hermanos, hijos, padres y otros familiares cercanos pueden albergar sentimientos muy intensos, como pesar y rencor, que sin embargo ocultan a menudo para expresarlos más tarde de maneras poco atinadas. Mientras que parejas y amigos tienden a aspirar a un diálogo honesto, muchas familias se resisten a reconocer sus diferencias.

Son muchas las razones de esto: el deseo de protegerse a uno mismo o a otros, la necesidad de individualizar y separar, rivalidades, emociones fuertes (como temor y vergüenza), enfermedad mental o física, separación y divorcio, segundas nupcias, inestabilidad económica, diferencias generacionales, la muerte prematura de alguno de los padres. Las causas de discordia y distancia familiar son incontables, pero los resultados suelen ser los mismos: sigilo, culpa, tristeza, dolor, confusión y sentimientos de pérdida y duelo.

En algún momento de nuestra vida adulta podríamos advertir el amor que perdura bajo el dolor y ansía curarnos. Aun así, ni siquiera podemos suponer que los demás miembros de la familia ejercitarán la práctica de la atención o accederán a abrirse y escuchar sin juzgar. No importa; cuando una persona se propone transformar una antigua dinámica desafortunada, pueden ocurrir cosas notables.

En su libro *It Didn't Start with You*, el terapeuta Mark Wolynn cuenta cómo reparó su dañada relación con sus padres. Luego de viajar a los más remotos confines del globo, se dio cuenta de que la paz y curación espiritual que buscaba sólo podría alcanzarse si restablecía su relación con sus padres, quienes vivían en Pittsburgh.

Comenzó con su padre. Sus papás se habían divorciado cuando él tenía apenas trece años. Wolynn y su padre se habían visto en raras ocasiones después del divorcio, pese a que éste no vivía muy lejos. Wolynn lo invitó a que se reunieran a comer cada semana y su padre accedió.

Siempre había ansiado tener una relación estrecha con mi padre, pero ni él ni yo sabíamos cómo establecerla. Esta vez, sin embargo, no interrumpimos nuestro diálogo. Le dije que lo quería y que era un buen padre. Compartí con él los recuerdos de cosas que había hecho por mí cuando era chico. Sentí que me escuchaba pese a que sus acciones —encogerse de hombros, cambiar de tema— indicaran lo contrario. Dedicamos muchas semanas a conversar y compartir recuerdos. En uno de nuestros encuentros, él me miró a los ojos y dijo: "Ni siquiera creí que me amaras". Yo apenas podía respirar; era obvio que ambos estábamos muy resentidos. Pero en ese momento algo se abrió: nuestros corazones. A veces, para que el corazón se abra tiene que romperse. A la larga, comenzamos a expresar el amor que sentíamos uno por otro.

Wolynn siguió adelante y buscó también una nueva conexión con su madre. "Por primera vez que yo recuerde", escribe, "me permití recibir el amor y aprecio de mis padres, no como lo esperé alguna vez, sino como ellos podían dármelo."[6]

PRÁCTICAS DEL CAPÍTULO 12

Experimentación con RAIN

Páginas atrás vimos que Clara usó el método RAIN para ser menos reactiva e impetuosa en un conflicto con su esposo. Como se explicó ampliamente en la sección 1, RAIN son las siglas de una práctica de atención que nos ayuda a adoptar una relación más amplia y flexible con el sufrimiento emocional: reconoce, admite, investiga, no te identifiques.

Detengámonos una vez más en una detallada explicación de este proceso...

Cuando aparece una emoción compleja, podemos recordar RAIN. El primer paso, *Reconoce*, consiste en advertir lo que se presenta. El paso siguiente es una extensión del primero: *admitimos* el sentimiento permitiéndole estar ahí. Luego *investigamos* la emoción haciendo preguntas. Podemos hallar libertad acercándonos a ella con curiosidad en vez de apartarla.

El último paso de RAIN —*No te identifiques*— significa que no permitimos conscientemente que una emoción dada nos defina, a pesar de haberla explorado profundamente.

Ahora hagamos la prueba.

1. Recuerda una situación difícil o conflicto en que la intensidad de tus emociones te haya impedido comunicarte en forma directa, auténtica y con integridad.

2. Después, con el beneficio de cierta perspectiva, analiza las emociones que experimentaste durante ese

conflicto. Este paso precede al método RAIN y busca sumergirte en el recuerdo. ¿Comenzaste enojado? ¿Resentido? ¿Dijiste cosas hirientes porque te sentías culpable? ¿Desilusionado?

3. Después de determinar algunas emociones específicas que se presentaron, piensa en una situación alterna en la que *podrías haber* practicado RAIN. Esto no es una invitación a mirar atrás con pesadumbre sino a sentir el poder de reflexionar en ti mismo. ¿Qué sucede cuando *reconoces* cómo te sentiste? ¿Cuándo *admites* la situación como lo que fue? ¿Qué sientes al *investigar* con curiosidad la situación y tus emociones? ¿*No identificarte* te ayuda a detectar situaciones en las que el temor o la ansiedad pueden cegarnos?

4. Ahora que ya te has familiarizado un poco con la técnica RAIN, escribe si quieres una corta reflexión sobre tus reacciones a este ejercicio. Incluso podrías reescribir la historia de la situación en cuestión en tiempo presente, como si en verdad hubieras usado como guía los pasos de RAIN. Éste puede ser un ejercicio potenciador que nos demuestre que somos capaces de comunicarnos con más atención.

Bondad amorosa para un miembro de la familia

Una de las razones de que la comunicación auténtica sea tan difícil con la familia es que nuestros parientes son a menudo las personas que tenemos más cerca, pero también de las que sentimos más necesidad de separarnos para individualizar-nos. Esta dinámica de fondo genera paradojas y tensiones de las que quizá no siempre estamos conscientes pero que pue-den contribuir al estilo de comunicación reactiva que la aten-ción contribuye tan eficazmente a cambiar.

En este ejercicio practicaremos una simple meditación de bondad amorosa a favor de un miembro particular de nues-tra familia. Podría tratarse de un familiar con quien tienes un conflicto, que ha sido muy generoso contigo o con quien sos-tienes una dinámica más complicada y variable. Como sea, la idea es la misma: abrirte a la posibilidad de transformar una relación que con frecuencia crees inmutable.

1. Siéntate (o acuéstate cómodamente) con los ojos cerra-dos o la mirada baja.
2. Ofrece bondad amorosa al miembro de tu familia que elegiste diciendo en silencio: "Que esta persona esté a salvo. Que sea feliz. Que esté sana. Que viva en paz".
3. Repite esas frases al ritmo que consideres adecuado y detente bien en cada una de ellas.
4. Si divagas, recuerda que puedes volver a empezar sin reproches.
5. Al terminar la sesión, juzga si deseas o no ponerte en contacto con esa persona por algún medio.

Decir la verdad

Recuerda las sabias palabras de los psicoterapeutas John y Julie Gottman en su libro *And Baby Makes Three*: "[Las parejas] preguntan: '¿Para ti hay algo detrás de esto, tal vez una historia de la infancia que hace que esto sea crucial?'. Quieren poner de relieve no sólo los sentimientos superficiales, sino también las capas más profundas". A mi parecer, esta franqueza radical es provechosa también con nuestros mejores amigos.

En este ejercicio reflexionarás sobre los problemas que puedes enfrentar en una relación actual (romántica, profesional, platónica o de cualquier otra clase), quizás uno que resurja como un patrón constante. Sin identificarte en exceso con esas dificultades, toma nota de ellas y explóralas.

1. Comienza haciéndote algunas preguntas; he aquí algunas para empezar: ¿te cuesta trabajo formular tus necesidades? ¿Tienes miedo de expresar tu cólera? ¿Cómo reaccionas cuando alguien dice que te necesita? Aun si identificas ciertas cosas como rasgos de personalidad, recuerda que puedes prestarles más atención y comunicar los problemas que enfrentas para trabajar con ellas.

2. El segundo paso es explorar *por qué* surgieron esos patrones. Quizá no se te ocurra ninguna respuesta, pero es común que canalicemos en nuestra vida adulta una dinámica de la infancia. Éste puede ser un ejercicio muy personal que realices en tu mente. Si quieres escribe tus pensamientos o, como lo sugiere la cita de los Gottman,

díselos a un ser querido. En cualquiera de sus formas, está práctica para estar más conscientes de nosotros mismos nos abre a la posibilidad de estar también más conscientes de los demás.

13

Juego limpio: una propuesta de beneficio mutuo

Amar bien es tarea de todas las relaciones importantes, no sólo de
las románticas.
BELL HOOKS

Con nuestros amigos, familiares y amores esperamos crear un
mundo especial en el que se nos trate bien, con aprecio, compasión y afecto. Esperamos que el compromiso que hemos hecho con los demás sea mutuo y que todos nos esmeremos en
mantenerlo vivo.

La doctora B. Janet Hibbs es una psicóloga familiar cuyo
método clínico implica la ética relacional: qué debemos dar y
qué merecemos en las relaciones familiares. En su libro *Try to
See It My Way: Being Fair in Love and Marriage* describe un replanteamiento radical y una meditada negociación de los aspectos
fundamentales de la justicia en el centro de las buenas relaciones. Escribe acerca de los retos de la imparcialidad, aunque

señala que ésta es una lección que la mayoría creemos haber aprendido durante el jardín de niños. "Todos creemos saber qué es justo, pero no siempre estamos de acuerdo a este respecto con un cónyuge, pareja o hijo (joven o adulto)... ¿y entonces qué? La justicia es una mezcla confusa de creencias, tradiciones y múltiples verdades en ocasiones contrapuestas. Sin embargo, debemos aprender a ser justos para mantener relaciones sanas y lograr que el amor perdure".[1]

Su consejo implica la disposición a abandonar posiciones arraigadas y a abordar los problemas desde una nueva perspectiva. Yo llamo a esto disposición a volver a empezar, como lo hacemos cuando meditamos. Deja de llevar las cuentas, sugiere Hibbs, deja de querer tener siempre la razón, deja de hacer las cosas como antes sólo porque así lo has hecho siempre. Ábrete a la posibilidad de que haya otros caminos a tu alcance para tus relaciones contigo mismo y con los demás.

Si pensamos bien en la "ética relacional" de nuestras relaciones, ese concepto significa que yo te apoyo para que vivas lo mejor posible y tú me apoyas a mí. Somos beneficiarios mutuos. Consideramos nuestro tiempo juntos como un esfuerzo de colaboración para que la vida de cada uno de nosotros sea mejor.

Significa igualmente que no llevamos un libro de contabilidad: "Hice tres cosas buenas por ti, ¿cuándo harás tú tres cosas buenas por mí?". El amor verdadero no lleva la cuenta. Sabemos que de vez en cuando las necesidades de uno de nosotros tendrán precedencia o que el otro no podrá contribuir tanto como antes. Si un amigo se enferma, necesitará ayuda extra durante uno o dos meses; si un colega rompe con su pareja, precisará de un lugar donde quedarse. No obstante, cada persona debe sentirse vista y respetada, y que sus necesidades se toman en cuenta. La reciprocidad es uno de los grandes actos de equilibrio en la vida.

En el primer grupo de debate que organicé para explorar el tema del amor verdadero, un señor dijo: "La mayoría piensa que en una buena relación el intercambio es de cincuenta y cincuenta, pero el que yo tengo con mi perro es de cien y cien". Tengo en mente esta máxima cada vez que examino el amor entre parejas, padres e hijos adultos, amigos y otros.

Hibbs y yo mantuvimos recientemente una sustanciosa correspondencia electrónica sobre llevar la cuenta. "Lo ideal es que en las relaciones amorosas la reciprocidad sea un subibaja, lo cual parece generoso. Pero cuando esto no se cumple, real o imaginariamente, la gente hace cuentas acerca de quién le debe a quién. El truco es saber qué es 'lo que cuenta', un trato en gran medida tácito que requiere renegociación cuando las cosas salen mal y el subibaja se estanca en un juego de poder ('Tú me debes y yo tengo el control' o 'Yo te debo pero ¿cuáles son las condiciones de pago?')."

Lo que podría "contar" como un gesto de bondad o generosidad para un miembro de una pareja podría pasar inadvertido para el otro. No tiene nada de malo que haya diferentes sistemas de valores emocionales; lo importante es establecer un vocabulario mutuo y seguro en la relación, saber qué cosas "cuentan" para ti y cuáles para tus seres queridos, no para mantener un sistema de transacciones sino para dar con la mera intención de dar, no para dar algo que *suponemos* que cuenta.

REFLEXIÓN

Piensa en algunas relaciones en tu vida y determina qué cuenta para ti en esa dinámica, cuál es tu valor más intenso en tal circunstancia. De ser posible, deduce qué cuenta para la otra persona, o pregúntaselo si es apropiado.

La idea de recompensa está firmemente enraizada en el vocabulario de la transacción y no engendra en definitiva reciprocidad orgánica. No debemos tener la intención de vernos retribuidos y recompensados; en cambio, podemos reconocer el impredecible flujo de las necesidades emocionales de cada persona en una relación y no pretender controlarlo estableciendo una moneda rígida de disponibilidad emocional. Confiamos en el otro y él confía en nosotros.

LA RECIPROCIDAD ES CRUCIAL

Hace poco conocí a una joven llamada Jackie que rompió su compromiso matrimonial luego de un incidente con su prometido.

El día que la conocí, acababa de llegar de la comida con su prometido en un restaurante cuyo menú no le atrajo en absoluto. Preguntó entonces al mesero si era posible que el chef le preparara un sencillo plato de pasta fácil de elaborar, lo que hizo enfurecer a su prometido.

—¡Siempre con tus remilgos! ¡Eres insoportable! —estalló.

Cuando ella recuperó el aliento, le dijo:

—¿Sabes qué necesito? Necesito una pareja que sea capaz

de mirar al mesero y decirle: "Ella es muy especial. ¿Me haría usted el favor de conseguirle lo que desea?".

Como Jackie comprendió intuitivamente, cada uno de nosotros merece ser apreciado y visto como especial por su pareja. "Amar y apreciar" forma parte de los votos nupciales tradicionales. Jackie comprendió a la perfección el significado de la reacción de su prometido. No sólo que sus deseos eran triviales para él; el hecho mismo de que ella hubiera pedido algo fuera de lo común desencadenó su hostilidad. Admiré la sana noción que ella tenía de su valor, algo que no es fácil de sostener cuando se nos agrede. Ella no intentó calmar a su prometido ni se preocupó de haber sido supuestamente molesta y exigente; contempló en cambio el largo trayecto de varios años como pareja y no le gustó lo que vio. No le gustó que sus necesidades elementales y peticiones de algo extra fueran acalladas a gritos. No le gustó ignorar sus necesidades sólo para preservar la paz.

Una psicóloga amiga de Jackie nos acompañaba en la sala esa tarde. Ella le dijo: "Hay una palabra que puede guiar tus relaciones futuras: *reciprocidad*".

OBLIGACIONES FAMILIARES

Si tienes hermanos, es probable que te recuerdes protestando ante tus padres: "¡No es justo!". Y a menos que tengas mucha suerte, esas antiguas guerras por la justicia podrían reaparecer cuando tus ancianos padres requieran cuidado y apoyo.

Ya han quedado atrás los días en los que la enfermera vivía a la vuelta de la esquina, o cuando mamá y papá se marchaban de vacaciones a Florida, Arizona o a un hermoso pueblo mexicano y todos los hijos adultos de la familia se quedaban.

La generación sándwich de hoy tiene que hacer malabares entre múltiples presiones, desde sus finanzas y su demandante empleo hasta la educación de sus hijos. Para contribuir a eso, a muchos adultos mayores necesitados de ayuda les enoja y avergüenza perder su autonomía. Y cuando surgen viejos e irresueltos sentimientos de dolor, cólera e injusticia, tienes una receta infalible para poner las tensiones al rojo vivo.

Oigo muchas historias de esta clase: la hermana que, por decisión propia o simple proximidad geográfica, se convierte en la principal cuidadora de sus padres y se siente agobiada y molesta; el que paga la cuenta de la asistencia social y hierve de resentimiento; los que se enredan en los detalles del cuidado de sus padres y más tarde en la disposición del dinero y las reliquias familiares, y los padres a quienes les enfurece cualquier interferencia de sus hijos adultos.

Por fortuna, también existen muchas familias que han resuelto bien las cosas. La clave suele estar en la disposición a ver la situación desde la perspectiva de cada uno de los miembros de la familia, para llegar a una comprensión común que tome en cuenta las habilidades, recursos y circunstancias de vida de cada persona. En otras palabras: conciencia, flexibilidad y generosidad. Aun si sólo un integrante de la familia inicia el diálogo atento y abierto, esto tiende a ser maravillosamente contagioso.

Hace un año, mi alumno Max chocó con un muro de agotamiento. Entre cuidar a su achacosa madre, su agitada práctica de la pediatría y la vida doméstica con su esposa y sus dos hijos, sabía que tenía que hacer algo. Pero no sabía qué, ya que su único hermano, Tim, vivía con su familia casi al otro lado del país. Tim se mantenía en contacto e iba de visita una o dos veces al año, pero sólo por unos días. Entre más estresado estaba Max, más se enojaba con él. Sin embargo, sabía que afrentarlo por teléfono sería contraproducente. Así, esperó a su siguiente visita para sostener *la conversación*.

"Sabía que Tim se pondría a la defensiva y se cerraría si le reprochaba no involucrarse más", reflexiona Max. "Por tanto, cuando nos reunimos nada más le dije que me sentía solo, física y emocionalmente exhausto. Eso era culpa mía, en parte, porque soy muy bueno para hacer el papel del mártir silencioso y sufriente; como médico, eso forma parte de mis funciones. Pero como Tim no se sintió atacado, me oyó. Prometió relevarme una semana al mes, lo cual puede hacer porque trabaja a distancia. Hasta ahora ha cumplido su promesa, y confío en que si en algún momento necesitamos más de él, participará. Su presencia ha sido no sólo un alivio para mí, sino también un gran regalo para mi mamá y para él." Añade: "Nuestra responsabilidad no está precisamente equilibrada y nunca lo estará. Pero está bien; en este escenario, todos ganamos".

LA DANZA DEL CARIÑO

Una madre me escribió recientemente sobre el amor que comparte con sus hijos adultos. "Cuando veo a mis hijos, todo mi cuerpo se alegra", dijo. "Quiero tocarlos, quiero abrazarlos porque son preciosos para mí. Me siento relajada y en paz

porque ellos saben cómo me comporto, en todas mis varian-
tes; me han visto en más situaciones que cualquiera. Ahora
que son adultos, no tengo que esconderles nada; ya no soy la
emisaria de la buena conducta. Ellos son lo bastante maduros
para tomar sus propias decisiones y yo puedo ser más sincera con las mías; también puedo admitir más debilidades, ser
más vulnerable. Hemos pasado juntos grandes crisis y las hemos superado. Ahora me protegen; siento reciprocidad, naturalidad, lo que significa que la fuerza entre nosotros cambia
conforme yo envejezco. El año pasado le pedí prestado dinero a mi hijo; mi hija se sentó a mi lado y me leyó cuando desperté de la cirugía. Aunque en el futuro cuidarán de mí cada
vez más, me siento segura, porque existe una base central de
eficacia probada. Me siento libre."

Es obvio que esta señora no cuidó a sus hijos con la retribu-
ción en mente; lo hizo porque los amaba y quería para ellos un
hogar seguro y feliz. El flujo de dar y recibir los nutre a todos.

PRÁCTICAS DEL CAPÍTULO 13

¿Qué es justicia?

Hibbs define la justicia como "una mezcla confusa de creencias, tradiciones y múltiples verdades en ocasiones contrapuestas". Y desde luego, la idea del "juego limpio" en nuestra
relación se complica por el hecho de que todos tenemos nuestra propia definición de ser justos. Cuando nos aferramos a

ella en un conflicto con un ser querido, no es que dejemos de ser justos, sino que quizá no estamos tan abiertos como podríamos a la noción de esa "confusa mezcla de creencias", lo que implica, en esencia, llegar a un arreglo.

Escribe en un cuaderno las cualidades de la justicia que valoras en las relaciones. Quizá descubras que algunas son más importantes que otras, o incluso que una conducta particular o su ausencia podría no ser negociable. He aquí algunas preguntas para empezar:

- *¿Que significa la justicia para ti?*
- *¿Qué conductas o formas de comunicación valoras en los demás?*
- *¿Experimentaste en tu infancia o relaciones pasadas algunos problemas con la confianza o con nociones de "justicia"?*
- *¿Cuál ha sido tu experiencia con la generosidad en las relaciones? ¿Crees que tiendes a dar más de lo que recibes? ¿Llevas la cuenta de esa dinámica o te atraen personas que lo hacen?*

Con frecuencia creemos ciertas cosas de nosotros o de nuestras relaciones sin que evaluemos la presencia de ciertos supuestos, prejuicios arraigados o reacciones a heridas del pasado. Este ejercicio genera claridad, pues te permite crear un vocabulario para tu sistema de valores de justicia. De este modo, cuando llegue el momento de que hables de justicia en un conflicto, podrás usar "afirmaciones con yo" y hablar con base en tus experiencias y sistema de creencias, sin suponer que lo que piensas es una verdad universal.

Olvida lo bueno y lo malo

La "ética relacional" de Hibbs se refiere a la creación de un mundo en el que seamos tratados con cariño, compasión y aprecio. Nuestras creencias sobre la justicia podrían ser diferentes a las de las personas con las que interactuamos, pese a lo cual partimos de un compromiso fundamental de apoyarnos unos a otros.

Ser éticos —"justos"— en nuestras relaciones es ser capaces de abordar las cosas desde una nueva perspectiva en todo momento. No nos aferramos a la idea de que lo que pensamos es "lo correcto *versus* lo incorrecto", "lo virtuoso *versus* lo injusto" o incluso "lo bueno contra lo malo", sino que estamos abiertos a compartir con quienes amamos la creación de un sistema que asegure que todos seamos oídos, vistos y reconocidos.

Ésta es una práctica de meditación básica que nos muestra la asociación entre "volver a empezar" cuando meditamos y el acto de ver una y otra vez las cosas con nuevos ojos en una relación. Asimismo, la práctica del olvido nos procura fortaleza y discernimiento.

1. Siéntate cómodamente, con la espalda derecha. Cierra los ojos; si esto te causa sueño, ábrelos y mira el piso para mantenerte despierto.
2. Dirige tu atención a tu cuerpo. Advierte las sensaciones que tienes en las manos (calor, frío, presión). Identifica dónde estás más consciente de tu respiración: en las fosas nasales, el pecho o el vientre. Respira naturalmente,

repara en cada inhalación y exhalación. Siente una respiración y suéltala.

3. Si así lo deseas, toma nota mental de *adentro*, *afuera*, para mantenerte atento a tu respiración, pero permite que tu conciencia repose en las sensaciones, no en las palabras que las acompañan.

4. Mientras en tu mente surgen imágenes, ideas, emociones y preocupaciones, adviértelas y déjalas pasar. No despejarás tu mente cuando medites, sino que desarrollarás la práctica de darte cuenta de que te distraes y de volver a empezar una y otra vez, sin cavilación ni pesar.

Este proceso de notar la distracción, ignorarla y regresar a la respiración suele ser un catalizador de juicios y culpas entre los practicantes de la meditación, incluyéndome. Pero el momento en que notamos que nos desviamos del presente es el más importante; vemos dónde nos perdimos y comenzamos de nuevo.

Esto se asemeja a la forma en que podemos ampliar nuestra perspectiva en las relaciones. Cada vez que descubrimos que nos apoyamos en ideas de un estado del bien y el mal inmutable y absoluto —justicia *versus* injusticia— al que estábamos acostumbrados, podemos compararlo con el hábito de distraernos cuando meditamos. Nos apoyamos en algo que estamos condicionados a hacer, pero entonces tomamos la decisión de olvidarlo y volvemos a empezar las veces que sea necesario, sin cavilación ni pesar.

14

Sortea el espacio intermedio

Sin duda existen diferencias muy reales entre nosotros. […] Pero no son éstas las que nos separan, sino nuestra negativa a reconocerlas.
AUDRE LORDE

A comienzos de sus veinte, Diana creía que la única forma en que encontraría a su alma gemela sería tener relaciones sexuales con parejas potenciales poco después de conocerlas y pasar luego con ellas cada minuto posible. A su parecer, el hombre en cuestión experimentaría una tan exquisita mezcla de cuerpo y alma que no querría apartarse de su lado nunca más.

"Quería que estuviéramos perfectamente sincronizados, que fuéramos una persona en dos cuerpos", dice ahora. "Recuerdo incluso haberle dicho al amor de mi vida del momento que no sabía dónde terminaba yo y dónde empezaba él. Sobra decir que mis supuestas almas gemelas se aterraban de mi dependencia y salían huyendo. Tardé años en desentrañar mi carencia y descubrir que quería sanar mi solitaria niñez fusionándome con mis novios. Por fortuna, aprendí que para ver y ser vista realmente por otro debe haber diferenciación y espacio entre ambos. Es *imposible* que seamos uno."

En cada relación íntima hay tres elementos: nosotros mismos, nuestro ser querido y el espacio entre ambos. Aunque ese espacio está lleno de posibilidades, puede convertirse en un campo de batalla o una inhóspita zona de exclusión aérea. ¿Cómo equilibramos privacidad e intimidad, protección y vulnerabilidad, temor y deseo? ¿Podemos amar sin poseer? Si somos heridos o traicionados, ¿podremos confiar de nuevo en el amor?

La práctica de la atención nos brinda un camino para explorar ese espacio intermedio y descubrir formas seguras de sobrellevarlo. Cuando meditamos, tenemos la esperanza de crear espacio, ya sea mediante el hecho de alejarnos de nuestra parlanchina mente para adquirir perspectiva o de abrirnos al aprecio y la buena voluntad. Entonces nos damos cuenta de que podemos llenar ese espacio con generosidad, respeto, apoyo e imparcialidad o con ansiedad, rencor, ira y silencio. El modo en que recorremos ese espacio entre nosotros es decisivo. ¿Cómo podemos permanecer abiertos cuando algo nos hace sentir vulnerables?

Los seres humanos sufrimos el problema del puercoespín, ya que tratamos de vivir con un cuerpo que combina un vientre suave y un lomo erizado de espinosas púas. El filósofo alemán Schopenhauer inventó esta metáfora para describir el dilema de las relaciones. En el frío del invierno, sus puercoespines trataban de acurrucarse en busca de calor; pero cuando se acercaban demasiado, se picaban entre sí, de manera que guardaban prudente distancia hasta que les daba frío otra vez.

La psicoterapeuta Deborah Luepnitz investigó esta tensión en su libro *Schopenhauer's Porcupines: Intimacy and Its Dilemmas*. "Las definiciones de amor, agresión, intimidad y privacidad varían enormemente, desde luego, según la cultura, momento histórico y clase social", escribió. "Sin hacer reclamos universales, puede suponerse que las personas en el Occidente contemporáneo [...] vivimos sitiadas por el dilema del puercoespín. Es decir, lidiamos a diario para balancear privacidad y comunidad, interés por uno mismo y los demás, unión sexual y espacio propio."[1]

CÓMO NOS RELACIONAMOS

Si tendemos a ser ansiosos y controladores, es probable que queramos llenar el espacio intermedio con lo que creemos que mantendrá a los demás a nuestro lado. Intentaremos volvernos indispensables; resolveremos ser más útiles, sexys, perfectos, inteligentes, buenos, interesantes. Por supuesto que no sólo seremos inauténticos, sino que a menudo nos equivocaremos sobre lo que el otro quiere en verdad de nosotros. Haremos suposiciones con base en nuestras necesidades y quizás infrinjamos la autonomía de la otra persona.

Uno de los modos más terribles en que muchas personas, típicamente las mujeres, tratan de salvar la brecha entre ellas y el ser amado es desaparecer, volver invisibles sus necesidades y deseos. Gina me habló del despertar que tuvo mientras se curaba del cáncer: "Antes era el tipo de mujer que, cuando se muere de calor en el coche, lo único que se atreve a decirle a su esposo es '¿No sientes calor, querido?'".

También podemos tratar de eliminar el espacio intermedio fijándonos sólo en nuestras propias necesidades. Otro alumno mío, Bill, dice haber "liberado" su corazón cuando dejó de ser el centro de la vida de su esposa. Esto ocurrió cuando ella le dijo que quería ausentarse tres meses del hogar para hacer un viaje con su hermana tras la muerte de su madre. La honesta respuesta de él fue: "Eso no me conviene, pero si es lo que necesitas, anda". La gratitud de ella le ayudó a ver que tomar en cuenta la diferencia de sus necesidades era una manera de fortalecer su amor. Como dijo una vez Eleanor Roosevelt: "Dar amor es educación en sí mismo". Aprendemos sobre la marcha.

Tanto para Bill como para Gina, no fue hasta que reconocieron su ansioso deseo de fusionarse con el otro que pudieron crecer como individuos o con su pareja. Rainer Maria Rilke describió bellamente el espacio sagrado entre las personas en su libro *Cartas a un joven poeta*:

> El propósito del matrimonio no es engendrar una comunidad inmediata a fuerza de destruir todos los límites; por el contrario, en un buen matrimonio cada miembro de la pareja nombra al otro guardián de su soledad, y es así como se muestran la mayor confianza posible. [...] Esto genera una contigüidad maravillosa si ellos aciertan en amar lo que los separa, porque les brinda la posibilidad de verse siempre como un todo y ante un cielo inmenso.[2]

LÍMITES MÓVILES

En todas las relaciones perdurables y comprometidas, sea entre novios, cónyuges, parientes o amigos, el espacio intermedio oscilará con el tiempo, forzado por las circunstancias, y cambiará conforme cada persona transita por la vida. Barbara escribe sobre la manera en que aprendió a tolerar las dilataciones y contracciones en su larga relación con su prima Sue.

"A pesar de que antes éramos muy buenas amigas", dice Barbara, ahora en sus cincuenta, "Sue y yo hemos crecido y cambiado. Cuando éramos jóvenes le regalé esos dos monos abrazados unidos con velcro, pero supongo que mi idea acerca de las mejores amigas era asfixiante para ella. Su forma de ser es distinta; necesita más espacio. Me dijo que ser las mejores amigas no tenía por qué significar 'Barb y Sue' en una placa, lo cual me molestó y me sigue doliendo hasta hoy. Sin embargo, fue también una lección de que los demás no siempre corresponderán mi amor como yo quiero."

Entre padres e hijos, los límites son siempre móviles; prepararlos para que sean independientes es el deber número uno de los padres y su mayor regalo de amor. No obstante, eso no quiere decir que resulte fácil ver que tu hijo se marcha por primera vez a la escuela, toma el volante de un auto y se despide agitando la mano mientras se aleja o se encamina a la universidad, dejándote atrás. Alegres y temerosos de lo que eso puede depararles a sus amados hijos, los padres los animan, lloran y se preocupan al mismo tiempo.

Siempre he creído que una línea particularmente difícil de salvar es la que existe entre el temor y el amor, en especial para los padres, quienes más que nada quieren evitar que sus hijos sufran.

Claudia, veterana practicante de la meditación, chocó de frente con sus temores durante unas vacaciones en una isla del Caribe. Su hijo, de nueve años de edad, ansiaba recorrer un famoso sendero que serpenteaba en las alturas del bosque tropical junto al océano; la inquieta mente de Claudia se llenó de las precauciones sobre rocas dentadas y escorpiones, lo que suscitó imágenes de tobillos fracturados, venenosas picaduras e insolación. No obstante, la ansiedad de su hijo le maravillaba y quería que él tuviera la aventura que tanto anhelaba. Así que partieron.

"Voló por el camino como una pequeña cabra montés", me escribió, "sin caerse un instante pese a sus muchos tropiezos. Yo me rezagué, aunque a cada momento le recordaba a gritos que tuviera cuidado, que no se adelantara demasiado, que se fijara dónde ponía el pie y evitara avispas y telarañas." Ésa no era una diversión para ella y se percató de que estaba al borde del pánico.

Se dijo entonces lo que tantas veces les había dicho a sus ansiosas amigas: "Respira, relájate, goza el momento", justo aquello que podía despertar su atención, pese a que respiraba con demasiada dificultad para cambiar pronto de actitud. Tras respirar hondo un par de veces, recordó, "de lo profundo de mi ser surgió una voz que susurró en mi oído una enseñanza budista: 'Haz reposar la mente asustadiza en brazos de la bondad amorosa'".

Sí. Desde luego. ¡Puedo hacer eso!, pensó. Comenzó por dirigirse en silencio bondad amorosa a sí misma, una madre llena de

amor pero sacudida por el miedo. "Que esté a salvo y protegida", murmuró, "que esté en paz." Después le envió amor y
deseos de bienestar a su hijo mientras avanzaba a trompico-
nes por el sendero. Aparecieron unos excursionistas que iban
colina arriba; parecían cansados y sudorosos y Claudia les dirigió deseos de buena voluntad. Cuando su hijo y ella se acercaban al final del sendero, estaba tan contenta que deseó paz
y tranquilidad a todo lo que los rodeaba, los árboles, las rocas y hasta las temibles y furtivas criaturas que por fortuna
no los habían importunado.

Sin proponérselo, Claudia se había abierto paso por todas
las fases tradicionales de la meditación de la bondad amorosa, de ella a su hijo, a los extraños y a todos los seres con
que se encontró. Sobre todo, al arreglárselas para controlar
su miedo le concedió a su hijo el espacio que necesitaba para
cumplir un sueño y florecer. Ése fue su regalo de amor.

LA DIFERENCIA ES EL VÍNCULO

La forma en que atravesamos el espacio entre nosotros cuando surge un conflicto tiene un efecto profundo en la salud y
longevidad de nuestras relaciones. En las cuatro últimas décadas, los psicólogos John y Julie Gottman han estudiado a
miles de parejas, interesados en cómo discuten un problema
y en sus interacciones diarias.

Descubrieron que un par de indicadores centrados en lo
que llaman "seguridad emocional" les permitían predecir con
más de noventa por ciento de precisión si las parejas serían

felices, se mantendrían unidas pero infelices o romperían después de varios años.

Las parejas que reaccionaban a un conflicto con desdén, crítica, a la defensiva o evasión iban en camino a la infelicidad. No sólo sus palabras, también su cuerpo lo sugería: cuando se registraban sus signos fisiológicos, éstos revelaban que ellos se hallaban en el modo de pelear o huir. Incluso en momentos menos estresantes, se medía su tensión física y resultaba que solían ignorar o interrumpir las solicitudes de atención de su pareja.

Las parejas que permanecían unidas no estaban exentas de conflictos, pero adoptaban un método específico para abordarlos. Buscaban la manera de expresar claramente sus necesidades sin agredirse ni rebajarse. Cada miembro de la pareja daba por sentado que las intenciones del otro eran buenas, aun si sus acciones habían sido nocivas. Y creaban un ambiente inofensivo mediante pequeños actos diarios de bondad, atención y generosidad.

Candace me contó una historia maravillosa sobre el día en que su esposo y ella aceptaron por fin sus diferencias. Ella acababa de leer un ensayo del renombrado maestro tailandés Ajahn Chah en el que éste escribió: "Si quieres que un pollo sea un pato y un pato sea un pollo, sufrirás".

Pensó en su más reciente pelea con su esposo y la metáfora le acomodó. Así que la siguiente vez que apareció un conflicto, ella le dijo: "Creo que nuestro constante conflicto se debe a que tú eres un pato y yo un pollo y cada uno quiere cambiar al otro". Y agregó: "Eso nos agradó a ambos. Días después tuvimos una discusión a propósito de un sarpullido suyo; yo quería que fuera al médico y él se negaba, de modo que le dije: '¿Por qué cada vez que quiero que hagas algo tú quieres hacer lo contrario?'. Y él contestó: 'Porque soy un pato'. Desde entonces no hemos cesado de trabajar con esta imagen".

En *No Man Is an Island*, el monje trapense Thomas Merton afirmó: "El principio del amor es la voluntad de permitir que quienes amamos sean cabalmente ellos mismos, la resolución de no deformarlos para que se ajusten a nuestra imagen".[3]

Es decir, debemos conocernos para saber dónde terminamos y dónde empieza la otra persona, así como desarrollar habilidades para salvar el espacio entre nosotros. De lo contrario, buscaremos la integridad por medios falsos que no nos honren a nosotros ni a quienes queremos.

PRÁCTICAS DEL CAPÍTULO 14

El equilibrio es la respuesta

Ya sea que temamos la existencia de límites con los otros o deseemos más, es innegable que la individualización y separación son parte inevitable de las relaciones amorosas y generan tensiones. Afrontar estos asuntos es por supuesto un proceso de incesante cambio. Un ingrediente clave de éste es el equilibrio o ecuanimidad. Puede ser difícil hablar de la ecuanimidad, ya que la idea de "equilibrio" no parece tan *rica* o *vibrante* cuando se trata del amor (junto con otras palabras como *pasión*, *fervor* y *deseo*). Algunos asocian el equilibrio con una especie de apatía o distancia. La idea de sentir amor por una persona en forma "equilibrada" puede parecer un oxímoron. Pero la ironía es que abordar el amor desde un expansivo estado de perspicacia y sensatez crea un entorno más hospitalario y sostenible en el que el amor verdadero puede prosperar.

Sin ecuanimidad, podríamos dar amor a otros en un intento por cerrar el inevitable y sano espacio que existe siempre entre dos personas. O podríamos dar amor a otros porque pensamos que eso es lo que quieren. La ecuanimidad es el ingrediente que nos lleva a la claridad y la calma en la relación para salvar el espacio intermedio, y nos permite librarnos de la idea del rechazo y la aprensión como los dos únicos modos posibles de participar en una relación amorosa.

En esta práctica de ecuanimidad comenzaremos pensando en una relación en la que el espacio intermedio representa un problema.

1. Piensa en una persona; podría ser un maestro de quien te has vuelto dependiente, de tal forma que cualquier espacio entre ustedes te hace sentir inseguro o perdido; puede ser tu pareja, interesada en estar contigo todo el tiempo sin que sepas cómo articular amablemente tu necesidad de espacio.

2. Repite en silencio frases honestas dirigidas a esa persona, como "Las cosas son como son", "Me importas, pero sé que somos diferentes", "Ambos somos responsables de nuestras acciones y cada uno está completo en sí mismo", "La felicidad de los dos depende de nuestras acciones individuales".

3. Siéntete en libertad de experimentar con frases acordes con aspectos propios de tu relación. Emplea frases sencillas y orientadas a la práctica de la ecuanimidad sobre aceptar las cosas como son.

15

Despréndete

Mientras te abrazo
te suelto.
ALICE WALKER[1]

Hace unos años, un buen amigo mío padeció una angustia psicológica extrema que lo llevó a hospitalizaciones psiquiátricas prolongadas; yo quería ayudarlo, pero como no sabía qué hacer le pedí orientación a uno de mis maestros tibetanos. Él me recomendó "dejar de empeñarme", una enseñanza sumamente sutil. No me sugirió que me alejara o dejara de preocuparme, sino sólo que "estuviera con" mi amigo sin necesidad de remediar su mal. Y eso fue lo que hice.

Me sentaba en su habitación en el hospital mientras veía a otros amigos suyos darle consejos. "Toma quince gotas de esta tintura y ya no te deprimirás", "Consulta a este sanador" o "Prueba este suplemento y estarás curado". Aunque le hacían todas estas recomendaciones porque lo querían, me daba la impresión de que mi amigo se sentía presionado. Yo imaginaba que él se inquiría *¿Qué tal si no sigo su consejo?*, *¿Qué tal si no da resultado?*, *¿Dejarán por ese motivo de visitarme o interesarse por mí?*

Cuando Ram Dass sufrió un derrame cerebral, tuve que reunir fuerzas para aplicar el saber de ese maestro tibetano y limitarme a *estar con* él; habíamos sido amigos íntimos durante décadas y me sentí devastada. Veía surgir en mi mente el impulso a resolver las cosas; quería que él mejorara y se recuperara por completo. Pero cuando lo visitaba, veía su sala llena de obsequios de amigos preocupados. *Sólo toma esta tintura...* y todo lo demás.

Era realmente muy hermoso que tanta gente se preocupara por él, pero yo notaba que se sentía presionado por eso. Me preguntaba si lo abandonarían aquellos cuyas tinturas no lograrían hacerlo caminar ni hablar con soltura otra vez. Un día llegó un paquete que contenía un frasco con agua del Ganges y una nota que aseguraba que si la bebía volvería a caminar. "¡No tomes eso!", exclamé. "¡Te va a dar cólera!" Éste fue un caso en que no pude evitar poner algo de mi parte.

Con esto no pretendo decir que no debamos ofrecer ayuda a nuestros seres queridos con un espíritu de generosidad; desde luego que debemos hacerlo, tanto mejor si hacemos nuestros ofrecimientos libremente y sin condiciones. Desprenderse es lo contrario a aferrarse a esperanzas o ideas sobre cómo deben ser las cosas, y permitir que sean como son.

Para mí fue invaluable advertir la diferencia entre querer ayudar por necesidad de que las cosas mejoraran y simplemente *estar presente*. Terminé por entender que la curación tiene su propio ritmo, igual que cualquier otra transición en la vida. Claro que no es fácil dar marcha atrás y soltarse; es propio de la naturaleza humana querer tener el control cuando las personas que amamos sufren. Pero imponer nuestras intenciones personales a la experiencia de alguien es el lado oscuro del amor; el amor verdadero admite que la vida se desenvuelve a su propio paso.

EL ARTE DE RECIBIR

Paradójicamente, desprenderse significa en ocasiones permitirnos recibir el amor y cariño de otros. Nuestra cultura de "Puedo hacerlo" nos ha hecho creer que debemos ser siempre autosuficientes. Entretanto, se nos transmite el mensaje de que pedir ayuda es señal de debilidad. A menudo olvidamos que somos criaturas interdependientes cuya existencia misma depende de la bondad de los demás, incluidos —con una reverencia a Tennessee Williams— los extraños.

Cuando, a los treinta y cuatro años de edad, a Sebene se le diagnosticó cáncer de mama, recuerda haber tenido la suerte de estar rodeada de buenos amigos y familiares dispuestos a apoyarla. Pero, dice, "no creí necesitar gran cosa. Ya era una practicante de la meditación con una sana rutina de cuidado. Aunque mis amigos hicieron un gran papel brindándome apoyo emocional, yo mantenía a la gente (y a mí misma) lejos de mi experiencia de temor, tristeza y desesperación. Pasaba mucho tiempo con personas a las que les enseñaba lo equilibrada que era".

Hasta que las cosas comenzaron a complicarse fue capaz de aceptar el amor que se le ofrecía. "Nadie sabía con precisión qué me ocurría, pero mi enfermedad se agravó", explica. "Dependía por completo de mis amigos para todo: pasear al perro, lavar mi ropa, surtir recetas, preparar de comer y enjugar mis lágrimas. Y en cierto sentido todo se volvió más fácil. Soltar el control (o verlo hacerse añicos) me ayudó a abrirme al amor de todos los que me rodeaban. La ya desaparecida maestra zen Charlotte Joko Beck decía: 'La alegría es justo lo que pasa sin nuestra opinión'."

"Cuando fui a dar al hospital por insuficiencia renal, débil y adolorida y con unos tubos en la nariz, tuve un ataque de risa histérica con mi querida amiga Ahmad", continúa. "Descarté mi opinión sobre la situación, que me desagradaba, y descubrí un momento de risa pura, de alegría por lo absurdo de todo. Pienso que el amor y la alegría tienen el mismo origen, la capacidad de estar con lo que sucede con un corazón y una mente abiertos. Así que si la alegría es todo lo que pasa sin nuestra opinión, quizás el amor sea todo lo que pasa sin nuestro intento de controlarlo."

"Me doy cuenta ahora de lo mucho que me resistía a abrirme a lo que me sucedía, sobre todo porque no quería sentir dolor o temor ni agobiar a los demás con eso", reflexiona. "Sin embargo, al tratar de controlar lo que ocurría, no podía abandonar mis reservas en ningún momento. No podía abrirme a la alegría y el amor que ya estaban ahí, a la espera de ser recibidos."

LIBRARNOS DEL SUEÑO IMPOSIBLE

Muchas relaciones se basan en la esperanza de que, como por arte de magia, el amor incondicional del otro curará nuestras heridas y restaurará nuestra salud. Aun cuando nuestro ser racional reconoce que eso es una fantasía, podríamos continuar nutriéndola, así sea sólo en el inconsciente. En su libro *The Eden Project: In Search of the Magical Other*, el psicólogo junguiano James Hollis escribe que "la idea falsa que impulsa a la humanidad es la fantasía del Otro Mágico, la noción de que existe una persona justo para nosotros que hará que nuestra vida funcione, un alma gemela que reparará los estragos de nuestra historia individual; una persona que estará siempre a nuestro lado, nos leerá la mente, sabrá lo que queremos y satisfará esas profundas necesidades; un buen padre que nos protegerá del sufrimiento y que, con suerte, nos ahorrará el peligroso viaje de la individualización". Hollis agrega que el paradigma de nuestras relaciones se forma a partir de las primeras experiencias que tuvimos y que de hecho está inscrito en nuestra red neurológica y emocional.[2]

Pese a que descubrir que el Otro Mágico es una ilusión, ser conscientes de ello podría decepcionarnos terriblemente, aunque también podría darnos alivio. Cuando reconocemos que cada uno de nosotros está a cargo de su integridad, allanamos el terreno para las relaciones recíprocas. No obstante, esto implica conciencia y la intención de dejar atrás nuestras fantasías de que alguien nos pondrá en libertad.

En un texto en la página Greater Good, la psicóloga Christine Carter escribió: "He descubierto que deshacerme de mis fantasías en torno a mi relación requiere admitir una pérdida y llorarla. De verdad quería estar con alguien sumamente romántico, que escribiera poesía y cantara canciones. Pero me ayudó a librarme de ellas comprender que mis fantasías románticas fueron creadas por la industria cinematográfica (quizá también por la floricultura y las tarjetas de felicitación, sin olvidar los diamantes) y no por una necesidad real mía. La pérdida de mis esperanzas de cuento de hadas me entristeció un tiempo. Si estás triste, sufre", aconseja, "pero después prosigue tu camino".[3]

Para Julia y su esposo aceptar que ninguno de los dos puede darle al otro lo que sólo ellos como individuos pueden darse a sí mismos ha sido un tema central en su matrimonio.

"Estoy casada con un hombre bueno y gentil", dice ella. "Nos amamos y apreciamos. Él es afectuoso y sensible y yo también. Los dos hemos sido lastimados y podemos reconocerlo." Pero, añade, cada uno lucha con su propio *shenpa*, palabra tibetana que significa literalmente "apego", aunque alude también a un estado en el que viejos detonadores se activan e intranquilizan a la gente, que en consecuencia debe buscar alivio. En su relación con su esposo, explica Julia, "él necesita sentir que lo tengo en alta estima para sentirse bien y seguro de sí; y yo necesito sentirme protegida, que él me apoya como nadie lo ha hecho jamás. Ésta es nuestra ventaja".

Sin embargo, en una reciente sesión de terapia de pareja, reporta: "Nuestro consejero nos dijo que mi esposo puede obtener esa estimación de sí mismo y no necesita extraerla de mí en toda ocasión, mientras que yo no necesito que me protejan, porque puedo hacerlo sola igual de bien".

Julia sabe que su deseo de protección echa raíces en su relación con su padre, un hombre autoritario propenso a estallidos violentos. Recuerda en particular una noche en la que él explotó, la inmovilizó y la golpeó en la cabeza. A pesar de saberlo, dice que le decepciona que a veces su dulce y cariñoso esposo "no me proteja como lo ansío, en una forma que él ni siquiera ve o reconoce en el ámbito de su experiencia".

Como aprendió Julia, hay grietas y fisuras en cada uno de nosotros, resultado de nuestras experiencias tempranas. Y puede haber siempre una brecha entre lo que anhelamos en otro y lo que realmente posee. No obstante, cuando renunciamos a nuestra esperanza de que alguien cierre esa brecha, somos capaces de percibir que sólo estamos a la espera de ser colmados con amor y compasión por nosotros mismos.

REFUGIO EN TI

Justin, trabajador social, cuenta que una vez hizo una peregrinación para ver a una maestra hindú a la que muchas personas consideraban la encarnación del amor divino. Varios amigos suyos habían visitado ya el *ashram* donde ella instruía y describían la experiencia de pasar tiempo a su lado como *arrobadora*, *transformadora* y *muy curativa*. Justin, quien dice estar predispuesto a la ansiedad, tenía grandes esperanzas de que cuando esa maestra lo mirara a los ojos y viera su dolor, aliviaría de inmediato su sufrimiento. Creía que la transformación de sus amigos era genuina y anhelaba lo mismo para él.

De hecho, se convenció de que así sería la noche previa a su primera reunión grupal con ella, cuando tuvo su peor pesadilla recurrente, en la que moría asfixiado. "Creí que ese mal sueño, que me asustó mucho, era un buen augurio", dice ahora. "Cuando desperté, mi terror era tan intenso y evidente que estaba seguro de que esa maestra advertiría la hondura de mi dolor y que, con su amor infinito, me libraría de mis temores de una vez por todas."

Pero cuando llegó su turno de estar con ella, no sintió absolutamente nada y después del encuentro experimentó el mismo nivel de malestar que antes y se sintió devastado.

"Me sentí ignorado, solo, rechazado y atrapado en mi dolor", dice. "Era como si mi sufrimiento hubiera sido demasiado para esa magnánima y amorosa maestra. Mis heridas eran sencillamente indescriptibles."

Aunque le llevó tiempo desentrañar su experiencia, años después Justin se dio cuenta de que lo que al principio había percibido como abandono en realidad fue un don, una lección difícil pero esencial. "Ahora veo que, independientemente de las experiencias de mis amigos, lo que yo necesitaba era refugiarme en mí y aprender a confiar en mi capacidad para curarme. Cuando enfrenté por fin mi miedo con compasión, logré desprenderme de la fantasía de que alguien sabio y omnisciente bajaría a salvarme."

Abandonar la creencia de que no podemos aliviar nuestro sufrimiento aumenta no sólo nuestra capacidad de sanar, sino también de amar y recibir genuinamente el amor de los demás, sea nuestro maestro espiritual, pareja o amigo.

ENTRE PADRES E HIJOS

Aunque no soy madre, es fácil ver que la renuncia que la vida les pide a los padres respecto a sus hijos cuando éstos adquieren independencia es profunda y dolorosa, uno de los mayores actos de amor verdadero. Como escribió Barbara Kingsolver en *Animal Dreams*: "Te mata verlos crecer, pero te mataría más pronto que no lo hicieran".[4]

El embrollo entre hacerse cargo y soltar comienza rápido para los padres, el día en que su bebé da el primer paso lejos de ellos y en dirección al mundo. Las cosas se precipitan a partir de ahí, durante la adolescencia, la juventud y más allá. Por fortuna, en la mayoría de las familias esta trayectoria sigue un curso estándar. Hay penas crecientes para padres e hijos, seguidas por una sentida separación, agridulce pero inevitable. Después de soltar es preciso soltar más.

No obstante, para los padres a cuyos hijos se les diagnostica una enfermedad mental o física el curso es más accidentado y está plagado de desvíos impensables. Para esos padres, dejar atrás ideas preconcebidas sobre la salud, conducta o futuro de sus hijos puede ser muy difícil y a menudo se complica con una alta dosis de autocensura.

Jack, un cineasta que conocí por medio de un amigo, describe su trayecto después de que su hijo comenzó a oír voces hace cinco años. "Una noche, cuando Noah tenía treinta años, me dijo que oía voces extrañas e iracundas", dice Jack. "Le decían qué hacer y las escuchaba todo el tiempo." En las semanas siguientes Noah, quien cursaba entonces la carrera de leyes, se volvió cada vez más paranoico, ansioso y sin control. Aunque había periodos en los que mejoraba y las voces disminuían, entró y salió de unidades psiquiátricas durante los dos años posteriores.

"Fue un infierno para mí tanto como para él", dice Jack. De hecho, estaba tan consternado que sentía como si viviera en carne propia la experiencia de su hijo. Cuando éste era internado, Jack lo visitaba todos los días y sentía que no podía vivir mientras Noah sufría. "Trataba de tranquilizarlo, serenarlo, solamente quererlo, pero nada surtía efecto", dice. "No dejaba de pensar que si hacía esto o aquello él mejoraría. Me sentía tan responsable que literalmente me enfermé."

Acabó con una arteria bloqueada en el corazón. "Si no hubiera dejado de asumir el dolor de Noah probablemente habría muerto", dice. "Ésa fue la mayor renuncia que he hecho en mi vida. Estaba muy involucrado y tuve que separarme de él. Tuve que recordar que eso le sucedía a Noah, no a mí. No me haría nada bien terminar hecho una ruina." Su firme lazo con su esposa, Cathy, le ayudó a superar este episodio, junto con la práctica de la meditación y el cálido apoyo de su comunidad zen.

Las cosas han mejorado también para Noah. Al momento de escribir estas líneas, no ha sido hospitalizado en tres años y vive en un estudio, propiedad de sus padres. En coordinación con su psiquiatra y después de un alto grado de prueba y error, descubrió el medicamento correcto para acallar las voces. Incluso en el último año mantuvo su empleo. Pese a que no es el abogado de derechos humanos que esperaba ser, ha hecho las paces con su "nueva normalidad". Y aunque Jack y Cathy han tenido que olvidar también sus preciados sueños de antaño sobre el futuro de su hijo, verlo donde está les ha permitido reivindicar su propia vida y ayudarlo a reivindicar la suya.

Con atención, bondad amorosa y autocompasión podemos dejar atrás nuestras expectativas sobre cómo deberían ser la vida y nuestros seres queridos. Esa renuncia es una labor interna, algo que sólo nosotros podemos hacer. Pero a veces, como veremos en el capítulo siguiente, nuestro compromiso con una vida atenta puede exigirnos actuar en nuestras relaciones con los demás.

PRÁCTICAS DEL CAPÍTULO 15

Mirar atrás, dejar atrás

En muchos sentidos, más de los que cualquiera podría imaginar, el amor lleva implícita la idea de las expectativas. Esperamos cosas de las personas que amamos y ellas esperan cosas de nosotros. Esperamos cosas de la propia sensación de amor. Y si bien estas expectativas difieren de un individuo a otro, existe un sentimiento común en la mayoría en lo que se refiere al amor: que el abandono es aterrador.

La idea de renunciar al control cuando un ser querido sufre parece impensable; olvidarnos de proyectar una buena imagen ante los demás podría hacernos sentir débiles; renunciar a las expectativas universales en torno al amor parecería una receta para el desaliento.

La clave de desprenderse está en la práctica. Cada vez que nos desapegamos de algo, nos alejamos de nuestras expectativas y experimentamos las cosas tal como son. Podemos *estar presentes*. Podemos demostrarnos repetidamente que desprendernos es una base sana para abrirnos al amor verdadero; para darlo, recibirlo y experimentarlo en forma orgánica y auténtica.

1. Piensa o escribe sobre una situación en la que te haya dado miedo desprenderte. Quizá querías ayudar a alguien a sentirse mejor y te sentiste frustrado por tu incapacidad para cambiar ciertas circunstancias; a lo mejor temiste abandonar un concepto de ti que querías proteger; quizá tuviste alguna expectativa acerca de una relación o experiencia particular.

2. Con base en las ideas del desprendimiento vertidas en este capítulo, hazte nuevas preguntas sobre esa situación. ¿Reaccionaste exclusivamente al incidente o hubo otros factores que crearon más tensión? ¿Qué variables influyeron en tus sentimientos, pensamientos y conducta?

3. Consideremos ahora a la otra persona en la dinámica. ¿Las dificultades que experimentaste tuvieron consecuencias para ti o para ella? ¿Intentaste ayudar en cierta circunstancia y expresaste frustración o impaciencia cuando no conseguiste remediarla? Explora cómo reaccionó la otra persona a tu conducta.

4. Imagínate en la misma situación, aunque esta vez con una sensación de calma, apertura y cordialidad que te habría permitido *estar presente* con aceptación. ¿En qué

habría cambiado tu conducta? ¿Puedes desarrollar nuevas ideas sobre este incidente? Escribe tus reflexiones si lo deseas.

Para algunos, esta práctica es un diálogo interior; para otros, un ejercicio formal de expresión escrita. Otros más podrían concebirla como una visualización o meditación abstracta sobre la situación que evocaron y una exploración de la sensación física de "soltar". ¡Sé creativo!

16

Curación, no victoria

Nadie, ni siquiera los poetas, ha medido nunca cuánto cabe en un corazón.

ZELDA FITZGERALD

Una amiga mía lleva más de dos décadas consultando a la misma psicoterapeuta. En ocasión de su divorcio, segundas nupcias, grave enfermedad y muerte de uno de sus padres, la terapeuta ha sido tan perspicaz que mi amiga la llama la "Genia". "No pienso dejar de verla nunca", dice. "Lo haré hasta que alguna de las dos muera."

Después de tanto tiempo y apoyo, mi amiga sabe que cuando presenta un nuevo enredo o problema emocional de su familia multigeneracional, la Genia la escuchará con cuidado, hará una pausa considerada y responderá con su misma frase inicial de siempre. A veces mi amiga la interrumpe y dice: "¡Ya sé, ya sé...! Me vas a decir que 'ésa es una oportunidad fabulosa'". Ríen juntas y se ponen a trabajar.

Analizar penosos conflictos maritales y entre padres e hijos, peleas con cuñados o amistades podría parecer ilógico. Pero cuando somos capaces de distanciarnos, así sea brevemente, de nuestro dolor, ira o pesar; cuando depositamos nuestra fe en la posibilidad de cambio, volvemos factible una indagación sin críticas que persigue la curación antes que la victoria.

Ésta es la promesa de la atención. No garantiza que ganes una discusión con tu hermana, no te evitará tu ira o tu dolor, pero puede ayudarte a ver el conflicto de una forma nueva que te permita superar viejos patrones.

DESMANTELAR LAS BARRICADAS

Sam y Lucy han tenido la misma discusión durante años. A ella le enoja que él no haga más cosas en la casa, pero desde la perspectiva de Sam, ella es tan inconforme que nunca sabe cómo reaccionará a las tareas que realiza; por lo que él tiende a desertar y dejar inconclusas muchas de las labores a las que se compromete, lo que aviva el enojo y frustración de Lucy. Con la ayuda de un terapeuta, ambos reconocieron la naturaleza repetitiva de su conflicto y han dado pasos para atacarlo de una manera más moderada y productiva. Pese a todo, en ocasiones llegan todavía a frenéticos callejones sin salida.

Cuando las cosas se acercan al punto de ebullición, se impone una pausa, advierte el terapeuta matrimonial George Taylor. Quizá debamos ser comprensivos y hablar más reflexivamente, pero en ocasiones la emoción nos vence. "Esta derrota suele ser la señal de que se ha activado un problema de la infancia", escribe en su libro *A Path for Couples*. "Las parejas necesitan un camino claro para detener esa escalada y calmarse. Es difícil practicar la comunicación auténtica cuando la biología enloquece. Nuestro cuerpo dice con urgencia: 'Huye o pelea'."

Taylor indica que muchos de nosotros practicamos esas pausas sin saberlo cuando nuestro sistema se ve agobiado por la ansiedad o el enojo y nos replegamos como Sam. Sin embargo, dice, "este método de terminar una discusión atenúa los sentimientos, pero no trae consigo ninguna transformación. No hay comprensión ni cierre". En lugar de modificar un patrón desagradable, el repliegue puede reforzarlo.

Para modificar su energía, Taylor recomienda a las parejas practicar pausas deliberadas. En un momento en que no pelean (quizá con la ayuda de su terapeuta), Sam y Lucy acuerdan detenerse cuando cualquiera de ambos se altere o se ponga a la defensiva (Lucy podría identificar el instante en que sube la voz o empieza a atacar y Sam cuando quiere escapar). Establecen también una señal verbal o no verbal para interrumpirse de inmediato y decidir con un par de palabras cuándo reanudarán su conversación. La duración de la pausa varía dependiendo de la severidad del conflicto. En su transcurso, pueden hacer una práctica como RAIN u otra que les ayude a serenarse para explorar sus pensamientos y reacciones físicas. Una vez que ambos estén tranquilos y seguros, es mucho más probable que encuentren un terreno común, una solución satisfactoria para los dos.

Taylor dice que él y su esposa, Debra —"ambos personas francas y apasionadas con una historia propia de trastorno emocional"—, han descubierto que hacer pausas es muy provechoso. "Yo tiendo a sentir vergüenza, por ejemplo, cuando Debra dice lo que desea. Una parte de mí piensa: *Debería haberle leído la mente y saberlo ya*", escribe. "En ese momento de autocrítica, puedo ponerme a la defensiva; la vergüenza es uno de los sentimientos que más trabajo me cuesta conocer y describir. Surge entonces un conflicto interno: quiero protegerme y al mismo tiempo reconocer las necesidades de mi esposa. Este conflicto es difícil para mí, así que me confundo emocionalmente. Ése es un buen momento para que haga una pausa, antes de que me enoje o me retraiga."

Taylor añade que aunque las primeras pausas parezcan incómodas y artificiales —después de todo somos adultos, no niños de cuatro años que toman galletas a escondidas—, esta práctica ayuda a remediar patrones de respuesta recurrentes y desagradables, y más tarde es posible ejecutarla ya sin pensar.[1]

AMPLIFICACIÓN DE LA IMAGEN

En ocasiones, sin embargo, una relación se deteriora tanto que parecería no tener bases en qué apoyarse. Es momento entonces de ver nuestro sufrimiento a través de un panorama más amplio.

En una reunión privada durante un retiro de bondad amorosa, Megan me contó que no podía dejar de pensar en su exmarido. Habían tenido un divorcio muy áspero tras el romance de él con una compañera de trabajo, con la que se casaría esa misma semana. La hija de Megan sería la niña del ramo y su hijo, de nueve años, el padrino del novio. Esto la tenía tan agitada que se había inscrito en el retiro para ayudarse a pasar la semana de la boda.

No obstante, ni la meditación ni el silencio habían tenido un efecto tranquilizador. Cuando Megan se sentaba en su cojín, su cabeza la bombardeaba con imágenes. Veía a su ex caminando felizmente por el pasillo con su nueva esposa en compañía de sus hijos, lo que fomentaba sus sentimientos de traición, rabia y pesar, así como una generosa cantidad de fantasías de venganza. Imaginaba que sus hijos lloraban cada noche porque querían estar con ella. En este contexto, aunque trataba de dirigir bondad amorosa a su exesposo, cada vez que invocaba en silencio la frase *Que sea feliz* el pensamiento siguiente era *¡No mientras yo soy desdichada!*

Cuando nos reunimos, me dijo que estaba muy inquieta.

Le pregunté:

—¿No quieres que tus hijos sean felices?

—¡Claro que sí! —contestó—. ¿Qué tipo de madre sería si no lo quisiera?

Cuando vi a Megan un par de días después, su rostro estaba mucho menos sombrío y ceñudo. Pese a su resistencia inicial a la pregunta que le había hecho, ésta se volvió el centro de su meditación. Ella desplazó su atención de tratar de desearle felicidad a su exesposo a afirmar, sin ambages, que quería que sus hijos fueran felices. Se percató de que antes quiso que sus hijos fueran felices sólo si estaban con ella, un deseo cruel y restrictivo de su dicha.

Mientras meditaba le quedó claro que un deseo en verdad amoroso tenía que ser más amplio y dejar que sus hijos fueran felices con todos los que los rodeaban, no nada más con ella. Quería que vivieran en un mundo donde las relaciones fueran sólidas y firmes y la gente fuera buena. Su pregunta fue entonces: "¿No deseo acaso que mis hijos sean amados y aceptados dondequiera que estén?". Sabía que sí, y eso quería decir que también deseaba que su ex fuera feliz en su nuevo matrimonio.

No delirantemente feliz, sin embargo; lo suficiente para que estar con él fuera bueno para sus hijos. Delirantemente feliz habría sido pedir demasiado, y conceptos como el de la bondad amorosa jamás deben usarse como armas contra nuestros genuinos sentimientos. Para Megan, el reto era contener su dolor y desear al mismo tiempo que sus hijos vivieran con el menor grado posible de fricciones. No lo venció fácilmente; ampliar su perspectiva y reformular su historia supuso voluntad y práctica. Pero como ella quería que la vida de sus hijos se viera favorecida por el amor, reconoció que mientras peleara con su ex —en la realidad o en su corazón— sus hijos pagarían un alto precio.

UN LUGAR PARA EL PLACER

Cuando pedí historias para este libro, una amiga me mandó ésta con la advertencia de que podía ser *demasiado* real:

Mi esposo y yo nos casamos al final de nuestros treinta y nos apresuramos a tener un bebé. Yo estaba tan orgullosa de haberme embarazado que nada me perturbó en esos nueve meses. Pero una vez que nuestro hijo nació, fue como si mi cuerpo sintiera que su labor había concluido. Aunque mi esposo fue paciente y cariñoso, entre más se me insinuaba, más me retraía. Después del trabajo todo lo que podía hacer era preparar la cena, acostar el bebé y desplomarme en la cama.

Este patrón se volvió cada vez más penoso. Yo notaba que él quería tener relaciones, pero yo me retraía y trataba de desaparecer. No soportaba sentirme perseguida. Sabía que él se sentía rechazado, triste y molesto, y eso me hacía sentir peor. Pese a que en apariencia nos llevábamos muy bien, él se acostaba ebrio muchas noches y había un resabio de infelicidad en nuestra vida.

Creo que fue en una revista donde leí que algunas parejas hacen citas para tener relaciones sexuales y pensé que quizás eso podía funcionarnos. Si acordábamos una noche a la semana, yo tendría seis para mí; además, no tenía que sentirme excitada, bastaba con que estuviera dispuesta. La primera sorpresa fue que él estuvo de acuerdo; la segunda, que en cuanto empezamos descubrí que me divertía. Las cosas se relajaron entre nosotros.

Hubo que avanzar todavía un largo trecho para llegar a donde estamos ahora. Él no dejó de beber ni yo de deprimirme por arte de magia, pero nuestros cuerpos hicieron un pacto para estar juntos, piel contra piel. Una vez a la semana reconocíamos que nos sentíamos a gusto el uno con el otro.

A veces imagino lo patético que esto podría parecerle a una joven y ardiente pareja. Sin embargo, nosotros hemos mejorado a través de los años, pese a un cáncer y a reemplazos de articulaciones, y ahora somos más divertidos, más creativos, más orgullosos de la forma en que nos damos placer uno a otro. Ha brotado un retoño en el centro de nuestro matrimonio y ambos estamos muy agradecidos por eso.

PRÁCTICAS DEL CAPÍTULO 16

¡Pausa!

Aprendemos de los conflictos sólo cuando estamos dispuestos a hacerlo; si podemos abrirnos para saber por qué aparecen ciertas emociones y estamos dispuestos a negociar con los sentimientos ajenos. Después de todo, una relación es la unión de dos sistemas psicológicos. Aunque la atención puede ayudarte a discernir tu papel en tus conflictos con otros, no los resolverá por sí sola.

Esta práctica se basa en la noción de la pausa de George Taylor. Por supuesto que los dos integrantes de una pareja deben aceptar este sistema de pausas para que dé resultado.

1. Identifica los indicios de que te has alterado y te deslizas a un modo de regresión, defensa propia o resentimiento. ¿Alzas la voz? ¿Te pones insolente con el único afán de provocar al otro? Este primer paso es una práctica de atenta conciencia de sí mismo para detectar pensamientos, patrones de conducta y sensaciones físicas. Conocer estas señales es la primera condición para desarrollar un eficiente sistema de pausas.

2. Identifica los detonadores del otro. Es probable que lo conozcas muy bien y que durante el conflicto haya cierta dinámica en juego que contribuya a tus reacciones. Tras conocer tus propias conductas será más fácil que percibas las señales del otro que te alteran. Busca incluso un momento sin conflicto para hablar de esta dinámica con la otra persona.

3. En un momento de conflicto, determinen de común acuerdo una señal verbal o no verbal de que es hora de hacer una pausa. En esencia, este paso es comparable a decidir meditar o cerrar los ojos y respirar en condiciones de estrés. En lugar de permitir que la situación se salga de control, damos marcha atrás y nos concedemos espacio para el discernimiento, la reflexión, la apertura y la curación.

4. Antes de hacer la pausa lleguen a un claro acuerdo acerca de su duración. Dependiendo del conflicto, podría ser de sólo una hora o durar varias, o incluso un día entero. Sean realistas; tomen en cuenta que la pausa no es un gesto de repliegue sino de apertura para ver las cosas como son.

5. Durante la pausa date tiempo para reflexionar. Practica el método RAIN (que se explicó en el capítulo 3) para explorar qué te alteró o por qué tus sentimientos se exacerbaron. Éste es un momento de investigación (paso 3 de RAIN), con objeto de que al final puedas regresar con la otra persona con una noción más clara de por qué las cosas marcharon así y qué estás dispuesto a hacer para evitar conflictos como ése en el futuro.

El caleidoscopio de la ira

Mientras que el ejercicio previo se centró en la exploración de las particularidades de un conflicto dado, esta práctica indaga en qué forma los hábitos mentales pueden contribuir a entender nuestra relación usual con el enojo. Más que investigar los matices de tus sentimientos o la situación y cómo se desenvolvió, en esta práctica exploraremos el rol de la perspectiva en el conflicto y cómo podemos librarnos del enojo incluso mientras lo sentimos.

1. Piensa en la persona con la que estás enfadado, durante lo más álgido de su conflicto. Ponte en contacto real con tus sentimientos, aun si la negatividad te hace sentir culpable o incómodo.

2. Imagina ahora que esa persona está sentada frente a ti y te mira. Ve qué se siente que ella refleje tu ira, dolor o resentimiento. Examínate a través de esas emociones.

3. Una vez que hayas sentido la ira de ambas partes, quizás estés más enojado con el otro tras haber reconocido que podría estar molesto contigo. Pero parte de esta práctica consiste en advertir las opciones que tenemos en lo tocante a la perspectiva. Podemos vernos y ver a los demás de otra manera.

4. Intenta imaginar cómo vería al otro su madre, su padre, un hermano o un maestro. Recuerda incluso un momento en que tú lo hayas visto con esa misma alegría y cordialidad. ¡A lo mejor esto ocurrió pocas horas antes de su conflicto!

Al practicar estos cambios de perspectiva podrías descubrir que tu enojo contiene cierto grado de vulnerabilidad, de preocupación de ser objeto del enojo o frustración de la otra persona.

Intenta dirigirle frases de bondad amorosa durante este ejercicio, o luego de una meditación breve. En esta práctica repite en silencio frases de bondad amorosa destinadas al otro ("Que sea feliz, esté en paz, esté sano...") en un esfuerzo por reconocer la unidad entre ambos, pese a su sensación de separación y alienación temporal. Si determinas que todavía no estás listo para hacer eso, no hay ningún problema.

17

El corazón es un músculo generoso

Es posible encender miles de velas con una sola sin que dure menos.
La felicidad no disminuye porque se comparta.

BUDA

Una conocida mía se comprometió a hacer en siete días un recorrido de novecientos cincuenta kilómetros en bicicleta para recaudar fondos en memoria de un amigo muerto de sida. Reunir fondos le asustaba más que las exigencias físicas del trayecto, aunque al final la recaudación no le implicó esfuerzo alguno; su amigo era tan querido que ella fue ese año una de las recaudadoras más exitosas. Cuando cruzó la línea de meta, bañada por el sol, toda su familia y muchos de sus benefactores la aguardaban para aclamarla. Todos tenían algo que celebrar: que ella hubiera terminado ese largo viaje, los meses de entrenamiento que lo precedieron, la generosidad que los había unido, la oportunidad de honrar y recordar a su amigo. Mi amiga continúa extrayendo de ese día una satisfacción enorme.

Hay un término budista que hace referencia a la felicidad que sentimos por el éxito o buena suerte de alguien. El *gozo solidario*, como se le conoce, nos invita a celebrar en nombre de otros. Nos ponemos de pie y aplaudimos cuando, luego de ciertas dificultades, un prometedor adolescente se gradúa de la preparatoria; bailamos hasta altas horas de la noche en la boda de un buen amigo. En otros momentos, el gozo solidario puede adoptar la forma de un suspiro de alivio. Un amigo está enfermo, espera los resultados de unos análisis cruciales ¡y salen bien! Podría haber complicaciones más adelante, pero por el momento podemos compartir con él uno de esos fugaces momentos de conexión que nos mantienen unidos.

A pesar de que hay veces en que el gozo solidario surge de manera natural, en una relación compleja —con sus tácitas comparaciones y desilusiones personales— el corazón podría no saltar tan fácilmente.

Después de una charla que di hace poco tiempo sobre el gozo solidario, una mujer a la que no conocía solicitó reunirse conmigo en privado. Cuando nos sentamos, confesó que, aunque se sentía muy culpable, estaba tan contrariada por la boda inminente de su mejor amiga que apenas podía dormir. "Sé que debería estar contenta por ella", me dijo con voz temblorosa, "pero hace tres años que no tengo novio y cada vez que la veo siento como sal en la herida. Aunque sé que me quiere, gran parte de nuestra amistad se debe a que pasamos juntas siempre la noche del sábado. Sé que esto es absurdo e irracional, pero por algún motivo pienso que como ella ya encontró a alguien, yo no lo haré nunca. Seré su dama de honor, sólo que no imagino cómo podré atravesar el pasillo en su gran día."

A menudo respondemos a partir de una sensación de carencia, como si hubiera raciones para cosas como el amor y el éxito. Con frecuencia nuestra sociedad individualista nos hace creer que estamos solos en este mundo y que debemos arrebatar cada mendrugo que nos llevamos a la boca. Cuando pensamos que no hay suficiente para todos, nos aferramos a lo que tenemos y reaccionamos mal si alguien a nuestro alrededor obtiene algo que nosotros deseamos también. Como la joven afligida por la boda de su amiga, podemos admitir que nuestros sentimientos son irracionales e incluso atribuirlos a un hecho de nuestra niñez, pero eso no nos libera necesariamente para saltar de alegría por nuestro amigo.

CÓMO DISCERNIR LOS BLOQUEOS

Hace años yo pasaba los inviernos en California para escapar al crudo clima de la Costa Este. En marzo estaba a punto de regresar cuando Nueva York fue azotada por una gran tormenta de nieve de fines del invierno. Decidí posponer mi retorno y llamé al consultorio de mi médico para cancelar una cita que ya había hecho. La asistente no cesaba de decirme que casi no me oía; ¿había algún problema con la conexión?

—¡Ya sé qué pasa! —le dije—. Estoy en la playa en Malibú y las olas hacen tanto ruido que ahogan mi voz.

—¿Estás en la playa en Malibú? —preguntó—. ¡Te odio!

Claro que lo dijo en broma, aunque de aquellas que se sienten como una leve bofetada. Pese que compartíamos el mismo deseo, de escapar al invierno neoyorquino, éste era ahora un juego de suma cero. Yo estaba arriba y ella abajo; mi buena suerte la disminuía.

Existe una palabra alemana que alude al hecho de jactarse de la desgracia ajena: *Schadenfreude*. Esto le ocurre a quien ve el éxito de otro y piensa: "Sería más feliz si no te fuera tan bien". La envidia es casi inevitable cuando reparamos sólo en lo que nos falta y en lo que tienen los demás.

Una amiga me reveló recientemente su tendencia a compararse sólo con lo mejor de los otros. Si pensaba en Amanda, no recordaba que ella fuera una pésima cocinera, sino sus perfectas poses de yoga; si pensaba en Susan, no recordaba que su casa era un desastre, sino su alto puesto en el trabajo. Cuando nos sentimos incompletos, no tomamos en cuenta lo que tenemos, y particularmente cuando no nos sentimos amados debemos estar muy atentos para detectar esa tendencia.

En una ocasión dirigí un retiro con mi amigo Krishna Das, maestro de yoga e intérprete de cantos devocionales hindús. Aunque él y yo nos llevamos de maravilla, había un reducido contingente de participantes a quienes no les gustaba la meditación y que por tanto no me tenían mucha estima. La práctica de yoga liberaba arraigadas tensiones en su cuerpo, me dijo uno de ellos, y el canto lo transportaba a un estado de arrobamiento; la meditación, en contraste, lo colocaba frente a su impaciencia, autocrítica y dispersión mental. Así, en lugar de concebirla como un momento para desarrollar una relación más afectuosa consigo mismo de cara a esas cosas, se irritaba y buscaba a sus amigos para quejarse. Un día me harté y tomé una siesta después de comer. Alguien tocó a mi puerta tan fuerte que me despertó. Cuando abrí, vi a una joven empleada que sostenía un hermoso ramo de flores, el cual me tendió y yo pensé: *Alguien me quiere después de todo.* Preguntó entonces:

—Usted es Krishna Das, ¿verdad?

Suspiré, le devolví el ramo y contesté:

—No, él está en la cabaña siguiente.

Campo fértil para la envidia, desde luego, pero Krishna Das y yo somos viejos e íntimos amigos, así que me reí mientras le contaba esta anécdota y le deseé que disfrutara sus flores. Cuando llegué a mi siguiente destino de instrucción, lo primero que vi en mi recámara fue una docena de rosas que él me había enviado.

¿DÓNDE SE BLOQUEA TU CORAZÓN?

¿Nuestra mayor vulnerabilidad tiene que ver con el trabajo, las relaciones, las finanzas? ¿Nos congelamos cuando nuestra pareja obtiene un ascenso y aporta más dinero que nosotros? ¿Cómo reaccionamos cuando nuestra mejor amiga se embaraza luego de años de intentarlo? ¿Qué pensamientos, emociones y sensaciones físicas acompañan nuestra resistencia a alegrarnos por la felicidad ajena?

Conozco a varios escritores y artistas que admiten tener sentimientos difíciles cuando un amigo gana un premio muy codiciado o recibe una jugosa oferta para publicar un libro, o elogios en *The New York Times*. "Sé que debería estar contento por Zutano", dicen, "pero su éxito me hace sentir inseguro, como si yo no estuviera a la altura." Podrían confesar también un discreto alivio cuando un amigo recibe una reseña negativa o es rechazado por la galería de sus sueños.

Pero, ¡vaya!, esa mala voluntad bien puede explotar cuando vemos contentos a los demás. Obviamente, comen en mejores restaurantes que nosotros, poseen membresías de gimnasios que usan de verdad y tienen los hijos más fotogénicos del planeta. La mente comparativa puede elevarse hasta la estratósfera, estimulada por esas realidades. *¿Cómo le hace para ser tan dichosa y amada mientras yo todavía vivo sola con mi gato?* Infaliblemente, las imágenes muy bien seleccionadas de otros sobrepasan la totalidad de nuestra desangelada y desconectada vida.

O bien, podemos ponernos de mal humor cuando entramos a internet y decidimos que lo que ese "amigo" celebra está tan por debajo de nuestros estándares que resulta risible. Luego de ver imágenes del crucero a Alaska en ocasión de las bodas de plata de una pareja, restamos importancia a su perdurable compromiso, su espíritu de aventura y su éxito para acumular los recursos —tiempo, dinero— que la llevaron a ese punto. *Ash, pensamos, yo detestaría estar en un crucero; perdería la razón.*

Cuando estamos atrapados en nuestro sufrimiento, el gozo solidario implica un gran esfuerzo, aunque en realidad es una práctica que puede hacer una diferencia aun si pasas por momentos difíciles. Antes que nada debes ser realista acerca de tus capacidades y prescindir de cualquier "debería" —como "Debería sentirme bien por la buena suerte de ellos"— que mantengas como un ideal imposible. Debemos empezar siempre con la compasión por nosotros mismos y ser amables y pacientes con nuestra experiencia interior.

Mientras reconocemos nuestro rencor, envidia o amargura, podemos honrar también nuestro deseo de ser felices, de sentirnos libres. Cuando una amiga mía descubre que opera con base en la restricción y la negatividad, suele liberarse de eso anunciando su envidia o rencor y proclamando: "¡Acepto a la mezquina que llevo dentro!". Reírte de tu mezquindad da mejor resultado que reprenderte por ella.

Entre más identificamos los momentos en que somos incapaces de compartir de manera genuina el placer de otro y nos preguntamos si su felicidad pone realmente en peligro la nuestra, más allanamos el terreno para experimentar el gozo solidario.

EXPERIMENTACIÓN CON EL GOZO SOLIDARIO

Cuando los ciclistas (como mi amiga que recaudó todo ese dinero) viajan juntos, componen un grupo en forma de V y se turnan al frente. Ésta es una posición de trabajo extra más que de prestigio, ya que todos los que pedalean detrás se benefician del líder. De igual forma, cuando abrimos nuestro corazón al gozo solidario nos beneficiamos de la felicidad de otros y obtenemos algún provecho de ella. Sabemos que, en el orden normal de las cosas, alguna vez nos llegará nuestro turno de ir al frente y por ahora podemos relajarnos como miembros del grupo y permitir que la vibración de la felicidad ajena sea un trasfondo sustentador de nuestra vida.

A menudo se nos enseña a armarnos de cinismo e ironía, distanciarnos y desdeñar toda muestra de bondad o generosidad por considerarlas falsas o interesadas. Se necesita mucho valor para decir: "Haré el experimento de ver las cosas de otro modo".

Por eso el gozo solidario es una práctica. Implica tiempo y esfuerzo deshacernos de la historia de carencia que la mayoría hemos aprendido a lo largo del camino, la idea de que la felicidad es una contienda y de que alguien se lleva toda la dicha. Cuando experimentamos con el gozo solidario abandonamos el restringido mundo de la lucha individual y vemos que hay alegría en más lugares de los que creíamos.

REGOCIJO COMPARTIDO EN CASA

La mayoría de nosotros hacemos un esfuerzo por apoyar a un amigo o una pareja cuando surge una mala noticia, aun si en ocasiones nuestros intentos son contraproducentes. Sin embargo, interesantes investigaciones sugieren que la forma en que reaccionamos a una buena noticia es más importante aún.

Shelly Gable, profesora de psicología de la Universidad de California en Santa Bárbara, ha estudiado a cientos de parejas para saber qué marcha bien en las relaciones. En un estudio de 2006, ella y sus colegas describieron el momento crucial en el que uno de los miembros de una pareja intenta compartir su emoción por haber obtenido un ascenso, ser admitido en la escuela de medicina o ganar un premio.[1] Examinemos una situación que mis amigos escritores apreciarán. Imagina que llegas eufórico a casa y le dices a tu pareja: "Hoy recibí una oferta para publicar mi libro". ¿Qué sentirías si la respuesta fuera: "Qué bueno, ya era hora, ¿cuánto te van a pagar?", o "Yo también tengo una buena noticia" en señal de un giro de ciento ochenta grados respecto a ti, o un casual "¡Qué bueno, cariño!" sin apartar la vista del teléfono? Gable y sus colegas catalogaron reacciones como éstas para mostrar cuántos modos existen de opacar la alegría y minar en última instancia una relación.

La reacción generosa es, por supuesto, concederle a tu pareja toda tu atención y extender el placer a ambos. "¡Oye, eso es fantástico! ¡Te empeñaste tanto en lograrlo! ¿Cuándo recibiste la llamada? ¿Qué te dijeron? ¿Se trata de la persona de la que me hablaste la semana pasada?" Gable llama a ésta una respuesta "constructiva activa", en la que la pareja saborea en común la buena noticia y afianza en tanto su relación.

De hecho, cuando Gable hizo un seguimiento de las parejas de su estudio descubrió que la reacción de uno de los integrantes de la pareja a una buena noticia del otro era una mejor predicción de si la relación perduraría que la reacción a una mala. Confianza, intimidad, satisfacción: todo esto prospera con base en la bondad y generosidad cotidiana del gozo solidario.

EL CRÍTICO SE VA DE VACACIONES

Georgia conoce a Dan desde que él tomó por primera vez un saxofón en la preparatoria. Recuerda sus quejas remojadas en saliva mientras intentaba prender la lengüeta con la boca y cómo dejó de lado sus sueños rocanroleros cuando las chicas no se mostraron tan impresionadas. Luego, cuando él ya estaba en sus treinta y había dado por terminada una larga relación, volvió al saxofón y logró entrar a una banda. En opinión de Georgia, veterana aficionada al jazz con un oído muy exigente, Dan no tocaba muy bien y en ocasiones lo hacía francamente mal, pero ella iba a sus conciertos de todas formas. Estar en el escenario lo hacía feliz, sobre todo cuando la gente bailaba, y a ella le encantaba ver la alegría juvenil que él irradiaba durante el recital.

"Quería que Dan cumpliera su sueño", me dijo Georgia con una sonrisa. "Y cuando seamos viejos, podré recordarle que ponía a bailar a la gente y compartiremos todo eso otra vez." Aunque éste podría parecer un gesto insignificante, lo cierto es que Georgia llenaba el espacio entre ellos con amor y generosidad. Si se hubiera burlado del sueño de Dan, le hubiera dado consejos sobre cómo tocar o hubiera comparado su banda con una que fuera más de su gusto, ese espacio se habría llenado de críticas y perfeccionismo. En cambio, sacó del cuadro sus conocimientos. Veía a Dan con suficiente claridad para saber que él necesitaba una amiga, no una maestra.

Para celebrar la vida de otra persona debemos buscar la manera de verla de frente, no desde arriba con críticas ni desde abajo con envidia. No es el placer ajeno lo que causa nuestra infelicidad; somos desdichados porque nuestra negatividad nos aísla. Cuando nos sentimos más que satisfechos con nosotros mismos y vemos con compasión la vida entera de otras personas, somos perfectamente capaces de saludar sus triunfos con una sincera y vigorosa ovación.

PRÁCTICAS DEL CAPÍTULO 17

Raíces del gozo solidario

La práctica del gozo solidario echa raíces en el desarrollo interior. No se trata de que aprendamos técnicas para "hacer amigos e influir en la gente", sino de colocar los cimientos de nuestra felicidad. Cuando nuestra copa está llena, la compartimos más fácilmente con los demás.

Antes de abordar la práctica misma, he aquí algunos de sus beneficios esenciales:

1. Cultivamos nuestra conexión con el todo, en la inteligencia de que es tan saludable como la menor de sus partes. Un día oí que una vecina le decía a una indigente de la esquina: "Pasé un invierno espantoso, con pulmonía mucho tiempo; pero ahora que se acerca la primavera me siento mucho mejor, así que quiero compartir mi alegría", mientras ponía en su mano un fajo de billetes.

2. Desarrollamos conciencia de nuestra abundancia interior. Éste es el fundamento de la generosidad. Cuando yo estudiaba en Birmania, vi que hasta los más pobres ofrecían espontáneamente a los practicantes de la meditación un poco de comida y parecían encantados de vernos comer; dar los engrandecía. Si no tenemos nada material que dar podemos ofrecer nuestra atención, energía o aprecio. El mundo nos necesita; la generosidad no nos deja sin nada.

3. Aprendemos a notar los momentos de felicidad propios y ajenos. Cuando estudiaba con el gran maestro Munindra en Birmania, uno de mis compañeros le preguntó por qué practicaba la conciencia. Su respuesta ese día (porque hubo muchas otras) fue: "Para que cuando vaya por la calle no pase por alto las violetas que crecen en la orilla".

La práctica del gozo solidario es algo que todos podemos procurar en nuestra vida diaria, aunque también puede ejercitarse más formalmente en la meditación. La meditación del gozo solidario es de estructura muy similar a la de la bondad amorosa, pese a que las frases son diferentes; prueba algo como "Que tu felicidad y buena suerte se multipliquen". Comenzamos la secuencia con una persona particular a la que ya le va bien en algún área de su vida, quizás en la que nosotros querríamos tener más éxito; pero nosotros nos omitimos en la secuencia, dado que esta práctica consiste en regocijarnos con la felicidad ajena. Continuamos después con otros conocidos que experimentan también felicidad o buena suerte o permanecemos con un solo individuo.

Cuanto más practicamos el gozo solidario, más comprendemos que la felicidad que compartimos con los demás es inseparable de la nuestra.

18

Perdón y reconciliación

Éste es el mundo en el que quiero vivir. El mundo compartido.

NAOMI SHIHAB NYE[1]

Carlos me dijo: "Después de dos divorcios y varias dolorosas rupturas, por fin conocí a la mujer de mis sueños. Ella es todo lo que yo esperaba, pero descubrí que ya no creía en las relaciones. Sentía tanto rencor, culpa y enojo con mis parejas pasadas que eso no me permitía aceptar plenamente esta nueva relación que tanto me interesaba.

"Decidí centrar mi meditación en una práctica de perdón. Dedicaba mis sesiones a ver con más claridad mis relaciones del pasado. Al principio sentí que no ocurría nada hasta que un día hice grandes progresos mientras realizaba un largo viaje en avión. En las últimas páginas del libro que leía entonces tracé una línea cronológica de mi vida; incluí todas mis penosas relaciones y junto a ellas indiqué los hechos de mi vida que consideraba exitosos.

"Vi la necesidad de sufrir más sinceramente la pérdida de un par de esas relaciones si en verdad quería sentirme libre. El rencor que sentía por una de ellas, que reconocí por completo, se transformó en un sentimiento de gratitud por las contribuciones que había hecho en mi vida. En cuanto a la otra, mi pesar y mi decisión de deshacerme de ese rencor fueron resultado de ver cuánto espacio ocupaba aún esa relación en mi mente, pese a que había terminado mucho tiempo atrás. ¡Era demasiado!

"Mirar extensamente mis relaciones y mis éxitos en la vida me hizo ver que podían estar interrelacionados, que quizá cada relación y cada pareja me habían ayudado a llegar donde estaba en ese momento. Justo en ese instante el perdón, la gratitud por toda mi vida, abrieron mi corazón para que abrazara sin reservas a mi nueva pareja, con la que me casé y a la que amo profundamente."

Cuando perdonamos a alguien, no pretendemos que el daño no ocurrió jamás o que no nos causó dolor. Lo vemos claramente como lo que fue, pero al final vemos también que obsesionarnos con el recuerdo de ese daño produce cólera y tristeza. Estos sentimientos nos impiden saborear el amor y la alegría que hoy están a nuestro alcance. El perdón es el medio por el cual nos libramos del dominio que rencores arraigados ejercen sobre nuestro corazón.

No obstante, el verdadero perdón en las relaciones íntimas nunca es fácil. No puede apresurarse ni planearse. Nos ponemos a la defensiva cuando alguien nos aconseja "perdonar y olvidar", lo cual indica que nuestro dolor ha calado profundamente. Y aunque es probable que quien nos aconseje eso tenga buenas intenciones, el perdón no se alcanza a la fuerza. La negación coercitiva nunca podrá ser curativa. Cuando nos dicen que deberíamos dejar atrás nuestros genuinos sentimientos de aflicción y enojo, tendemos a defender nuestro dolor y el derecho a sentirlo.

PERDONAR ES UN PROCESO

Para quienes sienten agudamente una afrenta, el dolor no está en el pasado. La herida sigue fresca. Cuando nuestra mente topa con ese recuerdo, el pesar traspasa nuestro cuerpo e infiltra nuestros pensamientos. Para librarnos de nuestro enojo y aflicción tenemos que reconocer las penas que nos sucedieron. No podemos cambiar el pasado, pero podemos llorar lo que perdimos.

Para perdonar quizá debamos abrir nuestra mente a una exploración más completa del contexto de los acontecimientos y sentir compasión por las circunstancias y todos los involucrados, comenzando por nosotros mismos. El dolor nos ayuda a renunciar a la ilusión de que el pasado podría ser diferente de lo que fue. Nos hacemos cargo de nuestro perdón y este proceso exige tiempo, paciencia e intención.

Mi alumna Michelle tardó años en resolver una constelación de sentimientos difíciles antes de lograr perdonar a su exesposo. "Tuvimos una separación sumamente dolorosa y complicada", recuerda. "La angustia, la furia y la sensación de pérdida eran viscerales y aniquilantes. Dejamos de hablarnos en los seis meses posteriores a nuestra separación, salvo para abrirles la puerta a nuestros tres hijos. En ese espacio de enojo y evasión no parecía haber margen para la paz."

Años después ella asistió a un retiro de meditación con el objetivo de deshacerse de la energía "tóxica" que la perseguía aún. "Primero tenía que perdonar, dejar atrás el pasado y cultivar compasión por mí, por él y por nosotros", dice. "Grité y lloré mucho. Al final estaba exhausta, pero no me sentía mejor."

La sorpresa llegó cuando pasó a recoger a sus hijos a casa de su ex. Él la llevó aparte y le dijo: "Creo que tenemos que superar esto. No quiero convertirme en una de esas personas amargadas e iracundas que a los ochenta años todavía se quejan de algo que ocurrió en el pasado. Tenemos tres hijos. Lo que apreciamos y amamos uno del otro sigue en pie, así que tal vez podamos apoyarnos en eso".

"Es difícil describir qué gran momento fue ése para mí", dice Michelle ahora, si se considera que apenas se hablaban. "Fue la primera vez en mi existencia que experimenté una conciencia compartida, la certeza absoluta de que mis procesos internos formaban parte también de la conciencia de él. En todo caso fue un comienzo y dimos pequeños pasos a partir de ahí."

Ahora, su exesposo y ella son muy buenos amigos. Hace poco decidieron que sus hijos debían vivir establemente en su propia casa y que ellos podían turnarse entre ese hogar y su otra casa. Este arreglo ha sido satisfactorio, dice Michelle y añade: "Disfrutamos de nuestra amistad, de compartir nuestra experiencia como padres. Reímos juntos, nos quejamos juntos y apoyamos mucho las metas del otro, lo que incluye nuestra independiente vida sentimental."

"Ambos vimos más allá de las capas del pasado y el dolor, descubrimos lo mucho que habíamos compartido y decidimos cultivarlo", concluye. "Eso es amor."

PERDONAR NO SIGNIFICA OLVIDAR

Todos hemos oído la expresión "Perdona y olvida", como si procesar el dolor que otros nos infligieron fuera un trabajo rápido y fácil. Esa frase es un imperativo y vuelve compulsiva la idea del perdón; a fin de sanar, debemos adoptar un estado de negación y evadir el dolor que experimentamos.

Pero el perdón es un proceso, desde luego, y hay que admitir que es difícil y que a menudo semeja una rigurosa práctica espiritual. No debemos forzarnos a perdonar al instante; el perdón ocurre a un ritmo distinto para cada quien y depende de las particularidades de una situación. Lo que sí podemos hacer es crear espacio para perdonar, parte de lo cual quizás implica, irónicamente, que nos permitamos luchar con nuestra ira y pesadumbre. Una vez que somos sinceros sobre nuestros sentimientos, podemos invitarnos a considerar otras formas de ver nuestra pena y descubrir que dejar de aferrarnos al enojo y al rencor es en realidad un acto de autocompasión.

Contar lo que pasó y aceptar lo ocurrido y cómo te sientes suele ser indispensable para perdonar. Sin eso, vivimos en una realidad artificial congelada en el tiempo y en ocasiones inventada. Tengo una amiga que atribuye su divorcio a que dijo la verdad cuando los padres de su exesposo murieron y él habló extasiado de su perfecta e idílica infancia. "¡Pero cada noche tus padres se acostaban borrachos!", señaló ella. "Ése fue el motivo por el que dejaste la universidad." Sus palabras minaron la historia de él, y su necesidad de un pasado rosa tuvo preferencia sobre el amor que los unía. También tuvo preponderancia sobre la capacidad de él para perdonar a sus padres y sobre la posibilidad de amor junto al pesar de sus sueños frustrados.

En ocasiones, la realidad es el gran desafío del amor. Cuando viejas historias y sueños se hacen añicos, nuestra primera reacción podría ser resistir, negar o aferrarnos a las cosas como eran antes. Si soltamos eso, a menudo lo que llena el espacio es un perdón afectuoso y el potencial de un amor nuevo y diferente.

Helen Whitney, directora del documental *Forgiveness*, dijo: "Hablamos del perdón como si fuera una sola cosa. Por el contrario, debemos hablar de perdones. Hay tantas maneras de perdonar como personas que necesitan ser perdonadas". En otras palabras, existe un incalculable —e incluso infinito— número de situaciones en las que podemos practicar el perdón. Esperar que éste sea una acción singular —motivada por el mero imperativo de seguir adelante y olvidar— podría ser más nocivo que el enojo inicial. Aceptar el perdón como plural y como un proceso constante e individualizado hace que nos demos cuenta del papel que nuestras necesidades desempeñan en la resolución de conflictos. No podemos simplemente "perdonar y olvidar", ni deberíamos hacerlo.[2]

El reconocimiento de que hay muchas formas potenciales de perdón nos permite explorar lo que debemos perdonar y las posibilidades del perdón. Cuando reaccionamos a nuestro sufrimiento con amor, comprensión y aceptación —por nosotros y los otros—, con el tiempo podemos desprendernos de nuestra ira, pese a que nos hayan herido profundamente. Sin embargo, esto no significa que olvidemos.

Una alumna mía fue abusada sexualmente por su padre cuando tenía menos de siete años. Él fue arrestado y encarcelado. Ahora ella, ya adulta, sin haberse puesto en contacto con él durante años, luchaba con la idea de que para ser una buena persona debía verlo. Se entrevistó conmigo en privado y me preguntó si creía necesario que se reuniera con él. Aunque la idea no le agradaba, pensaba que quizás ése era un paso obligatorio, indispensable para su recuperación. Yo le dije que no creía que debiera sentirse obligada a hacer nada.

Un encuentro de ese tipo podía ser bueno para algunas personas, pero no para otras. Sólo quien ha sido lastimado puede saber qué es bueno para él, y alcanzar claridad puede tardar mucho. En el caso de mi alumna, quizás eran muchas las razones por las que sentía que ese encuentro era obligatorio. Tal vez quería sentirse empoderada o confirmar por sí misma que la niña dentro de ella no tenía la culpa de lo que había ocurrido. Como su padre había sido apresado, quizás ella tenía cierto grado de culpa por el sufrimiento de él. Lo esencial, sin embargo, es que ninguna persona debe sentirse presionada a encarar a quien abusó de ella. La recuperación adopta muchas formas y ninguna receta se ajusta a todos. Algunos escriben una carta al infractor y se la envían, otros la queman y otros más prefieren escenificar el encuentro mediante el juego de roles con un terapeuta o amigo de confianza.

El perdón es un proceso personal que no depende del contacto directo con quien nos hirió. No tenemos que reunirnos a tomar un café con él ni invitarlo a la cena de Navidad. No es necesario que nos involucremos personalmente de ningún modo.

Comprender esto fue un alivio para Marjorie. Tras asistir a una de mis charlas, ella me explicó que la práctica de la bondad amorosa le ayudó a perdonar a una amiga íntima que le había mandado una carta juiciosa y cruel. Pero sobre todo, agregó, la práctica de la autocompasión le permitió *no* volver a abrirle a esa amiga las puertas de su vida.

Una década antes, la hija adolescente de Marjorie intentó suicidarse y fue ingresada en un hospital psiquiátrico. La amiga de Marjorie, su principal confidente durante muchos años, había sido hasta entonces también una persona importante para sus hijos. Después del intento de suicidio, ella le escribió una carta en la que la culpaba de los problemas de su hija; la criticó como madre, como profesionista e incluso por la forma en que abrazaba. Justo cuando lo que Marjorie más necesitaba era bondad y compasión, su amiga únicamente exacerbó su dolor. Luego de una conversación tensa y breve, dejaron de hablarse.

Seis años más tarde, cuando la hija de Marjorie ya se encontraba bien y estaba en la universidad, esa misma amiga le envió a Marjorie un correo electrónico. Tan sólo ver su nombre en el buzón elevó su presión arterial. Hirviendo en cólera, abrió el mensaje, segura de que contenía más comentarios injuriosos. Le sorprendió leer, en cambio, lo mucho que su amiga la extrañaba y cuánto lamentaba lo que había dicho. No obstante, Marjorie estaba muy enojada todavía y no se dejó conmover por el mensaje. Le enfureció que aquella persona tuviera el descaro de proponer una reconciliación después de que le había causado tanto desconsuelo.

Durante las semanas siguientes, sin embargo, Marjorie recordó que su amiga había estado muy cerca de su hija, con quien había compartido momentos especiales. Acabó por apreciar que su amiga, que no tenía hijos, hubiera experimentado la crisis de su hija casi tan profundamente como ella. Mientras daba en su mente creciente cabida a ese suceso, su mala voluntad se evaporó y ella incluyó a su amiga en su meditación de bondad amorosa, para dirigirle buenos deseos y esperanzas de prosperidad.

Pero no estaba preparada para incluirla de nuevo en su vida; sabía que no podría volver a confiarle los secretos que antes habían compartido. Un mes después, le contestó para agradecerle su correo y le dijo: "Te perdono de todo corazón y no te guardo rencor. Te deseo lo mejor. El perdón nos deja a ambas en libertad de seguir adelante".

En última instancia, perdonamos a otros a fin de liberarnos a nosotros mismos. Lo que sucede en nuestro corazón es el campo de nuestra libertad. Mientras cargamos con el enojo y antiguas heridas, el sufrimiento no cesa. El perdón nos permite avanzar.

Al igual que Marjorie, podemos perdonar a alguien que nos lastimó pero optar por no reanudar la relación. No es preciso pensar: *Tengo que superar esto para que puedas ser mi mejor amiga otra vez*. Si hallamos la manera de perdonar y liberar nuestro corazón es como si dijéramos: "La vida es muy vasta. Somos más grandes y fuertes que el dolor que hemos padecido".

El perdón también puede ser agridulce. Contiene la dulzura de despojarnos de una historia que nos ha causado pesar, pero también el penoso recordatorio de que aun nuestras relaciones más preciadas cambian en el transcurso de la vida. Independientemente de que decidamos incluir o no a alguien en nuestra vida, al final el perdón es un camino a la paz y un esencial elemento de amor por nosotros mismos y quienes nos rodean.

TODOS EN FAMILIA

Todos somos hijos e hijas. En un mundo ideal, sostenemos relaciones cordiales y cariñosas con nuestros padres o quienes nos educaron. Nos sentimos incondicionalmente vistos, apoyados y amados por ellos. Cuando crecemos, respetan nuestras decisiones y nos aceptan como somos.

No obstante, a muchos de nosotros nuestra familia no nos brindó el puerto seguro que deseábamos o que esperamos proporcionarles a nuestros hijos. A menudo llevamos a nuestra vida adulta las cicatrices de nuestras experiencias anteriores. En su libro *Telling the Truth*, el teólogo estadunidense Frederick Buechner escribió: "Puedes despedirte de tus familiares y amigos, y poner tierra de por medio con ellos, pero los llevarás siempre en tu corazón, tu mente y tu vientre, porque no vives en un mundo sino que un mundo vive en ti".[3]

Yo tuve que meditar muchos años para darme cuenta de que debía perdonar para poder aceptar mi infancia: la súbita muerte de mi madre cuando tenía nueve años, la desaparición de mi padre cuando tenía cuatro y su reaparición, tras varios años de enfermedad mental, cuando tenía once. Aunque mis padres no me dejaron de manera deliberada, me abandonaron y eso me hizo sentir cruelmente rechazada.

Mi apertura al perdón adoptó primero la forma de ser capaz de enlazarme con algo más grande. Años después de haberme iniciado en la meditación, me hallaba en un retiro cuando me invadió la desesperación de la soledad y el temor de mi niñez. Mientras trataba de aceptar lo que sentía, de repente supe también que, pese a todo lo que me había pasado y pudiera pasarme todavía, era capaz de un amor lo bastante grande para que contuviera cualquier pesar o fractura que pudiera surgir.

Rilke escribió: "De modo que no se atemorice. Si sobre usted se eleva una tristeza más grande que cualquiera que haya visto jamás, si una inquietud como la de la luz y la sombra de las nubes atraviesa sus manos y cuanto hace, debe pensar que la vida no lo ha olvidado".

A mí me sacudió la sensación de que la vida no me había olvidado. Entendí mejor que mis padres habrían hecho cualquier cosa para protegerme, pero no pudieron. A veces los padres o tutores son incapaces de cuidar a sus hijos, por ignorancia, circunstancias de la vida, enfermedad, adicción, su propia historia de abuso o simple mala suerte. Sin embargo, comprobé que hay amor en este mundo, no el de mis padres ni el mío, sino en bruto, presente, natural, pase lo que pase.

Eso fue lo que me dio fuerzas para no sentirme tan desvalida y mirar a mis padres no a través del cristal del abandono, sino con una compasión y perdón mucho más profundos.

ABRIRSE AL CAMBIO CON EL TIEMPO

Conozco a muchos adultos con una larga historia de tensas y ásperas relaciones con su madre, su padre o ambos. En algunos casos, el contacto entre estos hijos adultos y la generación anterior es tirante y esporádico durante décadas, con amargura y rencor de ambas partes. Hasta donde recuerda, mi amiga Ellen no la pasó bien con su madre, Charlotte, a la que describe como una mujer colérica, narcisista e inclinada a criticar.

"Durante la mayor parte de mi vida mi madre me reprobó tanto que corté todo contacto con ella por largos periodos", dice. "Yo era una niña en los sesenta y ella nunca me dejaba en paz. Y aun cuando me inicié en la meditación de la bondad amorosa, me era imposible abrirle mi corazón. Me mantenía de ella lo más lejos posible."

La vida intervino al final. El padre de Ellen murió; Charlotte vivía sola en Florida, se cayó y se rompió la cadera, y el único hermano de Ellen se negó a involucrarse. "Al principio, la idea de cuidar a mi madre me pareció un mal chiste, uno de esos locos y kármicos giros del destino que me habría divertido si no me hubiera tocado a mí", recuerda Ellen. "Cada célula de mi cuerpo gritaba: '¡No!'. Nunca me había sentido a salvo con mi madre. Aun así, ahí estaba ella, a sus noventa años, totalmente sola y con el cuerpo destrozado. Tuve que preguntarme: 'A pesar de que no quiero a esta mujer, ¿qué tipo de ser humano sería si le diera la espalda? ¿Cómo podría verme a la cara?'. Después de todo, aunque ella había sido una pésima madre, me había dado la vida y estaba agradecida por eso."

Al cabo dispuso su traslado a una casa de reposo ubicada a unos kilómetros de su hogar, en Boston.

"Pese a que algunas amigas mías que también tuvieron una madre difícil han vivido un fabuloso reencuentro, jamás soñé con eso entre Charlotte y yo", dice ahora. "Ni siquiera quería que pasara. No quería perdonarla, porque tal cosa significaba permitir que entrara en mi vida y eso era demasiado peligroso."

Ellen no tenía de qué preocuparse, al menos al principio, porque Charlotte estaba furiosa con ella. Le gritaba y le decía que era abusiva; la acusó de haberle arrebatado su independencia para hacer de ella una inválida; fue una vez más el blanco de la rabia de su madre. Y aunque hacía todo lo preciso —llevarla al médico, ocuparse de que estuviera bien cuidada, hacer las visitas de rigor—, asegura que lo cumplía sin abrir nunca su corazón.

La psicóloga y autora Mary Pipher dijo una vez que es propio de la naturaleza humana amar a aquel y aquello por lo que velamos. Para su gran sorpresa, eso fue lo que le pasó a Ellen. Lenta, casi imperceptiblemente, en los pocos años que le restaban a su madre ella bajó la guardia y llegó a quererla de verdad.

"No sé si fue su creciente debilidad y conciencia de que no viviría para siempre o mi práctica incesante de la bondad amorosa, pero en ambas tuvo lugar un cambio estremecedor", reflexiona. "Sentí por primera vez que ella me tomaba en cuenta. El Día de las Madres, semanas antes de que muriera, me escribió una tarjeta en la que me decía que me quería mucho y me agradecía que la cuidara tanto. No me había sentido tan amada por ella desde niña, y quizá nunca en absoluto."

Mientras Charlotte agonizaba, Ellen se percató de que durante toda su vida había considerado a su madre sólo en relación consigo misma, no como una persona aparte, una mujer sumamente creativa e inteligente que, sin embargo, no había podido realizarse porque llegó a la mayoría de edad en una época en que se esperaba muy poco de las mujeres. "En tanto me mantenía a su lado sin hacer más que estar presente, todo lo que nos había dividido se destrabó y nos perdonamos una a otra", dice. "Aunque yo me había resistido a cuidarla, tiemblo al pensar en la terrible pérdida que ambas habríamos sufrido si no hubiéramos tenido la oportunidad de reencontrarnos. Al final, Charlotte y yo —y el gran misterio de la vida— fuimos mucho más grandes que nuestras diferencias y lo único que permaneció fue el amor."

"NO TE ADELANTES"

Las relaciones también están sujetas al fuerte impacto de nuestra aptitud para perdonar a la vida por ser como es: siempre fluctuante, fuera de nuestro control. Pese a que vivimos sabiendo que cada día podría ser el último, no queremos creerlo; es propio de la naturaleza humana hacer todo lo posible por evitar lo inevitable.

Nuestra resistencia a aceptar la verdad de que nosotros y nuestros seres queridos moriremos algún día está muy arraigada en nuestro ser y es fuente de una parte de nuestros mayores sufrimientos. Pero cuando somos capaces de abrirnos a la verdad de nuestras pérdidas más atroces, en ocasiones hallamos momentos de una gracia impensable.

Mary, escritora de Nueva York, y Jack, su esposo y productor de televisión, viven conforme a ese principio, del que son entusiastas. "Aunque podría parecer simplista, nos lo repetimos sin cesar uno a otro", reflexiona ella. "No sé cómo habríamos superado los últimos cuarenta y cinco años si no hubiéramos practicado deliberadamente el precepto de no ver al frente, porque con frecuencia el futuro ha sido aterrador." En 1970, un año después de que se conocieron y dos meses antes de su boda, Jack, entonces de treinta y seis años, y Mary, de veinticuatro, fueron a surfear a la costa de Long Island. Cuando se vieron en medio de una ola gigantesca, ella se sumergió debajo mientras él intentaba montarla y fue arrojado violentamente a la playa. Se rompió el cuello y los médicos predijeron que nunca volvería a caminar. Por fortuna estaban equivocados y Jack caminó al fin, primero con muletas, luego con bastones y por último, años más tarde, con una andadera. Su boda tuvo lugar un año después de la fecha originalmente prevista.

Sin embargo, dice Mary ahora, "yo tuve que olvidarme del antiguo Jack; estaba enamorada todavía, pero él no era el mismo de antes. En muchos sentidos, el accidente redefinió nuestra vida, pero decidimos no permitírselo". Resolvieron llevar una existencia lo más normal posible y tuvieron dos hijas, viajaron mucho y trabajaron con esmero en su respectiva profesión. Pero con el paso de los años los retos físicos de Jack se volvieron más apremiantes y limitaron lo que ambos podían hacer. "En cada etapa, mientras la vida se retraía, logramos mantener cierto grado de independencia y mirar el vaso medio lleno", dice Mary.

"Ahora nuestra vida es como la meditación: sin expectativas, lo cual no quiere decir que jamás nos deprimamos. Aun así, yo no cambiaría mi lugar por el de una pareja físicamente intacta cuyos integrantes no se soportan. Si Jack y yo no nos comunicáramos tan bien ni nos quisiéramos tanto, la nuestra habría sido una historia completamente distinta."

En medio de todo, dice, "tres cosas me han mantenido relativamente cuerda: mi práctica diaria de meditación, el yoga y la terapia. La meditación no cambia el hecho de que la situación es terrible, pero me ha dado la capacidad de enfrentarla y mantenerme lo más posible en el presente. Jack y yo no sabemos lo que nos espera. No tenemos el control. Sólo tenemos que recordarlo".

PRÁCTICAS DEL CAPÍTULO 18

Meditación de perdón

Meditar en el perdón no es muy diferente a hacerlo en la bondad amorosa o el gozo solidario, ya que todas estas prácticas nos invitan a comprender nuestros estados emocionales sin juzgarlos y a usar la meditación como el ancla de nuestra atención. Estas prácticas requieren valentía, pues no negamos el sufrimiento ni nuestras malas obras.

El perdón no es pasivo sino un gesto activo de liberación de sentimientos como la ira, la culpa y el rencor, que nos agotan si nos perdemos en ellos. El perdón demanda presencia y nos recuerda que no somos los sentimientos que experimentamos en una situación, como tampoco la persona a la que perjudicamos o quien nos dañó.

Tradicionalmente, esta meditación consta de tres partes: primero pides perdón a quienes has ofendido, luego perdonas a quienes te perjudicaron y al final te perdonas a ti mismo por todas las ocasiones en que te has hecho daño con despiadados hábitos mentales.

1. Siéntate cómodamente y respira con naturalidad. Recita en voz baja (o alta) frases de perdón dirigidas a aquellos que has perjudicado, como: "Si he lastimado o dañado a alguien, con intención o sin ella, le pido perdón".

2. Observa qué sucede. Quizá descubras que pedir perdón cataliza recuerdos de otra situación o persona difícil. No apartes esos sentimientos o pensamientos, pero mantén tu atención en la práctica y no te pierdas en la culpabilidad o el reproche. Si surgen otros pensamientos, envía tu perdón en esas nuevas direcciones.

3. Una vez que hayas dedicado a la primera parte de la reflexión todo el tiempo que quieras, ofrece perdón a quienes te han hecho daño: "Si alguien me ha lastimado o dañado, con intención o sin ella, lo perdono".

4. Una vez más, pensar en experiencias dolorosas puede despertar ciertas emociones. Mientras esos sentimientos, imágenes y recuerdos emergen, recita: "Te perdono".

5. Por último, dirigimos la atención al perdón a nosotros mismos. La mayoría solemos culparnos, en el trabajo, las relaciones o por mantenernos usualmente en ciclos de perfeccionismo. "Por todas las formas en que me he lastimado o dañado, con intención o sin ella, me perdono."

Creación de espacio

Una de mis alumnas dice que a menudo se pregunta "¿Me abro o me cierro?" cuando discute con amigos, familiares o su pareja.

Para ella, "abrirse" es en ese caso el acto de permitir el diálogo, percibir la perspectiva de los demás, avanzar hacia la solución; "cerrarse", en contraste, puede ser retraerse y perpetuar un conflicto. La idea de la contracción me hace pensar en que los neoyorquinos contraen literalmente su cuerpo durante el invierno: se encorvan, echan los hombros al frente y aprietan los brazos para tratar de conservarse calientes. Está en nuestra naturaleza "cerrarnos" cuando queremos protegernos.

Pero como vimos en el caso de Marjorie, crear espacio en torno al dolor resulta fructífero. Cuando nos abrimos al sufrimiento, podemos sentir más: qué parte del cuerpo registra el dolor o qué pudo sentir la otra persona; incluso podríamos preguntarnos acerca de nuestros roles. Este ejercicio es de autoexploración. Considera las siguientes preguntas como herramientas para mantenerte abierto, expansivo y de amplio criterio durante o después de un conflicto.

- ¿En qué parte del cuerpo siento enojo? ¿Tristeza? ¿Rencor? ¿Culpa?
- Cuando trato de relajar mi cuerpo, ¿cómo reaccionan mis emociones?
- ¿Qué sé de la experiencia del otro que quizás haya contribuido a este conflicto? ¿De sus problemas en la niñez? ¿De sus relaciones pasadas?
- ¿Cuáles de mis experiencias pasadas se hacen eco en ésta? ¿Qué aprendí en la ocasión anterior?
- ¿Cómo reaccionaría ante mí si fuera el otro en esta conversación? ¿Cuál sería mi tono de voz? ¿Mi lenguaje corporal?
- ¿Qué habría sucedido (considera varios escenarios alternos) si me hubiera expresado de otra manera?

Toma en cuenta que estas preguntas no persiguen sumergirte en una madriguera de cavilación y lamento por el pasado; concíbelas más bien como ejercicios de curiosidad y creatividad. Visualiza cada una de ellas como un medio para crear más espacio y perspectiva.

SECCIÓN 3

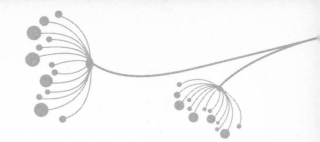

Introducción

El amplio cristal de la compasión

En esta última sección consideraremos aprender a ver y sentir el amor que está a la espera de nacer entre nosotros y los demás: desde a quien tratamos incidentalmente o los desconocidos a los que vemos sólo una vez e incluso a aquellos cuya conducta podría ser contraria a la nuestra, mucho o poco. ¿En qué consistiría poner más atención y compasión en esas relaciones remotas, o quizás aparentemente insignificantes o hasta negativas?

El amor que desarrollamos por nosotros mismos impide que esa aspiración se reduzca a mero idealismo o martirio. El amor que podemos tener por otra persona es un terreno de prueba de dar y recibir. Y el amor que desarrollamos nos ayuda a definir una práctica de amor por la vida en sí.

Tengo una amiga que me ve como si estuviera loca cada vez que hablo del amor a todo el mundo. "¿Es broma?", me pregunta: "¿Amor a todo el mundo? ¡Tengo suficientes problemas queriendo a los que ya quiero! ¿Y ahora tengo que amar a personas que no me importan, sin mencionar a las que hacen cosas terribles?"

La entiendo. Vivimos en un mundo salpicado de aterradores actos violentos, en el que ciertos grupos son marginados a causa de su raza, clase, religión, nacionalidad y preferencia sexual. ¿Cómo es posible imaginar amar a todos? ¿Qué decir además de las personas realmente difíciles en la vida diaria: el colega que se atribuye nuestras ideas, el pariente despilfarrador que pide siempre un préstamo y el vecino que taló nuestro árbol, y qué decir de las ocasionales espinas en el costado que aumentan nuestra presión arterial y ocupan lugares de estacionamiento que deberían haber sido nuestros? Hay días en los que podemos sentirnos bien si simplemente mantenemos la calma.

Me inspira la perspectiva que ofrece mi amigo y colega autor Jason Garner: "A veces puede parecer insustancial, ingenuo o hasta tonto hablar de amar a todos los seres. Cuando miramos a nuestro alrededor y vemos un mundo con guerras, ataques terroristas y personas que se matan unas a otras por asuntos como raza, religión y género —tantos incidentes de seres que se infligen dolor entre sí—, ¿cómo es posible que dispongamos de espacio para amar a todos? Pero de hecho, justo por eso debemos hacerlo. [...] Estamos comprometidos a practicar un amor más valiente que todo el terror que vemos en el mundo, porque si no somos intrépidos en nuestro amor, triunfará el odio. Y no hay nada más tonto que eso. Así, nos amamos unos a otros aun cuando parezca imposible; buscamos la humanidad detrás de los actos de odio; encontramos nuestro dolor en el sufrimiento del mundo, y lo enfrentamos todo con un amor cuya intensidad es acorde con nuestros intensos tiempos".[1]

ENSANCHAMIENTO DE LA PERSPECTIVA

Jacqueline Novogratz, autora del best seller *The Blue Sweater: Bridging the Gap Between Rich and Poor in an Interconnected World*, cuenta que la historia de su apreciado suéter azul, que un tío suyo le regaló de niña, la motivó a poner en marcha Acumen, fondo social no lucrativo que combate la pobreza global. Un día en que corría por Kigali, Ruanda, vio a un niño que llevaba puesto el suéter azul —aún con la etiqueta con su nombre— que ella había donado al Goodwill de su localidad una década antes, a más de ocho mil kilómetros de distancia. "Considero esa historia una metáfora de lo interrelacionados que estamos, de cómo nuestra acción e inacción pueden impactar cada día de nuestra vida, alrededor del mundo, a personas que quizá no conozcamos nunca y con las que tal vez no nos encontremos jamás", dice.[2]

Es innegable que implica un gran esfuerzo establecer la intención de ver nuestra conexión fundamental con los demás. En cierto sentido, el camino de menor resistencia en la vida es la supervivencia: hacer lo menos posible para llevar comida a la mesa y estar a salvo.

Si hacemos el esfuerzo de abrir nuestra mente, de ver la humanidad que compartimos con los demás, nos permitiremos descubrir que la comunidad y la generosidad existen en lugares inesperados. Sólo debemos optar por el camino que implica un poco más de esfuerzo, pero que nos ayudará a librarnos de nuestras condicionadas resistencias.

No obstante, también perdemos mucho cuando promovemos la unidad a pesar de comprender las diferencias en contexto, experiencia, esperanzas y temores que cada uno de nosotros puede tener. Es demasiado fácil afirmar que "en el fondo todos somos iguales, así que deberíamos llevarnos bien". Eso no es amor verdadero, si mientras tanto no honramos nuestras diferencias, como bien lo saben las parejas y los amigos de mucho tiempo, tanto como las comunidades y los centros de trabajo.

Piensa nada más en lo que experimentas cuando estás en un sitio —un grupo, evento, sesión de capacitación— en el que tienes la sensación de "Aquí pertenezco", en contraste con un sitio al que no sientes pertenecer: incomodidad, incertidumbre respecto a las marcas sociales, miedo a la humillación inevitable.

¿Y qué tal sería estar en un entorno al que se te ha dicho expresamente que no perteneces? En este caso, nuestra ansiedad no se debería tanto al síndrome de pelear o huir, integrado desde hace mucho tiempo a nuestra biología... Eso parece (como de hecho ocurre) pavorosamente actual.

Surge entonces la pregunta: junto con la unidad con todos los seres, ¿podemos también reconocer y aceptar la vasta relatividad de la experiencia? Comprender nuestra distintividad con nuestra unidad es ver la interdependencia.

Hoy, con amenazas sin precedentes para el planeta y divisiones entre las personas, la conciencia de la interdependencia ya no es opcional. Es decisivo que ampliemos nuestra atención para incluir a todos aquellos a quienes tratamos en la vida diaria, como el dueño de la tintorería y el desconocido sentado junto a nosotros en el metro. Que extendamos nuestra noción de inclusión a las personas con las que podríamos tener desacuerdos, a quienes cuyas acciones reprobamos y aun aquellas que quizá nos han perjudicado, a nosotros o a nuestros seres queridos. No es forzoso que nos agrade lo que han hecho, y podríamos actuar con energía para impedir que lo hagan de nuevo, pero conforme aumentan nuestras experiencias de la universalidad del sufrimiento, nuestra sensación de interconexión se profundiza y empezamos a desear que otros puedan ser libres en una nueva forma pese a sus acciones, creencias o posición en el mundo.

LLEGAR A LA COMPASIÓN

Tal como han descubierto las neurociencias modernas, estamos programados para la empatía. Tenemos circuitos cerebrales literalmente centrados en "sentir con" los demás. "Querer es para nosotros un imperativo genético", dice el doctor James Doty, profesor de neurocirugía de la Universidad de Stanford; eso es esencial para la supervivencia y el florecimiento de nuestra especie.

Sin embargo, los circuitos neurales relacionados con la empatía no siempre están activados, en especial cuando nos sentimos ansiosos o estresados. Y en otras ocasiones podríamos sentir tanta empatía por el dolor de otro que perderíamos nuestro sentido de equilibrio.

En 2004, la neurocientífica Tania Singer y sus colegas publicaron un importante artículo que demuestra que las regiones del cerebro sensibles al dolor se activan cuando empatizamos con el dolor de otro. En otras palabras, cuando decimos "Siento tu dolor" decimos la verdad, aunque esto no siempre es bueno.

Singer, directora del Departamento de Neurociencia Social del Instituto Max Planck de Leipzig, Alemania, llama a la empatía "precursora de la compasión", aunque advierte que demasiada empatía puede tener consecuencias negativas. En una entrevista explicó: "Cuando empatizo con el sufrimiento de otros, siento su dolor y sufro; esto puede ser tan intenso que produciría en mí angustia empática, lo que, a la larga, conduce a agotamiento y aislamiento. En contraste, si sentimos compasión por el sufrimiento de otro, no necesariamente sentimos su dolor sino interés —una sensación de amor y cordialidad— y podemos desarrollar una fuerte motivación a ayudarlo".[3]

Más aún, dice Singer, incluso las redes neurales de la empatía y la compasión son diferentes: la de la primera incrementa las emociones dolorosas, mientras que la de la segunda se asocia con sentimientos positivos.

Esto tiene grandes implicaciones para la extenuación, tipo distintivo de debilidad que suele caracterizarse por pérdida de motivación, estrés, enojo, depresión e insatisfacción. Como maestra de meditación, yo dirijo a menudo retiros para cuidadores: madres, padres, hijos, hijas, cónyuges, enfermeras y médicos, así como empleados de hospicios, terapeutas, capellanes y muchos otros. Las personas en puestos o profesiones asistenciales pueden ser particularmente vulnerables al agotamiento, ya que tienden a empatizar con otros y atenderlos sin cuidarse a sí mismas.

Ellen, quien labora en una escuela para personas con enfermedades mentales que van de la ansiedad moderada a la esquizofrenia severa, es propensa a agotarse en su trabajo. "Suelo estar en un aula llena de expresiones emocionales como enojo, ansiedad, enmudecimiento, gritos, lanzamiento de sillas, desconexión, lágrimas y más lágrimas", me dice. Pese a que es muy entregada en su trabajo y comprometida con sus alumnos, se describe a sí misma y a sus compañeros como "apaleados" por la resistencia de los estudiantes a cumplir las reglas.

No es de sorprender entonces que se sienta no sólo frustrada y fatigada en su trabajo, sino a menudo también desesperanzada. Cuando le pregunté cómo encuentra significado cada día o si se apoya en alguna rutina de cuidado propio para reponer su energía, me respondió que lo que la renueva es la sensación de apertura emocional entre sus alumnos y ella. "La única esperanza que veo es cuando los chicos sienten sinceramente que los cuidas, creen que pueden ser mejores y ves potencial en ellos."

Además de ofrecer estímulo y apoyo a sus alumnos, admite su vulnerabilidad: "Les decimos: 'Yo también me siento así a veces', 'A mí también me cuesta un gran esfuerzo venir a trabajar algunos días'. [...] Decirles la verdad, mostrarles que podemos compartir los mismos sentimientos, [...] ha hecho la diferencia y creo que les da esperanza. Y a mí me da confianza dársela a ellos".

La autenticidad que Ellen transmite en sus relaciones con sus alumnos —y que ellos le dan a cambio— le ayuda a nutrirse pese al agotamiento y frustración que experimenta. Su práctica de meditación fomenta esa apertura emocional, le ayuda a no sumergirse en el dolor de sus estudiantes y le enseña a recuperar su estabilidad cuando se siente abrumada. Al igual que Ellen, nosotros podemos ser compasivos y fuertes a la vez, comprensivos y también astutos. Los límites sanos requieren equilibrio.

Dado que en la sección 2 ya analizamos la importancia de los límites sanos en las relaciones íntimas, aquí exploraremos cómo ser más diestros para la compasión y la empatía cuando se trata de desafiar a relaciones y grupos que quizá no conozcamos tan de cerca.

Vemos que la compasión es no sólo un sentimiento, sino también una habilidad que puede adquirirse y aplicarse en la vida de maneras sorprendentes. Aunque por lo común concebimos esta habilidad como beneficiosa para los demás, la compasión puede pensarse también como una actitud ante la vida que fomenta el cuidado propio. Como ya mencioné, existe un fuerte vínculo entre compasión y salud física y mental. Cuando actuamos con compasión, el tono vagal —o conexión neural entre el cerebro, el corazón y otros órganos— aumenta. Esto libera oxitocina, el neuropéptido que genera una sensación agradable y que calma al sistema nervioso simpático (el cual incluye la reacción de pelear o huir, es decir, el miedo). En consecuencia, el ritmo cardiaco y la presión arterial descienden, la inflamación se reduce, los sistemas inmunológicos se fortalecen, somos menos propensos al estrés e incluso podríamos vivir más tiempo. Los investigadores han demostrado, en efecto, que establecer sólidas relaciones sociales posibilita una longevidad cincuenta por ciento más alta. Mejor aún, las mayores ventajas no se desprenden de recibir amor, sino de darlo.[4]

Hasta que podamos relacionarnos con nuestro dolor con bondad y aceptación, es probable que nos defendamos del dolor de los demás. Esta autodefensa podría significar cerrarnos cuando percibimos que otros necesitan algo, momento en que actuamos por un impulso de autoprotección para desentendernos de cualquier aflicción.

O bien, podemos hacer frente al dolor de otros, pero brindar apoyo por el deseo de recibir validación, elogio o amor para mitigar nuestro propio dolor. Si rechazamos nuestras penas, podemos proyectar esa aversión en los demás y, en cierto modo, verlos como inadaptados por hallarse en una situación complicada. Paradójicamente, cuando nos permitimos sentir nuestro dolor, con el paso del tiempo llega a parecernos menos personal. Reconocemos que lo que percibimos como *nuestro* dolor es, en un nivel más profundo, *el* dolor inherente a la existencia humana. De hecho, es la conciencia tanto de nuestro dolor compartido como de nuestro deseo de felicidad lo que nos une a los demás y nos ayuda a tratarlos con compasión.

Kevin Berrill, trabajador social clínico y consejero de duelo que enseña la atención a pacientes oncológicos y sus familiares, dice ser capaz de advertir en sí mismo la diferencia entre empatía y compasión cuando trabaja con sus pacientes. "Sé que presto un mejor servicio cuando soy compasivo", afirma y añade que en el curso de su carrera hubo una transición de la tendencia a sentir el dolor de otro a estar simplemente con él. "Adoro mi trabajo cuando estoy en ese estado de flujo. No intento ofrecer soluciones ni remediar nada en forma prematura; me siento tranquilo, sereno y totalmente concentrado. Puedo soportar el dolor de otro sin ahogarme en él", explica y agrega que es capaz de resistir una sesión desgarradora y salir de ella sintiéndose vivo y despierto. Berrill atribuye el cambio de la empatía a la compasión a su práctica de atención. Y dice: "Cuando soy compasivo, tengo una sensación profunda de afinidad y afecto hacia las personas con las que trabajo. Descubro que las quiero".[5]

No obstante, cuando hablamos de amor y compasión por los demás debemos hablar también de amor propio. Esto no se debe simplemente a que abrirnos a los demás produce una sensación grata (en efecto lo hace), sino a que debemos pensar en la relación entre amarnos y amar a quienes nos rodean. Si no velamos por nuestras necesidades y respetamos nuestros límites, podríamos terminar agotados, exhaustos y tan abatidos que pondríamos en peligro nuestro bienestar físico y psicológico.

Esta lección suele pasarse por alto. Durante el debate que siguió a una charla que di recientemente sobre la compasión, Eileen levantó la mano. Eileen, profesora de segundo grado, madre soltera y cuidadora de su achacosa madre, describió con cara de preocupación su constante sensación de culpa. "Hay tanto sufrimiento en el mundo que todo el tiempo siento que debería hacer más", comenzó. "Pero entre cuidar a mi mamá y a mis hijos y dar clases todo el día, no me queda tiempo ni energía para hacerlo."

Le agradecí que hubiera compartido sus inquietudes. A menudo, alumnos bienintencionados interpretan estrictamente las enseñanzas de la compasión y suponen que deben ayudar a los demás las veinticuatro horas del día y los siete días de la semana, pese al costo que eso les impondría. Pero la mayoría de nosotros, incluyéndome, no somos santos ni debemos esperar serlo; todos tenemos límites. Para evitar el agotamiento y practicar la compasión genuina, es importante recordar que nuestra capacidad es limitada; cuando nos empeñamos en hacer más, nos exponemos a inquietarnos o enfermarnos. Más todavía, la capacidad para dar varía de una persona a otra dependiendo de múltiples factores, como disponibilidad, energía y recursos. En definitiva, la compasión tiene que ver con la actitud en nuestros encuentros con los demás, y no con cualquier medida cuantificable de generosidad.

NOSOTROS *VERSUS* ELLOS

A pesar de que una sociedad global en la que rijan la bondad amorosa y la compasión es una aspiración valiosa, tendemos a ver a quienes nos rodean como un "otro", fundamentalmente distinto a nosotros. El temor suele impulsarnos a relacionarnos con individuos o grupos particulares con antipatía, prejuicio o simple indiferencia.

De hecho, un reciente cuerpo de investigaciones demostró que las personas más ricas y de mayor nivel social prestan escasa atención a los desvalidos. Los *ricos* tienden a carecer de compasión por las penurias de los *pobres*. En un artículo de *The*

New York Times, el psicólogo Daniel Goleman dijo: "La distancia social facilita enormemente fijarse en pequeñas diferencias entre grupos y dar un sesgo negativo a los usos y costumbres ajenos y uno positivo a los propios". En contraste, añadió, "un amplio contacto interpersonal contrarresta los prejuicios, pues permite que personas de grupos hostiles se traten como individuos e incluso como amigos". Este tipo de camaradería es mucho más común entre personas que viven en proximidad y que, por necesidad, acaban por depender unas de otras.[6]

En última instancia, hay toda una serie de supuestos culturales que nos animan a actuar de acuerdo con esa mentalidad. Para comenzar, vivimos en una cultura competitiva e individualista en la que el éxito suele entenderse como vencer a los demás, o bien en la que creemos que reprimir aspectos culturalmente indeseables (entre ellos estados emocionales como el enojo y la ansiedad) conducirá a la felicidad. Así, en lugar de hacer lo que el psicólogo Jonathan Haidt llama salir de nuestra "matriz moral" y vernos como fundamentalmente relacionados con los demás, pensamos que no tenemos otra opción que oponer enojo al enojo o apartarnos de quienes nos rodean para tener una sensación de libertad.

Aunque suele suceder lo contrario. Ver a los demás como un "ellos" cosificado nos hace sentir estancados. Si los concebimos de esa manera estática, bloqueamos nuestro acceso a una nueva perspectiva, a una forma diferente de relacionarnos con nuestras experiencias, con nosotros y con ellos. Respetar las diferencias y comprender nuestra conexión esencial puede librarnos del impulso a clasificar rígidamente el mundo en términos de límites y etiquetas estrechos.

UNA INTENCIÓN QUE EXTENDER

El primer paso para sentir compasión por los demás es establecer la intención de *hacer la prueba*. Independientemente de que tengamos ciertos miedos o sentimientos de aversión, podemos disfrutar de la experiencia de ejercitar la mente y el corazón. Aunque es posible que estemos biológicamente programados para buscar diferencias entre nosotros y los otros, también podemos aceptar que es válido experimentar nuevos hábitos, animarnos a aprender y ampliar nuestros horizontes.

Esto en relación con grupos e individuos contra los que quizás alberguemos resentimientos. Este proceso requiere paciencia, sin embargo; abrir el corazón posee su propio tiempo. A menudo dedicamos un espacio a repasar los movimientos y sentimos que no llegaremos a ninguna parte. Pero con una intención clara y un espíritu dispuesto, tarde o temprano experimentaremos la dicha y libertad que surgen cuando reconocemos nuestra humanidad común con los demás y vemos que el amor verdadero no excluye a nadie.

No hay necesidad de iniciar este proceso con juicios ni un rudo sentido de disciplina. He tenido alumnos que me dicen que se sienten mal o inadaptados cuando se percatan de que el amor a los demás no fluye de su corazón como agua de un arroyo rumoroso. Hallar ese amor ilimitado no resulta de una búsqueda orientada a metas sino de la práctica. Experimentamos qué se siente tratarnos con bondad cuando "triunfamos" tanto como cuando "fracasamos". Abrimos nuestros ojos al sufrimiento y la alegría de aquellos a quienes vemos formados en la fila del aeropuerto tanto como con nuestros familiares.

Nos retamos a ver que la bondad está en verdad en la base de lo que significa estar y sentirse vivo.

Nada de esto es fácil. Como ya dije, aprender la práctica de la meditación de la bondad amorosa cambió mi trama emocional en formas que no esperaba. Mientras practicaba y dirigía frases de bondad amorosa para mí; después para mis benefactores, conocidos y personas difíciles, y por último para todos los seres, comencé a advertir que estaba muy condicionada a confundirme con juicios, suposiciones, temores e historias. El acto de observarse forma parte del amor verdadero. Podemos superar los hábitos a los que estamos acostumbrados, lo mismo en lo interno que como resultado de factores familiares, circunstanciales y sociales. Y no porque hagamos algo falso o porque queramos forzarnos a ser hipócritas o pretenciosos; nos esforzamos porque, como seres humanos capaces de amor verdadero, podemos hacerlo. Aprendemos a movernos y expresarnos de un modo nuevo hasta que un día nos damos cuenta de que ya somos mucho más fuertes.

19

Prepara el terreno

Curarte se enlaza con curar a otros.

Yoko Ono

Un amigo que hace sus compras en el mismo pequeño supermercado que yo mencionó hace poco el asombro que le causó ver que no se fijaba nunca en la cajera que lo atiende todos los días. "Ella bien podría ser una caja registradora con brazos", dijo. Decidió que la siguiente vez que fuera a la tienda, le concedería toda su atención.

Días después reportó: "Lo primero que noté fue que ella tarareaba una canción que sonaba en el radio y que tenía una voz preciosa. Cuando se lo dije, me brindó una sonrisa radiante".

Al escuchar a mi amigo, reparé en que yo tampoco me fijaba en la cajera: ¿parecía a menudo un poco triste? Imaginé mi siguiente viaje a la tienda: le diría que me había enterado de que cantaba muy bien y le alegraría el día. Pero cuando entré y la busqué, ella lucía una amplia sonrisa.

Desde luego que no todas las personas a las que tratamos a diario —sea otro cliente en la tienda o un colega en el trabajo— tendrán una voz hermosa o una cálida sonrisa que nos convenza al instante de que debemos amar a los demás. Pero hay una fuerza enorme en presenciar la vida: prestar atención a los otros, las experiencias, los sonidos y los paisajes. Amar a los demás, quienesquiera que sean, es ver y reconocer en nosotros y ellos el deseo básico de ser felices. Este deseo es algo que compartimos y el simple hecho de reconocerlo es la base del verdadero amor.

OPORTUNIDADES A LA VUELTA DE CADA ESQUINA

Con frecuencia estamos tan absortos en los relatos que se desarrollan en nuestra mente que perdemos preciosas oportunidades de relacionarnos con los demás que enriquecerían nuestros días y los de ellos.

En ocasiones concebimos la compasión como un don —algo con lo que nacemos o no— y/o como algo que tenemos que alcanzar. Pero yo creo que la compasión es resultado natural de prestar atención. La atención es la puerta a la compasión auténtica.

No obstante, es indudable que la atención no es automática; implica intención y esfuerzo. A veces ni siquiera reparamos en que estamos distraídos hasta que sintonizamos con mayor conciencia con nuestra vida. Sólo entonces podemos ver con claridad y tomar decisiones más intencionadas acerca de cómo avanzar con más compasión.

Mi amigo Jason cuenta la historia de la repentina comprensión que tuvo del señor que cuida el jardín de su familia. "Aunque agradecíamos su labor, jamás lo tratábamos más allá de eso", explica. "Un día lo acompañé al tiradero y de camino me informó que se ausentaría un mes. Cuando le pregunté adónde iba, me dijo que iría a la India a promover su libro. Resultó que era autor de libros espirituales, que de joven había estudiado en *ashrams* en la India y Estados Unidos y que teníamos varios amigos en común. Me dio vergüenza no haberlo visto antes como una persona. Yo escribía y daba charlas sobre amor y espiritualidad, pero había sido incapaz de ver a la persona que estaba justo frente a mí y que hacía lo mismo que yo. Esto fue para mí un gran recordatorio de que tenía que ver a la gente, sin etiquetas ni nociones preconcebidas." Los textos y tareas espirituales de Jason se fundan en su hondo interés en aprender, comprender y practicar el amor, la compasión y la atención. Pudo darse cuenta de su falta de atención al jardinero gracias a su sintonía con el proceso de su conciencia. Reconocer nuestra interdependencia, la idea de que todos valemos y merecemos ser felices, es una práctica: algo que cada uno de nosotros debe hacer una y otra vez.

Todos somos susceptibles de momentos de olvido: no vemos las complejidades de los demás, sus virtudes, intereses y otras cualidades. Por lo común esto no tiene nada que ver con una deliberada falta de compasión, sino con que estamos condicionados a fijarnos únicamente en nosotros, a notar a los "desconocidos" sólo cuando nos amenazan o se oponen a nosotros. Muchos consideramos más fácil ocuparnos de situaciones problemáticas y relaciones conflictivas. Pensamos que éstas son la opción inteligente porque no queremos distraernos en lo que marcha bien. A nuestra vigilante mente podría parecerle absurdo que dediquemos tiempo a reflexionar en que nuestros amigos y familiares, en su mayoría están sanos, tienen casa, comen bien y hacen lo posible para tener una vida mejor. Cuando estamos deprimidos es especialmente difícil desechar esa visión de túnel centrada en los problemas para buscar paz. En esos momentos, prestar atención a lo bueno requiere intención y creatividad, el interés de ver las cosas de una forma nueva.

CUANDO EL ESFUERZO ES FÁCIL

Practicar la bondad no nos pide agregar nada a nuestra lista diaria de pendientes; todo es cuestión de que aprendamos a estar en un lugar y en momento dados con el corazón abierto. Cuando estamos presentes de verdad, las oportunidades para expresar aprecio y compasión surgen de modo espontáneo. Y en lugar de añadir estrés a nuestra vida, nos tranquilizan, y a todos los que nos rodean.

Prestar atención ayudó a mi amigo Bart a aligerar una coyuntura que fácilmente habría podido convertirse en una pesadilla. "Iba camino a casa en Irlanda con tres amigos", recuerda. "Nuestro avión, que venía de la Costa Oeste de Estados Unidos, se retrasó en Chicago, así que no llegamos a Nueva York hasta después de medianoche. Habíamos perdido la conexión, nuestro equipaje no aparecía por ningún lado y estábamos exhaustos. Pero por mal que luciéramos —¡y vaya que lo hacíamos!—, en mi opinión la empleada de la ventanilla de la aerolínea se veía mucho peor."

"Yo llevaba un banjo y se me ocurrió que había pasado mucho tiempo desde la última vez que le habían llevado serenata a esa mujer", dice. "Vi en su gafete que se llamaba Irene, así que me puse a tocar una versión de 'Good Night, Irene'. Mis amigos me siguieron, y también algunos de sus compañeros. Al terminar la canción, Irene estaba radiante y nos dijo: 'Soy la persona más indicada de toda la compañía para localizar su equipaje. No teman, muchachos; ¡lo encontraré!'. Mis amigos y yo nos fuimos muy contentos a descansar un poco."

En lugar de enojarse y reprender a la representante de la aerolínea, como podrían haber hecho muchos viajeros frustrados y fatigados, la conciencia y sensibilidad de Bart por los demás cambió, en beneficio de todos los implicados, la energía emocional de la situación. El resultado fue alivio y buena voluntad al instante, sin olvidar el pronto retorno del equipaje perdido del grupo.

NINGÚN GESTO ES DEMASIADO PEQUEÑO

Todos los días tenemos incontables oportunidades de practicar casuales actos de bondad que expresen nuestra humanidad común: mantener abierta la puerta cuando alguien entra a un edificio detrás de nosotros, ceder el asiento en el autobús a una madre y su bebé, hacer un amigable contacto visual con la recepcionista del consultorio. Un simple intercambio de sonrisas con el automovilista del carril de junto puede volver menos molesto el tráfico en la hora pico. Detenernos para ayudar a alguien a cruzar la calle en vez de precipitarnos a nuestro destino siguiente es una forma de reconocer que, en ocasiones, todos somos vulnerables.

Esos pequeños y al parecer insignificantes ofrecimientos pueden hacer una gran diferencia en la vida de la gente, incluyéndonos. Estudios científicos han demostrado que actos de bondad y generosidad se asocian con una vida más satisfactoria y relaciones más sólidas, así como con mejor salud física y mental. "Quienes realizan actos bondadosos son más felices al paso del tiempo", dice la doctora Sonja Lyubomirsky, profesora de psicología de la Universidad de California en Riverside y autora de *The How of Happiness*. "Cuando eres amable con los demás te sientes una buena persona, más ético, optimista y positivo", dice.

Y asegura también: "No se requiere ningún talento, medida de tiempo o cantidad de dinero particular. No es indispensable que el acto sea grandioso o complicado. Además, si en algún momento no sabes *qué* acto de bondad, generosidad o caridad hacer, te bastará con mirar a tu alrededor en tu casa, tu trabajo o tu comunidad".[1]

Mi alumna Chloe me contó que en cierta ocasión no podía dejar de llorar en un abarrotado vagón del metro en dirección a la periferia del centro de Manhattan. Se hallaba de visita en Nueva York justo en medio del devastador rompimiento de una relación que había durado cinco años. Era la hora pico y se dirigía al norte para reunirse con su madre, quien pasaba también el fin de semana en la ciudad. El metro estaba atestado, y la gente notablemente malhumorada tras un largo día de trabajo que, para colmo, culminaba en ese repleto vagón. La exhibición pública de sus emociones desconcertaba y avergonzaba a Chloe, pero cuando bajó del tren una silenciosa señora que estaba sentada junto a la puerta le tendió un pañuelo desechable y una amable sonrisa. "Esto cambió por completo mi humor", me dijo.

A menudo da la impresión de que nos acercamos con bondad a personas desconocidas cuando vemos salir a la superficie su vulnerabilidad. De chicos se nos enseña que es no socialmente aceptable revelar a los demás información emocional, aunque a veces lágrimas rueden por tus mejillas en el metro o en el trabajo. Yo he descubierto que situaciones como éstas contribuyen a catalizar en otros la compasión; que pueden ser un recordatorio útil de nuestra humanidad compartida, por esporádicas e infrecuentes que puedan ser.

EL AMOR VERDADERO ACEPTA EL CONFLICTO

Sin embargo, la mayoría de las veces nos encontramos con personas que nos recuerdan lo difícil que es tener una noción de amor universal. Aun cuando quienes nos retan o contradicen no quieran lastimarnos o amenazarnos directamente pueden hacernos sentir agredidos, criticados y conflictivos antes que tranquilos. Después de todo, estamos condicionados a considerar la defensa propia como una virtud. Responder con bondad a difíciles situaciones cotidianas no parece la reacción más razonable —desde la persona que se mete en la fila hasta el competitivo compañero de trabajo. Aun así, las situaciones de conflicto pueden ser la mejor oportunidad para cultivar un sentimiento de amor universal.

Evelyn trabaja en una farmacia y cuenta la historia del señor Smith, un cliente irascible cuyos insultantes estallidos temía. "Llegué al punto en que me oía decirme: 'Lo odio'", recuerda. "Preocupada de que esos fuertes sentimientos se desbordaran, decidí dirigirle bondad amorosa; ésa fue mi práctica durante varios meses. Cuando él llegaba despotricando, me mostraba respetuosa y trataba de demostrarle que lo oía. Me enteré entonces de que era alcohólico y vivía en su coche. Mi corazón se llenó de compasión, pero fue así como conocí el poder de la bondad amorosa.

"Un Día de las Madres llegué corriendo a la farmacia CVS para comprarle una tarjeta a mi mamá. Vi al señor Smith en el estacionamiento y lo peor fue que él también me vio; se acercó y me dijo que me esperaría a la salida. ¿Qué quería?, era mi día de descanso. Lo vi dentro de la tienda y me escondí para que no me viera; lo esquivaba, quería que se fuera, pero al final tuve que salir.

"Me interceptó de camino a mi coche, me tendió una caja de chocolates Russell Stover y me felicitó por el Día de las Madres. Yo no lo podía creer. Aunque quise decirle: 'No, usted no puede permitirse esto, no puede gastar sus últimos dólares en mí', supe que si rechazaba su muestra de generosidad cometería el mayor insulto a su humanidad, así que acepté el regalo y le di las gracias.

"Hasta la fecha, cada vez que recuerdo ese gesto los ojos se me llenan de lágrimas. Fue así como comprendí el verdadero significado de la bondad amorosa, el cual es abrir nuestro corazón. Cuando el corazón se abre, hay espacio para todos. Mi encuentro con el señor Smith me hizo sentir que nadie debería vivir en su coche. Yo no era distinta a él. Podía tratarlo como un ser humano igual que yo y sentí una interconexión con los demás que no había sentido nunca antes."

Como descubrió Evelyn, el primer paso para sentir compasión por otros es tener la intención de hacerlo. Pese a nuestros temores o aversión, hay satisfacción en hacer un esfuerzo, no con coerción y porque nos juzguemos malos, sino en una forma amable, con bondad y autoaceptación.

PRÁCTICAS DEL CAPÍTULO 19

Consideración del elenco neutral

Como señalé en la introducción de esta sección, sé que la idea de amar a todos puede incomodar a algunos. Cuando enseño la práctica de la bondad amorosa para con todos, a menudo oigo un coro de reacciones del estilo "¿Cómo puedo hacer una diferencia? Soy/estoy demasiado [insignificante, ocupado, viejo, joven, exhausto, atareado, estresado... lo que quieras]. Sé que debo meditar y hacer ejercicio, llevar una dieta sana, dormir lo suficiente y cumplir también los plazos de mi muy demandante empleo. ¡Perdón, pero no creo que al mismo tiempo se me dé amar a todos!".

Es cierto que las palabras *todos* o *los demás* pueden parecer abrumadoras, así que en este ejercicio te invitaré a ser más específico cuando pienses en quiénes son algunos de esos omnipresentes otros. Considera a los individuos que tratas todos los días, pero que quizá no juzgues esenciales para ti, o que no consideres necesariamente buenos o malos.

1. Traza una línea vertical en el centro en una hoja.
2. Escribe en la columna izquierda los nombres de personas neutrales con las que convives o descríbelas si no sabes su nombre. Podrían ser el empleado de la tintorería, el repartidor de tu restaurante favorito, una persona a la que ves con frecuencia en tu trayecto matutino al trabajo, etcétera.
3. Escribe en la columna derecha una breve frase sobre cómo te gustaría cambiar tu conducta hacia esas personas. Podrías decidir sonreír a otros pasajeros en el metro en lugar de apartar la mirada o ver tu teléfono celular, y a veces podrías olvidar abstraerte. Es muy importante que te perdones para que puedas recuperar tu resolución y comenzar de nuevo. Recuerda que está comprobado que relacionarnos con los demás, aun de estas pequeñas maneras, eleva nuestra calidad de vida.

Meditación en la calle

Muchos asocian la palabra *meditación* con una práctica formal: sentarse en pose de flor de loto, encender incienso, sumergirse en un silencio perfecto y poner una iluminación tenue. Sin embargo, una de mis formas favoritas de practicar la meditación es en la calle: sentada en el asiento trasero de un taxi, caminando por Nueva York o mientras hago fila en el supermercado.

En todo momento podemos prestar atención con algo más de concentración e intención: en nuestra respiración, nuestras sensaciones, en los demás, en nosotros mismos.

La práctica de la bondad amorosa es una maravillosa forma de meditar en la vida diaria. Aunque la práctica tradicional de la meditación de la bondad amorosa comienza con dirigirla a ti y después orientarla gradualmente hacia fuera —primero a un benefactor o amigo, después a una persona neutral o difícil y por último a todos los seres—, puedes empezar las prácticas callejeras con personas neutrales.

1. Mientras caminas, haces fila o realizas tus compras en un centro comercial o en el supermercado, repite en silencio frases de bondad amorosa dirigidas a las personas con las que tropiezas. Podrían ser aquellas con quienes tienes breves conversaciones, como la cajera, o las que pasan junto a ti sin advertir tu presencia.

2. No es necesario que te concentres varios minutos en una sola persona. Puedes dirigir una, dos o tres frases de bondad amorosa a un individuo particular a tu alrededor y desplazar después tu atención a otro.

3. Durante tus actividades normales, detente de vez en cuando para evaluar cómo te sientes. ¿Estas prácticas callejeras amplían tu perspectiva? ¿Te sientes más ligero y feliz? Si quieres, reflexiona más acerca de eso horas después.

Algunas frases que puedes utilizar son:

- *Que estés sano.*
- *Que estés fuerte.*
- *Que vivas en paz.*
- *Que tu conciencia esté tranquila.*
- *Que no tengas complicaciones.*

20

Cómo desafiar nuestras suposiciones

Sólo con el corazón podemos ver bien; lo esencial es invisible para los ojos.

Antoine de Saint-Exupéry

No hace mucho tiempo, un amigo escritor se asustó al darse cuenta de lo que rápida e inconscientemente evalúa a las personas. Esto ocurrió durante una cena en un restaurante después de una conferencia que dio en una universidad de Estados Unidos. Cenaba muy contento en compañía de sus amigos del departamento de literatura inglesa cuando una señora se le acercó.

"Parecía desaliñada", recuerda. "Supuse al instante que vivía en una zona rural, quizás en una granja, y la clasifiqué como alguien con un bajo nivel de estudios.

"Me dijo que mi conferencia le había gustado mucho, en especial la parte sobre Proust. Le di las gracias y me dirigí de nuevo hacia mis amigos cuando ella lanzó por los aires mis nociones preconcebidas.

"Esa mujer de fea apariencia que yo me había apresurado a juzgar comentó que aunque creía que había algunas traducciones decentes, prefería leer *En busca del tiempo perdido* en el original francés."

Todos lo hacemos: juzgamos a la ligera a los demás cada día de nuestra vida sin siquiera estar conscientes de ello. Quizá sea necesario un encuentro como el que mi amigo tuvo con esa experta en Proust para que notemos nuestro hábito de etiquetar automáticamente a los demás y encasillarlos en categorías de nuestra invención. Elaboramos historias con base en escasa o nula información. Es así como nuestra especie intenta controlar el mundo que nos rodea. Cuando sabemos (o creemos saber) que alguien es uno de *nosotros* y no uno de *los otros*, descansamos mejor en la noche.

EL PREJUICIO ES REAL

En lugar de flagelarnos por etiquetar a los demás (o negar que lo hacemos), debemos comprender el prejuicio para poder trabajar con él. El prejuicio es un rasgo humano básico que forma parte de nuestra programación para la supervivencia. Ayudó a los primeros seres humanos a evaluar rápidamente a los extraños y decidir quién era una amenaza y quién podía ser admitido sin riesgo en la cueva. Quienes tomaban la decisión correcta sobrevivían, se reproducían y heredaban ese rasgo a sus hijos. El prejuicio todavía es nuestra herencia humana y estamos muy condicionados a concebir a los demás en términos de estereotipos.

A veces nos formamos prejuicios fulminantes para protegernos del peligro; sentimos que nos siguen por una calle oscura en la noche y cambiamos de ruta a casa. Si pertenecemos a un grupo particular —debido a nuestro origen étnico, preferencia sexual o apariencia—, podemos entender sensatamente nuestra vulnerabilidad en ciertas situaciones. Por ejemplo, todos mis amigos afroamericanos, de cualquier clase socioeconómica, recomiendan a sus hijos —y cada vez más a sus hijas también— que sean muy, muy cuidadosos en caso de que los detenga la policía.

Podemos ver también que temer automática y perpetuamente a los desconocidos es un hábito nocivo y perjudicial. Un firme sentido de la justicia y la ética contribuye a mitigar el miedo injustificado hacia aquellos a quienes consideramos diferentes y nos impide exagerar. Y antes de presumir estar por completo libres de prejuicios, podemos buscar formas de trabajar más astutamente con nuestra programación evolutiva y nuestro condicionamiento cultural.

No obstante, a veces nuestra reacción primitiva al miedo se impone y podríamos exagerar sin darnos cuenta. Esto puede darnos una fugaz sensación de control en un mundo caótico, pero también nos aísla y limita nuestra experiencia de vida. Comenzamos a habitar un mundo de proyecciones mentales, lleno de sombras y fantasmas surgidos de nuestra mente. En otras palabras, nuestra tendencia a reaccionar por instinto nos lava el cerebro.

CÓMO JUZGAMOS A LOS DEMÁS

Las investigaciones demuestran que, en una fracción de segundo, la mayoría de nosotros hacemos suposiciones sobre la gente con base en superficiales diferencias de aspecto. La epidemia en Estados Unidos de trágicos asesinatos de negros desarmados por policías subraya marcadamente ese hecho.

Ésta no es sólo una cuestión de blancos contra negros. Rhonda Magee, profesora de leyes de la Universidad de San Francisco, relata este caso en el sitio web Greater Good: "Cuando fui ascendida a profesora titular, el director de la facultad me envió flores a mi casa, en Pacific Heights, lujosa colonia de San Francisco con muy pocos residentes negros. Cuando abrí la puerta me encontré con un joven y alto repartidor afroamericano que anunció: 'Entrega para la profesora Magee'. Negra de baja estatura e informalmente vestida (era sábado y estaba en mi casa), tomé las flores y le dije: 'Yo soy la profesora Magee'.

"El repartidor miró su hoja y volvió a verme." Magee explica que aunque ignoraba la causa de que ese chico no creyera que ella era la destinataria del regalo, estaba segura de que su apariencia tenía algo que ver con eso. "Parece innegable que su confusión se asociaba con algunos aspectos de mi identidad social", precisa. Ella sintió que el chico percibía que su identidad social como mujer negra era "incongruente con la de 'profesora' y 'residente' de una mansión en un vecindario elegante".[1]

Las más de las veces sabemos de prejuicios raciales en Estados Unidos en el contexto del racismo blanco contra los negros, la brutalidad policiaca y la relación entre raza y prisión masiva. Pero también hay insidiosas formas ordinarias en las que los prejuicios de raza nublan nuestro juicio y determinan nuestras decisiones y reacciones. Por supuesto que, como lo muestra la historia de Magee, el prejuicio no es privativo de los blancos. "Como indica la historia de mi encuentro con ese repartidor negro", concluye ella, "ninguno de nosotros está inmune: los negros podemos estar tan condicionados por estereotipos y expectativas inconscientes como cualquier otro."

RECALIBRAR LA FORMA EN QUE REACCIONAMOS

Dado que vivimos en un mundo sumamente diverso en el que cada vez dependemos más unos de otros, aislarnos no es una opción. "Somos criaturas sociales y necesitamos relacionarnos con los demás", dijo a la revista *Mindful* John A. Powell, profesor-investigador sobre asuntos de raza en la Universidad de California en Berkeley. "No obstante, tenemos modos de negar nuestra interconexión, distintas maneras de marginarnos mutuamente. Muchas veces hacemos cosas de las que no estamos conscientes y esto causa sufrimiento a nuestro alrededor." Y agrega: "Quizá lo más dañino sea que el prejuicio puede interiorizarse y hacer que los sujetos sientan y actúen como si los prejuicios contra ellos fueran ciertos".[2]

Aunque el prejuicio más obvio sea el relativo a la raza u origen étnico, nuestras suposiciones afectan todas las áreas de nuestra vida, desde la desigualdad de género en el trabajo hasta la discriminación de la comunidad LGBT o por motivos de edad, ejemplos que ya han sido bien documentados. Pero es probable que también juzguemos a los demás con base en factores aun ocultos para nosotros mismos.

Éste fue un descubrimiento importante para una alumna en un retiro de bondad amorosa que impartí en Oakland hace unos años. Ella había decidido practicar la meditación caminando a la estación del tren y dirigir bondad amorosa a los pasajeros que bajaran ahí. Una vez en el lugar, vio que un señor caminaba hacia ella y sin saber por qué le causó rechazo, aunque antes de que pudiera alejarse él se acercó y le dijo: "Nunca antes había hecho esto, pero usted parece amable y yo estoy en problemas; por favor rece por mí".

A mi alumna le pasmó la diferencia entre sus proyecciones negativas y el ser humano de carne y hueso frente a ella. Desde luego que aceptó orar por él y ahora lo recuerda como uno de sus maestros más valiosos.

En ocasiones nos sentimos amenazados en virtud de una impresión de deficiencia en nuestra vida. Carolyn era una empeñosa madre soltera de dos niños que de pronto se enfadó con una nueva compañera en su clase de yoga. Todo comenzó cuando esta señora llegó temprano y ocupó el lugar de Carolyn en la fila de enfrente. Hizo lo mismo la siguiente semana y para la tercera Carolyn ya estaba secretamente furiosa con la recién llegada, que parecía al menos diez años más joven y diez kilos más delgada que ella y, a juzgar por el enorme anillo de diamantes que destellaba en su mano, tan rica como Creso.

"La odié", recuerda Carolyn. "Sabía que eso estaba mal, pero la odié. Ella tenía lo que yo imaginaba como una vida perfecta, un cuerpo perfecto y podía sostener las poses difíciles mucho más tiempo que yo. Y aunque para entonces ya practicaba la bondad amorosa, decidí que ella era una persona a la que *no* estaba obligada a amar."

Seis semanas más tarde aquella mujer dejó de asistir a la clase y Carolyn la olvidó hasta que reapareció varios meses después. Esa mañana Carolyn estaba de vuelta en su antiguo lugar en la fila de enfrente y la señora tendió su colchoneta justo a un lado de la suya.

"Ni siquiera podía mirarla", dice Carolyn. "Me sentía tensa y pasé toda la clase obsesionada, pensando en lo injusto que era que ella tuviera una vida tan fácil y yo trabajara tanto para alimentar a mis hijos. Pero al final, mientras hacíamos la posición del cadáver, oí que lloraba. Cuando volteé vi que temblaba de pies a cabeza. Después de la clase se acercó a mí y se disculpó: 'Lo siento si te distraje', dijo. 'No la he pasado muy bien últimamente.'

"Tenía el rostro manchado y se veía tan delgada y demacrada que le pregunté qué ocurría. Me dijo entre sollozos que su hija, de cuatro años, había muerto de leucemia tres semanas atrás. Esto me impresionó. Yo había inventado toda una historia sobre ella y su vida perfecta, pero superficial, cuando la realidad era muy triste. Todos sufrimos, sin excepción. Jamás sabremos cómo es realmente la vida de los demás hasta que nos pongamos en sus zapatos. Al mirarlo ahora, es una locura que en mi cabeza yo me haya enojado tanto con esa mujer cuando en realidad no sabía absolutamente nada de ella."

Rechazar a alguien por sentir una carencia propia es también una marcada tendencia. Theresa dice: "Desarrollé una aversión contra un hombre que esperaba ser recibido por el otro terapeuta con el que compartía mi consultorio. Él tenía siempre a sus compañeros al tanto de sus problemas, su hipoglucemia, lo que fuera. Nunca crucé palabra con él, pero lo juzgaba con sólo verlo. Tardé mucho en darme cuenta de que le tenía envidia porque se sentía en libertad de llamar la atención de su grupo".

En ocasiones nuestros estereotipos nos confrontan más de cerca. En vísperas del Día de las Madres, mi amiga Doris imaginaba una celebración acorde con su ideal de Hallmark: Cora, su hija, y ella se arreglarían, saldrían a almorzar y ocuparían una mesa adornada con flores de primavera.

La realidad era que Cora había desertado de la universidad para integrarse a una banda punk y apenas se las arreglaba como barista. Además, había invitado a Doris a un cine de mala muerte en un feo barrio para asistir a una proyección especial por el Día de las Madres, organizada por sus amigos punks, de una película de los años ochenta titulada *Repo Man*. Doris lamentó al instante haber dicho que sí.

Para su sorpresa, pasaron un día maravilloso. Cora preparó un suntuoso desayuno para ambas en su pequeño departamento y no pararon de hablar hasta que llegó la hora de ir al cine. La sala estaba repleta de jóvenes tatuados y con piercings... y sus madres. Incluso había flores y cerveza gratis para las mamás y a Doris le encantó conocer a algunas madres de otros punks. Se divirtió muchísimo. Como no insistió en sus preferencias, Cora la invitó a su mundo y le expresó su amor en una forma auténtica y real.

DERRIBAR LAS MURALLAS

Durante más de medio siglo los científicos sociales han puesto a prueba formas de echar abajo las barreras entre grupos potencialmente hostiles. El "contacto intergrupal" ha aparecido como el instrumento más eficaz para reducir prejuicios y consiste específicamente en brindar a las personas largas oportunidades de conocerse como individuos, no como miembros anónimos de un grupo. De acuerdo con un análisis efectuado en 2006 por Thomas E. Pettigrew, profesor de psicología social de la Universidad de California en Santa Cruz, más de quinientos estudios han demostrado que aun en zonas de conflicto entre grupos étnicos y con estereotipos negativos entre sí los individuos que desarrollaron firmes lazos amistosos en el otro grupo exhibieron escasas o nulas nociones preconcebidas. Al parecer, reconocieron que personas a las que antes veían como *el otro* eran en muchos sentidos *iguales que yo*.[3]

Algunos de esos estudios han documentado que tales lazos de amistad contribuyen también a la "autoexpansión". Cada vez que aprendemos o experimentamos algo nuevo, nuestra mente crece en sentido literal y empezamos a incluir aspectos de nuestros amigos en nuestro concepto de nosotros mismos. Los investigadores advierten que esto no se aplica al contacto casual, si simplemente tenemos un compañero de trabajo musulmán o "conocemos a un hombre trans", por ejemplo. El crecimiento se deriva de la cooperación constante y una comunicación significativa.

Sin embargo, un estudio demostró que aun el uso creativo de nuestra imaginación puede destruir prejuicios inconscientes.

Un grupo de blancos vieron un video de cinco minutos en el que dos hombres —uno negro y el otro blanco— realizaban actividades idénticas, pese a lo cual el negro era evidente objeto de discriminación. Aquellos a quienes se pidió imaginar la perspectiva del negro mostraron menos sesgos automáticos que quienes emitieron juicios imparciales. Los resultados subrayaron el valor de "ponerse en los zapatos de otro", según el psicólogo Andrew Todd, principal autor de ese estudio.[4]

En definitiva, para vencer nuestros miedos y prejuicios, conscientes o no, debemos familiarizarnos íntimamente con las historias que nos contamos acerca de otras personas. La atención "es una excelente estrategia para reconocer y moderar los efectos nocivos del prejuicio inconsciente, complementada con el aprendizaje para tolerar la incertidumbre", dijo a la revista *Mindful* Daniel Siegel, profesor de psiquiatría de la Universidad de California en Los Ángeles. "El cerebro humano suele interpretar la incertidumbre como un peligro. Con el entrenamiento de la atención puede aprender a descansar en la incertidumbre sin atemorizarse."[5]

Vinny Ferraro, maestro de meditación de San Francisco que trabaja con jóvenes y sus padres o tutores —maestros, trabajadores sociales, agentes de reformatorios—, descubrió por las malas el poder de la atención. Hijo de un reo y una mujer muerta prematuramente, Vinny pasó por la cárcel y fue un adicto antes de cambiar por completo su vida, debido en gran parte a la meditación. Actualmente, ha enseñado el arte de la atención a más de cien mil jóvenes.

"El inicio de la conversación es imaginar, al menos por un minuto, que no sabemos qué les sucede a los otros, dejar de creer que la nuestra es la única o toda la verdad y darnos cuenta de que todos los seres vemos a través del cristal de nuestro condicionamiento", añadió Vinny para la revista *Mindful*. Cuando las personas se abren entre sí, las murallas caen. "Si fuéramos francos, todos nos enamoraríamos unos de otros", remató.[6]

Piensa un momento en alguna vez que hayas tenido una primera impresión negativa de alguien que cambió cuando lo conociste bien. Una amiga, Rachel, admitió: "Cuando conocí a Judy en el baño de mujeres en el trabajo, me aterré: '¿Por qué diablos contrataron a una mujer tan escandalosa, mal vestida y de risa tan chillante?'. Resultó que ella era justo lo que yo necesitaba y ya llevamos casi cuarenta años siendo las mejores amigas".

He visto esto también con mucha frecuencia. Cuando vemos más allá de nuestras reacciones condicionadas y reconocemos que gran parte de nuestras supuestas diferencias se basan en conceptos sociales forjados en la mente, abrimos un sendero al amor.

CAMBIAR EL FIN DE LA HISTORIA

El 11 de septiembre de 2015, el artista, cuentacuentos y comediante Aman Ali publicó en Facebook un texto sobre lo que ocurrió en su salón de la preparatoria la tarde de los ataques al Pentágono y el World Trade Center. Para entonces ya se había dicho que se trataba de ataques terroristas y se hablaba de que Estados Unidos debía bombardear al enemigo en represalia. Cuando el maestro abandonó el aula, un compañero de Ali se puso de pie y proclamó: "Habría que bombardear Afganistán para que regrese a la Edad Media, de donde no debió salir nunca". Luego se volvió hacia Ali y le dijo: "Apuesto a que tu padre pilotaba ese avión".

"Como movido por un reflejo pavloviano", recuerda Ali, "lo tomé de la camisa y estuve a punto de golpearle la cara con tal fuerza que probablemente lo habría desfigurado. Lo que me detuvo fue la expresión que vi en su rostro. Tenía una sonrisa de suficiencia como si me dijera: '¡Sí, lo sabía!'."

Ali se detuvo de inmediato antes de reforzar el estereotipo acerca de los musulmanes violentos, sin embargo su reacción lo persiguió años enteros.

"Hasta la fecha tengo ocasionales pesadillas sobre ese incidente, en las que su sonrisa me dice sin cesar '¡Sí, lo sabía!'. ¿Y si yo era el único musulmán con quien tuvo contacto alguna vez? ¿Sería ésa la opinión sobre los musulmanes que conservaría toda la vida?"

Al despertar el 11 de septiembre de 2015, Ali halló en Facebook un mensaje de su némesis en el que se disculpaba profusamente por las injurias que le había dicho en 2001.

Ese día hablaron (por teléfono) por primera vez desde su graduación. Resultó que el excompañero de Ali había pasado dos temporadas en Afganistán como miembro del ejército estadunidense. "Las inagotables muestras de afecto, hospitalidad y buena voluntad que recibió de toda la gente fueron para él un constante recordatorio de ese detestable momento de su ignorante adolescencia, cuando deseó que ese país fuera bombardeado sin piedad y dijo cosas hirientes sobre mi papá", escribió Ali.

"Merecía esos puñetazos", le dijo su compañero en el teléfono. "A veces hubiera querido que me golpearas."

"En ese instante me dio mucho gusto no haberlo hecho", dijo Ali, "porque de lo contrario no habríamos tenido esa conversación catorce años después."[7]

REFLEXIÓN

Gran parte de nuestra manera de ver y pensar a los demás —en especial de quienes son diferentes a nosotros— se codifica de modo inconsciente. Adoptamos comportamientos y actitudes basados en lo que sabemos, y a menudo no damos marcha atrás.

Una amiga me dice: "Crecí en el oeste de Massachusetts, donde oí mucho más anticatolicismo que antisemitismo. Y todavía tiemblo al pensar en la experiencia de la joven y solitaria negra que ingresó el último año a la preparatoria donde yo estudiaba. La directora nos reunió a todas antes de que ella llegara y nos conminó a 'portarnos bien'. Sin embargo, se le asignó una habitación individual y que yo recuerde jamás se habló de incluirla ni de hacer un esfuerzo por conocerla. Tal vez hizo un par de amigas, pero la imagino aún rodeada por una muralla de gélida cortesía".

Considera hoy lo siguiente: ¿qué oíste de chico sobre otros grupos? ¿Qué implicaba la conducta de tu familia o escuela hacia otros grupos? ¿Crees que ese condicionamiento te afecta ahora?

PRÁCTICAS DEL CAPÍTULO 20

Intenciones como práctica diaria

Escribe cada mañana tu intención para ese día, basada en dudar con amor de que tus suposiciones sean acertadas. Tu intención podría ser "Advertiré cada vez que juzgue a otro" o "Percibiré cuando juzgue a otro y exploraré por qué". Podrías practicar la generosidad regalando alguna de tus pertenencias a alguien inesperado. Las opciones son infinitas; a continuación se enlistan algunas sugerencias útiles:

- Advertiré cada vez que juzgue a otro.
- Dirigiré pensamientos de bondad amorosa a quienes me desaprueben hoy.
- Tomaré nota de mis juicios sobre otros y recapacitaré sobre ellos.
- Le sonreiré a alguien en el metro / el supermercado / la calle.
- Seré amable en el trabajo con alguien que me desapruebe.
- Haré una lista de mis críticas o prejuicios más comunes y dedicaré tiempo a reflexionar sobre ellos.

Ponte en los zapatos de otro

En un día hay infinidad de ocasiones en que nos topamos con personas diferentes a nosotros: la cajera de la tienda, los meseros de una cafetería o restaurante, los demás pasajeros en el metro, cuando tomamos un taxi, el empleado del estacionamiento del centro comercial. Es común que no trabemos conversación con esas personas y ni siquiera las miremos a los ojos, no por mala voluntad sino por falta de energía para armonizar nuestras interacciones con nuestra intención.

Esta práctica puede realizarse a diario, todo el día, tanto o tan poco como quieras. Los "pasos" siguientes no fueron pensados para realizarse en una sola sesión, sino que servirán de guía para hacer un recorrido metafórico en los zapatos de otro con diversos niveles de involucramiento.

1. Comienza por pensar en quiénes ves a tu alrededor cada día y date un momento para considerar sus respectivas historias. Hazte preguntas sobre esas personas. Despierta tu curiosidad: considera que todos tenemos recuerdos de infancia, platillos que nos gustan o desagradan, colores preferidos o momentos del día propicios para la evocación. Abrirse a quienes de otra forma serían transeúntes anónimos es una práctica muy efectiva.

2. Mientras consideras las historias de otros podrías dirigirles frases de bondad amorosa: *Que sea feliz, que tenga paz, que esté sano, que esté fuerte.* Elige si lo deseas tu propia versión de estas frases.

3. Mientras miras a tu alrededor en un espacio cotidiano y te das tiempo para considerar la experiencia humana que compartes con los demás, aun quienes son muy diferentes a ti, podría resultar divertido y útil que imaginaras su vida. Si estás en el metro, por ejemplo, podrías

imaginar la vida de la persona que viaja frente a ti en lugar de ponerte a jugar en tu teléfono móvil. No hacemos esto para sacar conclusiones sobre alguien, sino para recordarnos que todas las vidas contienen alegrías y pesares.

Meditación: bondad amorosa para alguien que juzgamos difícil

Ofrecer bondad amorosa a personas que se han comportado mal no significa que aprobemos sus actos o les restemos importancia. Quizá sean muy significativos, pero podemos tener el valor y la disposición para abrirnos, recordar el potencial de cambio y comprender que estamos en libertad de dirigirles buenos deseos.

Por lo general comenzamos con alguien medianamente difícil para nosotros, a quien juzgamos hasta cierto punto molesto o irritante, o alguien a quien le tememos un poco; no procedemos de inmediato con quien más nos ha lastimado en la vida. Es común que sintamos rencor y enojo, incluso por una persona medianamente difícil, pero emprendamos esta práctica con un espíritu de aventura. ¿Qué sucede cuando en vez de rumiar nuestras protestas ponemos atención en esa persona de una manera distinta y deseamos que se libere del sufrimiento que la aqueja y se llene del espíritu de la bondad amorosa y la compasión?

Así, si te viene a la mente una persona difícil, podrías visualizarla, decir su nombre y ver qué pasa cuando le diriges frases de bondad amorosa como "Que estés a salvo, que seas feliz, que estés sano, que vivas en paz". Recuerda que no debes fingir tus emociones o sentimientos. Y si te atoras o te tensas, dirígete bondad amorosa a ti mismo. Piensa que mereces amor y aprecio y genera frases para ti, pero después intenta dedicar algo de tiempo a esa persona difícil, aun si debes cambiar las frases para que no suenen tan tajantes: "Que estés lleno de bondad, que encuentres claridad y bienestar" (después de todo, ¡esa persona sería menos difícil si fuera más feliz!).

En los últimos minutos de esta sesión puedes ser espontáneo y permitir que te venga a la mente cualquier persona: alguien a quien cuidaste con esmero, alguien con quien tienes dificultades, un desconocido, alguien que acabas de conocer. Deja que estas imágenes surjan una por una en tu conciencia, y dirígeles bondad amorosa, ya sea que se trate de personas, animales o lo que sea.

Una vez concluida la sesión, mantente alerta durante el día para ver si esta práctica de meditación tiene algún efecto.

21

Ama a todos

Cuanto más entiendes, más amas;
cuanto más amas, más entiendes.
Éstos son los dos lados de una misma realidad.
La mente del amor y la mente
del entendimiento son iguales.
THICH NHAT HANH[1]

Hace unos años conocí a Myles Horton, el fundador del High-lander Research and Education Center, el centro de instrucción del movimiento de los derechos civiles entre cuyos alumnos estaba la activista Rosa Parks. Myles me preguntó a qué me dedicaba y cuando le respondí que enseñaba a meditar en la bondad amorosa me dijo: "Marty [por Martin Luther King, Jr.] me decía: 'Tienes que amar a todos' y yo reponía: 'No, sólo amaré a las personas que merezcan ser amadas'. Él se reía y decía: 'No, no, no. Tienes que amar a todos'".

Cuando cuento esta historia, la gente replica a veces: "Bueno, mira lo que le pasó; lo mataron", como si se tratara de una relación de causa y efecto, y King hubiera sido asesinado por querer amar a todos. ¿Pero cómo lo sabemos? Si Martin Luther King hubiera sido odioso, arrebatado y con poco criterio, ¿se habría expuesto menos a que lo mataran? ¿Y nosotros? ¿Qué tan lejos habría llegado el movimiento si él no hubiera insistido en enfrentar el odio con amor?

Ni Myles Horton ni mi amiga que levanta la ceja cada vez que hablo del amor a todos están solos en su escepticismo. En una ocasión, una alumna me dijo que detestaba la práctica de la bondad amorosa porque le parecía artificial: "Me recuerda un forzado Día de San Valentín en que estamos enojados o asustados, pero encubrimos nuestras emociones con un falso sentir". Le expliqué que la auténtica compasión requiere honestidad y discernimiento; no es cuestión de sentir lástima por alguien o negar nuestras emociones.

Muchas otras personas consideran la bondad y el amor a todos como signos de debilidad. Piensan: *Si amo de manera indiscriminada perderé mi vehemencia, mi fuerza; los demás se aprovecharán de mí y me verán como un títere. Peor todavía, me volveré un pobre indefenso.* ¿Por qué habríamos de enviar deseos de felicidad a quienes se nos oponen, discrepan de nosotros y se interponen en nuestro camino? ¿Acaso de niños no nos metieron en la cabeza que tenemos que defendernos, digan lo que digan los demás?

La respuesta es sí, porque eso es lo que se nos enseñó y condicionó a creer. No hay un solo programa de televisión, película o libro que describa a héroes que responden en forma no violenta a los villanos; nos enseñaron a pensar en la ética del bien y el mal en términos de fuerza, poder y, a menudo, violencia. No tenemos muchos modelos contemporáneos de figuras culturales que hayan sido capaces de idear métodos pacíficos de oposición, enfoques ideológicos de protesta respaldados por fuerzas vigorosas distintas a la violencia.

Amar a todos forma parte de la práctica de la bondad amorosa y sin duda es algo en lo que podemos pensar cuando se trata de lidiar con personas difíciles en la vida diaria: un jefe caprichoso, un amigo exigente, una mesera hostil en un restaurante. Sin embargo, este capítulo busca darte ejemplos sobresalientes de amor a todos, de personas que hallaron un nuevo vocabulario, enfoque y conductas para responder a casos urgentes y reales de violencia y amenaza. Felizmente, en cuarenta años de practicar y enseñar la bondad amorosa he descubierto que en lugar de convertirnos en peleles carentes de límites claros, esta práctica nos fortalece para vivir más en sintonía con nuestros valores más profundos. Amar a los demás nos pide abrir el corazón y aceptar nuestra humanidad compartida con individuos que no conocemos bien (o en absoluto). Pero *no* requiere que nos involucremos personalmente con todos los que conocemos *ni* que estemos de acuerdo con sus actos u opiniones o confesemos nuestro amor a desconocidos en la calle. Jamás implicará que sacrifiquemos nuestros principios o dejemos de defender aquello en lo que creemos. La labor principal se hace dentro, mientras cultivamos amor y compasión en nuestro corazón.

Yo sería la primera en reconocer que esa labor no termina nunca. Tras la publicación de mi libro *Lovingkindness*, la gente solía decirme: "¡Debe ser increíble amar a todos todo el tiempo!". Tenía que decirle que aunque creo que el amor universal es posible, no derramo amor a diario. Una vez me quejé con una amiga acerca de un conocido mutuo y ella me dijo: "¿No has leído tu libro?". Admitir que nuestras acciones no siempre concuerdan con nuestras aspiraciones puede ser también un acto de amor.

No es necesario que usemos a figuras ejemplares como obstáculos contra nuestro mérito, pese a que podríamos desviarnos a ese tipo de condicionamiento y debemos sensibilizarnos hacia esa tendencia. La inspiración apunta a un mundo más amplio que el que hemos habitado, donde podamos ver de pronto que los seres humanos soportan muchas cosas y de todas maneras son amables; pueden crear, querer o actuar en una forma que contradice el sentido ordinario del prejuicio o la limitación; pueden saber que el amor es una fuerza y trabajar hacia su propia liberación. Podemos ver un sendero, un camino, y decir: "Si hay un sendero, yo también lo puedo recorrer".

ELEGIR EL AMOR SOBRE EL ODIO

Malala Yousafzai es hasta ahora la persona más joven en haber recibido el Premio Nobel de la Paz. Hija de un activista de la educación y dueño de una escuela en el valle de Swat en Pakistán, Malala empezó a hablar y a bloguear sobre la educación para las mujeres cuando tenía doce años. En 2012, cuando apenas tenía quince, recibió un disparo en la cabeza de un pistolero talibán que abordó su autobús escolar y preguntó por ella. El talibán explicó que su verdadero objetivo era el padre de Malala, pero que de todos modos el atentado contra ella formaba parte de una conspiración más amplia para tomar el poder en Swat desmoralizando a promotores de la educación y la paz, como los miembros de la familia Yousafzai. Por fortuna, Malala se recuperó por completo en Inglaterra y desde entonces se ha convertido en una defensora ejemplar de los derechos de las mujeres.

En 2013 apareció en *The Daily Show* con Jon Stewart para contar su historia. Él le pidió que describiera su reacción cuando supo que el talibán quería matarla. Ella respondió: "Pensé que se acercaría y me mataría, pero entonces pensé: '¿Qué harías, Malala?'. Y me contesté: 'Toma un zapato y golpéalo'. Pero me dije: 'Si golpeas a un talibán con tu zapato, no habría ninguna diferencia entre tú y él'".

A pesar de su corta edad, el prudente corazón de Malala sabía ya que la venganza de "ojo por ojo", aun contra quienes querían hacerle daño, no haría otra cosa que lastimarla más. Cuando pensamos, hablamos y actuamos con base en nuestra conciencia y compasión hallaremos muchas formas de responder a amenazas y acusaciones. Esto no significa que la reacción instintiva de Malala al peligro haya sido necesariamente amar y aceptar a sus agresores, sino que tuvo la perspectiva de reconocer que herir al talibán con su zapato perpetuaría el ciclo de violencia y temor, pues se atendría a las reglas de quienes la atacaron y la pusieron en peligro.[2]

Al admitir que la venganza avivaría el ciclo de violencia y oprimiría su corazón con una carga de dolor, miedo y enojo, Malala se dio libertad y valor y reinventó las reglas del juego que el talibán quería imponerle. Cuando nos permitimos considerar con un cristal más amplio las consecuencias de nuestros actos, nos damos cuenta del profundo vínculo entre el modo en que nos relacionamos con los demás y nuestro bienestar y armonía.

Quizá sea irónico que el énfasis no violento de Malala en el diálogo y la educación haya demostrado ser más efectivo que cualquier represalia violenta. Su meta no fue matar o perjudicar a quienes amenazaron su vida a raíz de la causa que ella defendía, sino apoyar esa causa más allá de las consecuencias para su seguridad. Su forma pacífica de protesta le demostró al talibán —y al resto del mundo— que su activismo no tenía nada que ver con el ego, sino con quienes podían beneficiarse de sus sacrificios. Con historias como la de Malala disponemos de una prueba viviente de cómo esos actos de amor pueden ser sumamente eficaces.

LA INCLUSIÓN ES EL ROSTRO DEL AMOR

Los actos cometidos contra individuos o un grupo son a veces tan terribles que la idea de incluir a los perpetradores en nuestros deseos de liberación parece no sólo imposible, sino también una indignante burla contra la justicia. Pese a todo, podemos hallar a personas que nos demuestran que la cólera y la compasión no son mutuamente excluyentes en el corazón humano. En estos casos, la decisión de no dejarse influir por las acciones de otros no sacrifica la lealtad fundamental a la justicia; la refuerza.

La Comisión de la Verdad y la Reconciliación de Sudáfrica es un elocuente ejemplo de esto a escala histórica. Esa comisión fue establecida en 1995, durante el gobierno de Nelson Mandela, para investigar las violaciones que tuvieron lugar en la época del *apartheid*, así como para brindar apoyo y compensación a las víctimas y sus familias. El presidente de la comisión fue el arzobispo Tutu. En el trabajo de esta institución hubo una honestidad radical: las víctimas refirieron lo que les habían hecho a ellas o a sus seres queridos en presencia de los perpetradores y éstos tuvieron que reconocer sus acciones delante de las víctimas. Hoy la mayoría atribuye a esa comisión haber impedido un baño de sangre de alcance nacional motivado por la venganza.

En su página en internet, Forgiveness Project, Tutu explica que tal acto de renuncia, o perdón, beneficia a quienes han sufrido: "Perdonar no es sólo ser altruista; es también la mejor expresión del interés propio y un proceso que no excluye el odio y la ira. Todas estas emociones forman parte del ser humano".

Aclara además que el perdón proporciona superación personal: "Si puedes encontrar perdón en ti, rompes las cadenas que te atan al perpetrador. Puedes seguir adelante y ayudar incluso al perpetrador a ser una mejor persona".[3]

El permitirnos conectar con "el enemigo", el otro, es un acto radical de amor asociado con la paz tanto como con el amor propio. Recientemente me conmovió un artículo en *Haaretz* escrito por una madre israelí, Robi Damelin, en el que reflexiona sobre el asesinato de su hijo a manos de un francotirador palestino. Damelin escribió su historia en respuesta al escándalo suscitado en Israel por el conductor de un programa nacional de radio que hizo una comparación entre la pena de las madres israelíes y las madres palestinas cuando sus hijos son retenidos por el bando opuesto. Esta mujer es una de las principales integrantes de la organización ciudadana Círculo de Padres-Foro de Familias, la cual congrega a familias palestinas e israelíes que han perdido a sus seres queridos a causa del conflicto. Damelin formula en ese artículo preguntas impactantes: "¿Qué les hace pensar que las lágrimas en la almohada de una afligida madre palestina son de un color o sustancia distinto a las de una acongojada madre israelí?". Su respuesta es que "el pesar no conoce fronteras". Organizaciones como ésa nos dan pistas para percibir el poder de la reconciliación —y no de la venganza— en medio de un conflicto real y apremiante.[4]

Claro que esos valientes actos de reconciliación no sustituyen el cambio social ni deben ser un remiendo para sostener el orden establecido. Tampoco debemos idealizar a quienes son capaces de llevarlos a cabo ni culpar a quienes no. No obstante, estas historias ponen de manifiesto la ardua labor de la justicia (cuando ésta es mucho más que una forma amable de decir *venganza*), así como la labor del amor que lo nutre todo. Ése es nuestro trabajo.

PRÁCTICAS DEL CAPÍTULO 21

Una nueva visita a tus modelos

Este ejercicio consiste en revisar de nuevo algunos de los modelos que has tenido a lo largo de tu existencia y añadir otros a tu lista.

¿Hay alguien en tu vida que te haya inspirado, haya abierto tu mente gentil o repentinamente y te haya hecho sentir un nuevo cúmulo de posibilidades?

Piensa en esa persona. Ten en mente que considerar a alguien como modelo no significa necesariamente que compartas todo el tiempo su visión del mundo. Y aunque tenemos una enorme deuda de gratitud con quienes nos han inspirado, podría ser una trampa emocional suponer que seguiremos sus pasos en todo momento. Esto nos haría sentir insuficientes e iría contra la expresión de amor y respeto por nosotros mismos que hemos cultivado.

En esta práctica cierra los ojos, visualiza a tus modelos y siente la influencia que han ejercido en ti. También puedes escribir sus nombres y reflexionar en algunas de las cualidades admirables que asocias con ellos.

Esos nombres no han de permanecer aislados en tus pensamientos ni en tu cuaderno. Si te tomas tiempo para reflexionar en quienes te han inspirado a actuar con más amor y compasión, darás un gran paso hacia una mayor atención a tus acciones, pensamientos y palabras.

Visualización de la unidad

Robert Thurman, profesor de la Universidad de Columbia, se sirve de una imagen muy efectiva (aunque francamente cómica) para enseñar que cualquier persona puede adoptar la práctica de vivir con compasión. "Imagina que vas en el metro de Nueva York y que de pronto llegan unos extraterrestres que secuestran el vagón en el que viajas, de tal forma que permanecerás para siempre con los demás pasajeros del convoy".[5] Si alguien tiene hambre, le ayudaremos a conseguir comida; si alguien se alarma, haremos todo lo posible por tranquilizarlo. La verdad es que estamos juntos en ese vagón, de modo que coexistir pacíficamente y con una comprensión básica de nuestra humanidad compartida vuelve más agradable para todos esa experiencia.

Cierra los ojos o baja la vista mientras consideras esta imagen. Introduce en tu comunidad del vagón a personas particularmente difíciles para ver los conflictos que aparecen, sin dejar de recordarte, una y otra vez, que todos los ocupantes del convoy son iguales y merecen amor y compasión. Si empiezas a divagar, repite en silencio frases de bondad amorosa dirigidas a ti, a los demás y quizá también a ciertas personas difíciles en tanto visualizas esta escena.

Meditación: bondad amorosa para todos los seres

Ofrecemos bondad amorosa a todos los seres en todo lugar para experimentar la inmensidad de la vida. Ésta es una expresión de nuestra capacidad para vincularnos y cuidar de toda la vida mediante nuestra concentración en frases como "Que todos los seres estén a salvo, sean felices, estén sanos y vivan en paz".

Usa estas frases u otras que tengan sentido para ti. ¿Qué les desearías a todos los seres en cualquier lugar? Recuerda que el tono debe ser de ofrecimiento o regalo.

Dirigimos frases de bondad amorosa a todas las criaturas, todos los individuos, todo lo existente. Cada manera de formular esto nos abre a lo ilimitado de la vida.

Termina la sesión cuando lo consideres conveniente. Nota si experimentas una sensación de amplitud y cómo te influye a lo largo del día.

22

Creación de comunidad

Tan pronto como decidimos amar, empezamos a ser libres; a actuar en formas que nos liberan y liberan a los demás.

BELL HOOKS

Hace unos años mi amigo David se deprimió mucho. Como tantas otras personas que padecen depresión, se sentía solo y apartado del mundo. Yo le comenté que quizá podría superar su sensación de aislamiento si se ofrecía como voluntario a una causa en la que creyera; de inmediato se entusiasmó con la idea y ofreció sus servicios a una organización que reparte comida a personas enfermas recluidas en casa. Sin embargo, cuando se presentó el primer día y el encargado le tendió un cuchillo para que rebanara sándwiches, hubo un problema; a David le temblaban las manos, uno de los efectos secundarios de la medicina que tomaba, así que le era difícil realizar incluso esa simple tarea. El encargado notó pronto lo que pasaba y lo puso a envolver sándwiches, labor que podía manejar con facilidad. A David le conmovió tanto ser visto, atendido y responsabilizado de una actividad que podía hacer con orgullo que esto lo motivó a regresar. "Pasé de sentirme perdido en el oscuro túnel de mi mente a formar parte de una comunidad cordial", dice ahora. "Trabajar con ese grupo maravilloso que ayudaba a otros fue un momento decisivo en mi recuperación."

Al igual que David, todos ansiamos la proximidad, pero tendemos a apartarnos cuando sufrimos. Quizá sentimos que no tenemos energía para estar con otros o queremos ahorrarles nuestro dolor, pese a lo cual el aislamiento no hace sino contribuir a nuestra sensación de soledad. Es probable que se requiera una enorme fuerza de voluntad para dar la mano cuando el impulso es apagar las luces y ocultarse bajo las cobijas, pero ése puede ser también un gran acto de autocompasión. Suele suceder que sólo cuando nos relacionamos con los demás nuestro humor mejora y nos sentimos bien con nosotros mismos.

Como dijo Barbara Fredrickson, nuestros cotidianos momentos de trato con los demás son "los diminutos motores que propulsan la espiral ascendente entre la positividad y la salud".[1]

Pese a todo, la soledad se ha vuelto común en Estados Unidos. En su libro *Bowling Alone*, publicado en 2000, el experto en ciencia política Robert Putnam documentó la escasa participación de los estadunidenses en los que antes fueron grupos comunitarios populares (desde la sociedad escolar de padres de familia hasta organizaciones civiles y religiosas y ligas de boliche), todos éstos considerados por el autor el fundamento básico de una sociedad democrática.[2] Desde entonces la desconexión no ha dejado de aumentar, a medida que proliferan los canales de cable, los cambios de casa (de ciudad o estado) se vuelven más frecuentes, los trayectos al trabajo se alargan y los lazos vecinales se debilitan. En un reciente estudio publicado en la *American Sociological Review*, investigadores que estudian la existencia (o ausencia) de comunidades en Estados Unidos determinaron que una de cuatro personas dice no tener a nadie con quien hablar.[3]

COMUNIDADES DE "HÁGALO USTED MISMO"

Mientras el paisaje social cambia, mi experiencia indica que las instituciones religiosas, los centros de meditación y otros grupos espirituales, así como los programas de doce pasos, brindan todavía una sensación de pertenencia crucial y que muchas personas buscan también formas nuevas y creativas de relacionarse que satisfagan sus necesidades e intereses.

A veces es una sensación de necesidad o vulnerabilidad compartida lo que une a la gente. "Hace muchos años, cuando yo era una madre soltera que se recuperaba del alcoholismo, en la casa que rentaba y que compartía con mi hija, hubo una explosión de gas una semana antes de Navidad", escribe mi alumna Matty. "Por fortuna en ese momento no estábamos en casa, pero cuando regresamos descubrimos que nuestra vivienda había sido declarada 'inhabitable'. Como yo no podía faltar a mi trabajo, donde ganaba apenas el salario mínimo, busqué pronto un departamento, al que mudé lo poco que pude rescatar. El dinero que había apartado para los regalos de Navidad tuvo que destinarse al pago del depósito y los gastos de la mudanza. No hubo pavo ese año.

”El día de Nochebuena, mientras preparaba la cena, un policía tocó muy fuerte a la puerta y me alarmé; temí que mi pasado me hubiera alcanzado. Mi hija, que estaba muy complacida con mi sobriedad, me miró como si me dijera: '¿Y ahora qué hiciste, mamá?'. Cuando abrí, un agente muy rudo me ordenó que me pusiera mi abrigo y bajara. Mi hija y yo lo seguimos en silencio escaleras abajo. Cuando llegamos a la patrulla dijo: 'Santa me pidió que hiciera una entrega especial'.

”¡La patrulla estaba llena de regalos! Cuando le pregunté quién era el responsable de eso, sólo repitió 'Santa' y le deseé que su buena obra fuera generosamente recompensada. Mi hija no cabía en sí de alegría; todos aquellos eran los juguetes que quería, toda la ropa le quedaba bien.

”Supe que esos regalos no podían tener otro origen que mi grupo de Alcohólicos Anónimos (AA). Nadie nos conocía en nuestra nueva colonia. Ser objeto de tanta bondad fue el acto más benévolo que pueda imaginarse. A sus nueve años, mi hija ya no creía en Santa Claus, pero ese año tuvo que reconsiderarlo.

”El grupo de AA también había dispuesto durante esos días brindar una casa a los miembros que no tuvieran familia. Muchas personas se ofrecieron a mantenerla en funcionamiento noche y día. Mi hija y yo tomamos el turno de la noche; servíamos de cenar y estábamos a cargo de la cafetera.

”Al paso de los años mi situación económica mejoró y mi sobriedad se afianzó. En Navidad teníamos ya todo lo que necesitábamos: regalos en abundancia, pavo para cenar y amigos con quienes compartir. Sin embargo, de vez en cuando mirábamos atrás y recordábamos que nuestra mejor Navidad había sido aquella en la que nos sentimos amadas por desconocidos, a quienes les brindamos amor a cambio. Tal muestra de amor me animó a permanecer sobria, y no he tomado una copa en treinta años."

La historia de Matty revela el impacto transformador que la noción de comunidad puede tener, sobre todo en momentos difíciles. También veo crearse comunidades vigorosas en contextos relativamente ordinarios: grupos de lectura, huertos comunitarios, círculos de escritores y artistas, cenas de personas progresistas y asociaciones de vecinos de la tercera edad. Tengo amigos que se reúnen cada mes a leer poesía, un amigo que puso en marcha un grupo de discusión sobre temas ambientales y otros que han participado en labores de rescate en lugares como Haití y Nueva Orleans.

Una de las mejores cosas del movimiento comunitario es su flexibilidad, y yo le recomiendo a la gente que comience de manera modesta. La intención es necesaria, no así la rigurosidad ni la participación masiva.

Hace unos años, algunos amigos y yo decidimos lanzar Turn Left Community. Todo empezó cuando un amigo nos explicó que tenía dos opciones al despertar cada mañana: la computadora en el costado derecho de su recámara o el cojín para meditar en la recámara de la izquierda. Si se volvía a la derecha, se sentía impulsado a revisar su correo electrónico, mientras que si se volvía a la izquierda y meditaba primero podía manejar más hábilmente las presiones del alto puesto que ocupaba. Nuestro grupo consta ahora de cinco integrantes, quienes nos comunicamos a diario por el correo. El asunto es siempre dar la vuelta a la izquierda: "Medité treinta minutos", "Nada más logré cinco, tengo una reunión a las ocho de la mañana, ¡mea culpa!" o "Estoy en Seattle, está lloviendo". Todo se expresa en forma consciente y despreocupada, y nuestras respuestas e interacciones proporcionan material interminable a nuestra conciencia en desarrollo.

Los grupos de *Kalyana mitta* (KM) o amigos espirituales —un poco más formales que la pandilla de Turn Left— han surgido en todo el mundo. No todos tienen acceso regular a un centro de meditación, pero pueden reunirse a analizar libros y compartir su trayecto espiritual. Mi amiga Barbara y su esposo se mudaron hace poco del Distrito de Columbia a California y uno de los aspectos más difíciles de su mudanza fue dejar su grupo de KM. "Un conjunto básico de siete personas se reunió durante doce años, cada dos semanas, en la sala de nuestra casa", reflexiona Barbara. "Compartíamos historias y nos apoyábamos en enfermedades, las crisis con nuestros hijos, la muerte de nuestros padres y otras importantes transiciones de la vida. Llorábamos juntos y estallábamos en carcajadas. En ese grupo había un nivel de intimidad y confianza que será muy difícil de reemplazar."

TENDER UNA RED AMPLIA

Las redes sociales, en manos de grupos creativos, pueden servir como comunidades virtuales. Por ejemplo, CaringBridge brinda a personas enfermas y sus seres queridos la posibilidad de comunicarse directamente con su círculo de familiares y amigos. Esto aligera la carga de los cuidadores, quienes ya no tienen que hacer múltiples llamadas telefónicas o enviar uno por uno numerosos correos cada vez que sucede algo nuevo.

Después de una cirugía de cáncer, la autora y veterana practicante de la meditación Joyce Kornblatt escribió esto a su círculo de CaringBridge: "Que este espacio para actualizaciones médicas se haya convertido inesperadamente en una comunidad de sabiduría, amor y generosidad ha sido para mí un regalo invaluable".

Otra alumna de meditación, Susan McCulley, me contó esta historia: "Hace cinco meses, dos días antes de Navidad, la única hija de una buena amiga mía murió en un accidente automovilístico. A partir de ese momento, oleadas de amor y pesar se propagaron de una persona a otra. Nuestra comunidad la llama 'la red invisible del amor', en el sentido de que todos estamos rodeados de amor siempre, pero no lo notamos hasta que extendemos la mano. No sólo personas cercanas a la familia sino también conocidos y desconocidos ofrecieron su apoyo. Todos admitimos que eso pudo haberle pasado a cualquiera (y aún podía sucedernos) y que todos conocemos (o podemos imaginar) el dolor de perder a alguien que queremos mucho. Resultó que el último día de su vida, la hija había desayunado brownies con su mamá; era el primer día de las vacaciones de fin de año y querían celebrar. Dos meses después de su muerte, y para honrar el que habría sido su séptimo cumpleaños, la madre invitó a su círculo de Facebook a celebrar a sus seres queridos desayunando brownies. En esa fecha, más de treinta y ocho mil personas en el mundo entero comenzaron su día con un brownie. El amor es una red que nos une".

NO DEJARSE ENGAÑAR POR LA SEPARACIÓN

Todos formamos parte de incontables comunidades efímeras en el curso del día: los pasajeros de un avión, tren o autobús; el público de un concierto o una película; la apagada muchedumbre que espera formada a la espera de su licencia de conducir. No obstante, casi nunca asociamos con nuestra noción de comunidad el breve tiempo y espacio que compartimos con otros, pero la mayoría recordamos algún momento en el que un suceso inesperado creó un espontáneo vínculo entre desconocidos. Ésos son los momentos en los que reconocemos de súbito la inquebrantable verdad de nuestra interdependencia.

Para una alumna de meditación, llamada Shirley, el catalizador fue una gran tormenta de nieve que paralizó su ciudad. Luego de varias horas glaciales en su casa sin energía eléctrica, se dirigió a un restaurante cercano con la esperanza de hallar un poco de calor y un lugar donde pudiera leer con tranquilidad. Pero el sitio, que contaba con un generador de reserva, se llenó pronto de clientes y Shirley aceptó de mala gana compartir su mesa. Entonces algo cambió. "Ofrecí compartir mis huevos revueltos y el hielo dentro de mí comenzó a derretirse." Poco después, ella y sus compañeros de mesa ya se apretujaban más entre sí para dar cabida a nuevos refugiados hambrientos y helados. "Así es como se transita de la incomodidad a la reunión sagrada, y de la mala actitud a la gratitud, al descubrir que lo insoportable disminuye cuando se comparte con compasión", concluye Shirley.

La compasión compartida es el tema del notable libro de Rebecca Solnit *A Paradise Built in Hell: The Extraordinary Communities That Arise in Disaster*. Solnit investigó a fondo cinco desastres, entre ellos el temblor de 1906 en San Francisco, el 11 de septiembre y el huracán Katrina, y encontró que la gente común suele responder a la calamidad con espontáneo altruismo, ingenio y generosidad. En lugar de caer presa del pánico, vecinos y desconocidos se unen para rescatar, dar de comer y hospedarse unos a otros. Cuando Solnit entrevistó a los sobrevivientes, "lo que más me sorprendió fue la alegría que había en su rostro, o la que transmitían sus palabras en el caso de aquellos a los que leí". Dedujo que esa dicha revelaba un satisfecho anhelo de comunidad, propósito y trabajo significativo. "Los deseos y posibilidades despertados son tan intensos que destellan entre los escombros, la muerte y las cenizas. [...] Esos relatos demuestran que los ciudadanos que cualquier paraíso necesita —personas valientes, generosas y avispadas— ya existen."[4]

Luego están los momentos de iluminación en los que vislumbramos nuestra cercanía en las más prosaicas circunstancias. La autora Alix Kates Shulman describe de esta forma su experiencia en su libro autobiográfico *Drinking the Rain*:

Iba sola en el metro, a recoger a mis hijos a su clase de música después de la escuela. El tren acababa de salir de la estación de la Calle 23 y aceleraba para alcanzar velocidad. [...]

De repente, la luz mortecina del vagón empezó a resplandecer con un brillo excepcional hasta que todo en torno mío adquirió un aura indescriptible y vi en la fila de muy diversos pasajeros frente a mí la milagrosa proximidad de todos los seres vivos. No la sentí; la vi. Lo que comenzó como una vaga idea se convirtió en una gran y unificadora visión en la que todas las personas dentro del vagón marchaban juntas, incluyéndome, como si todos los habitantes del planeta —los seres vivos en su integridad— marcharan alrededor del sol y formaran una familia unida, indisolublemente enlazada por el raro y misterioso accidente de la vida. Más allá de nuestras incontables diferencias superficiales, éramos iguales, éramos uno, simplemente en virtud de estar vivos en ese momento entre todos los momentos posibles que se extendían adelante y atrás hasta el infinito. Esta visión me colmó de un amor apabullante por toda la raza humana y de la sensación de que, por incompleta o lastimada que estuviera nuestra vida, teníamos la incomparable suerte de estar vivos. El tren llegó entonces a la siguiente estación y me bajé.[5]

PRÁCTICAS DEL CAPÍTULO 22

Las numerosas facetas de la proximidad

El escritor Wendell Berry dijo: "La unidad más pequeña de la salud es una comunidad". En los niveles fisiológico y psicológico, la conexión con otros mejora nuestra salud y bienestar.

Somos más capaces de librarnos del estrés, sentirnos apoyados y experimentar una sensación de plenitud mientras avanzamos por nuestra agitada vida.

Quizá no todos disponemos de grupos concretos de los que nos sintamos parte en nuestra vida diaria, pero podemos crear la sensación de apoyo engendrada por la comunidad en cualquier momento del día poniendo atención en una forma nueva.

He aquí cinco sencillas maneras de buscar cada día una sensación de cercanía y comunidad (¡pertenezcas o no a un grupo!):

1. Presta atención a la intención detrás de cada uno de tus actos a lo largo del día. Si detienes la puerta en favor de alguien, ¿lo haces sólo para ser cortés o esperas una validación? No todas las intenciones serán tan específicas, así que mantente alerta a expectativas o deseos más escurridizos que podrían motivar tu comportamiento.

2. Haz durante el día contacto visual con las personas con que te cruces y bríndales una sonrisa. Quizá no te miren ni correspondan tu sonrisa, pero podrías alegrarle el día a más de una.

3. Decide perdonarte cada vez que cometas un error u olvides algo. Mediante el cultivo de la bondad y el examen de conciencia, estarás mejor preparado para actuar con prudencia en tus relaciones con los demás, incluso con aquellos con quienes no tienes un trato cercano.

4. Antes de comer, respira hondo en varias ocasiones y reflexiona en la extensa comunidad que participó en el

traslado de los alimentos hasta tu mesa: los agricultores que cultivaron esos alimentos, las personas que transportaron y almacenaron los productos; quienes los vendieron, y muchos más.

5. Mientras practicas la toma de conciencia de cada emoción, pensamiento y experiencia que tuviste durante el día, es inevitable que descubras momentos de mayor dificultad: frustración, desilusión, cólera, resentimiento. Cuando surjan esos estados, en vez de reaccionar a ellos como "malos" intenta reformular tus prejuicios para admitir tu vulnerabilidad, tu "sufrimiento" o "dolor" y las cosas que compartes con todos los demás seres. ¿Cómo te hace sentir este cambio de perspectiva?

23

De la ira al amor

Nada es absoluto. Todo cambia, todo se mueve, todo gira, todo vuela y se va.

FRIDA KAHLO

Hace años, mientras escribía un artículo para un blog en mi computadora, llegó a mi buzón un correo de un alumno. Este joven quería saber acerca de la naturaleza de la ira. Le expliqué que perdernos en la ira nos aparta de los demás, limita nuestra perspectiva y hace que nos veamos a nosotros y al resto del mundo con una visión cerrada. Cuando nos enojamos (no cuando estamos un poco molestos sino cuando la cólera nos abruma), a menudo parece que lo único en lo que podemos fijarnos es en la persona o cosa que nos hizo enojar. La ira tiende a hacer también que encasillemos, de manera que perdemos la noción de nuestra conexión como seres vivos; en cambio, chocamos con el mundo y golpeamos todo lo que creemos que se interpone en nuestro camino.

Justo después de hacer clic para enviar mi respuesta, mi computadora falló y mis hormonas del estrés se aceleraron. Mientras intentaba tranquilizarme caí en la cuenta de que el experto en computadoras estaba de vacaciones. Mi alarma ante no entregar a tiempo mi artículo se convirtió rápidamente en cólera, contra la persona que no estaba disponible para ayudarme; contra mí, por no ser capaz de resolver el problema; contra la computadora, ¡incluso por estar encolerizada!

Destellos de ira como éstos pueden parecer automáticos. Pero en medio de esa rápida reacción traté de identificar mis sentimientos. Hice un esfuerzo por saber qué hacía mi mente. ¿Identificar mis sentimientos significaba que la ira desaparecería de repente? ¡Claro que no! Pero al advertir que surgía, me di espacio para ver que mi ira creaba una visión de túnel. Recordé que yo misma había exhortado a nuestro experto en computación a tomar un descanso y le había ayudado a organizar su viaje. Poco después, cuando mi pánico amainó, logré restablecer la computadora.

El enojo con una persona o con una computadora es de carácter distinto a la indignación por la injusticia o la violencia. El agudo desconsuelo que se apodera de nosotros cuando atestiguamos un sufrimiento intenso puede inducir naturalmente un grito de "¡No!" que conocemos como ira. Sin embargo, por natural que el enojo parezca, es útil examinar qué se siente ser repetidamente abrumado por la cólera y las consecuencias de esto para nosotros y los demás.

Casi todos conocemos la extraña cualidad adictiva de la ira, cómo llena nuestra mente y cómo la acometida de energía que la acompaña dificulta atenuarla. Como dijo Buda: "La ira, con su origen emponzoñado y su clímax febril, es violentamente dulce". Cuando alguien o algo nos hacen enojar, el cuerpo y la mente tienen en efecto una reacción "inmune", como una inflamación en el cuerpo. Tratamos de protegernos por instinto, como cuando la sangre emerge en el sitio donde una abeja acaba de picarnos.

Pero cuando la ira se vuelve crónica, lo vemos todo a través de un cristal muy estrecho. ¿Cómo podemos resolver un problema cuando nuestra visión se ha reducido y nos sentimos separados de los demás? ¿Podemos aprender a reconocernos en los otros aun cuando nuestra mente y cuerpo están en llamas? Aunque la energía de la cólera podría empujarnos a actuar, puede estar tan entrelazada con el temor y la visión de túnel que nos mueve a agredir en forma imprudente y, entretanto, a lastimarnos.

Si, en cambio, aprendemos a reconocer la ira y experimentarla cuando surge, podemos usar productivamente su energía y evitar que nos amargue y nos consuma. Prestar atención disuelve la toxicidad de la ira y nos permite detectar el miedo, pesar e impotencia que un arrebato de furia suele enmascarar.

LA RENUNCIA COMO AMOR

Intensos momentos de ira pueden surgir en contextos cotidianos y hacer mucho daño. Una amiga mía me cuenta a menudo lo mucho que aprende de las controversias en el edificio de Nueva York donde vive. "Hay sólo cuatro departamentos", explica, "así que no existe un comité en el cual esconderse. He tenido conflictos muy penosos e inquietantes con los vecinos de abajo, el tipo de cosas que te revuelven el estómago y te mantienen despierta toda la noche." Todos hemos pasado sin duda por algo similar: la cólera contra nuestro compañero de departamento porque deja abierta la pasta de dientes en el lavabo; con el arrendador que no contesta nuestras llamadas; con la gente que escucha en la playa un radio a todo volumen. A pesar de la relativa banalidad de estos ejemplos, la intensidad de la ira es real.

Buscar una forma de librarse de ella —con amor para ti y los demás— no significa que dejes de sentirla. Pero aferrarte a ella y permitir que se vuelva aguda e inflexible nos lastima a nosotros más que a nadie. No es necesario que amemos a todos los que viven en nuestro edificio u olvidemos cuán molesto es que nuestro compañero de departamento sea tan descuidado. Podemos reconocer nuestra frustración, decidir actuar y dejar atrás el asunto.

En el último capítulo de la sección 2, "Perdón y reconciliación", escribí sobre el proceso del pesar y el perdón y su relación con ver la propia vida como parte de algo más grande. Reconocer que las vidas de todos son interdependientes —que nuestro casero importa tanto como nosotros y que igual que nosotros quiere ser feliz— es en sí mismo un acto de amor radical. Esto crea una firme base sobre la cual podemos practicar la renuncia a la ira.

Practicar la bondad amorosa para todos los seres, incluyendo a aquellos que nos hacen sentir enojo o agravio en la vida diaria, no quiere decir que de pronto sólo tengamos emociones positivas. Es más bien un medio para dar forma a nuestras relaciones, como si cambiáramos de canal. Cuando tu aptitud para ver y amar aumenta, enriqueces tus interacciones subsecuentes y tu visión del mundo. En estas situaciones no transformamos necesariamente la ira en activismo, pero usamos la energía de nuestra ira para el bienestar colectivo.

COMIENZA DONDE ESTÁS

He visto una y otra vez que la cólera es un dilema especial para quienes dedican su vida a corregir las injusticias del mundo. Con frecuencia precisamos de una gigantesca descarga de energía, como cuando nos indignamos, para que nuestros ojos se abran y sacudamos nuestra conformidad. Muchos ya tenemos suficiente con nuestra vida diaria como para apasionarnos todavía por alguien de la calle contigua al otro lado del mundo. El trabajo, sin embargo, puede volverte vulnerable a la rabia crónica. De hecho, muchos activistas sienten que cultivar el enojo forma parte de sus funciones.

Hace falta valentía para alterar sentimientos tan arraigados. Como reconoce mi amiga Mallika Dutt, fundadora de la organización global de derechos humanos Breakthrough y activista desde hace treinta años, la ira socavaba su salud física y psicológica y su capacidad para ayudar a los demás. Me contó: "Muchos de quienes hacemos este trabajo arrastramos traumas propios que sumamos a los de la gente con la que trabajamos. Cuando reparas en las cosas horribles que las personas se hacen unas a otras, en cierto sentido te traumatizas.

Lo que no aprendemos en el trabajo comunitario es cómo curar nuestros traumas y hallar formas de cuidar de nosotros mismos al tiempo que hacemos lugar para otros y su dolor".

Pero hace cinco años, en la época en que nos conocimos, Mallika sintió una inmensa fatiga y empezó a cuestionar *cómo* hacía su trabajo. Luego de décadas de trabajar para terminar la violencia contra las mujeres, dijo: "No sé cómo desactivar la cólera. Está presente en mi organización, en mis relaciones. Tengo que ser capaz de desarrollar una relación diferente con ella". Aunado a esto, el fin de su matrimonio, que duró veinte años, la condujo a un periodo de crisis personal. "Me inició en la senda espiritual que había evitado hasta entonces", dice. "Entretanto, comencé a explorar emociones distintas a la ira, la furia y una persistente sensación de injusticia. Me abrí más a la compasión, la conexión y el amor."

Su viaje espiritual, que incluye el estudio del chamanismo y otras tradiciones indígenas basadas en la interrelación de todas las manifestaciones de la vida, le permitió curarse de sus traumas y abordar su trabajo con amor y compasión. Ahora reflexiona: "Cuando miro el mundo a mi alrededor en busca de soluciones a los problemas que enfrentamos, me siento cada vez más firme en la idea de que el amor es un componente esencial del camino que nos aguarda. Si partes de que todos somos uno, las soluciones tienen que incluir a todos y todo en el planeta".

Mallika enfatiza que trabajar por la justicia social desde una posición de amor *no* significa hacer concesiones. Puntualiza: "Martin Luther King, Jr. escribió ese famoso discurso sobre el amor y el poder. [...] Aseguró que el amor sin poder puede ser anémico y el poder sin amor, despiadado. Para mí, todo se reduce a cómo se puede adquirir poder y ejercerlo desde un espacio de amor".

Cuando advertimos que somos capaces de tener impacto en el mundo desde una posición de amor y fuerza, nos liberamos de la noción de que debemos enfrentar siempre la injusticia con los puños. Desarrollamos sabiduría crítica sobre nuestra ira y nos damos cuenta de que podemos decidir cómo abordar el cambio que queremos ver. "La sabiduría crítica es feroz [...] pero al mismo tiempo sutil y delicada", escribió mi colega Robert Thurman en *Love Your Enemies*.[1] Podemos enfrentar el odio con amor. Pero, como Mallika, para hacerlo debemos mirar nuestro interior y tratar con compasión nuestras emociones y experiencias. Como ella dice: "El cuidado de uno mismo es una pieza crucial. Si no te cuidas, no puedes estar eficazmente presente los demás".[2]

EL PODER DEL AMOR DESARMA

Ai-jen Poo dirige la National Domestic Workers Alliance, organización que persigue poder, respeto y condiciones de trabajo justas para las nanas, cuidadoras de ancianos y empleadas domésticas en Estados Unidos. En un ámbito donde los esfuerzos para generar cambios suelen ser producto de la aversión y el conflicto, ella dice: "Creo que el amor es la principal fuerza de cambio en el mundo. A menudo comparo las grandes campañas con grandes romances, porque son un receptáculo increíble para la transformación. Puedes alterar las políticas públicas, pero también las relaciones y a la gente. [...] Pienso que es posible que quieras a alguien y estés en conflicto con él al mismo tiempo".[3]

Ai-jen Poo es una activista singular por muchas razones, una de ellas es su prodigiosa aptitud para ayudar a la gente a buscar un terreno común. Su organización, Caring Across Generations, ayuda a los trabajadores a apoyarse en sus valores familiares compartidos y en la admisión de que en algún momento todos necesitamos cuidados.

Asistí a la presentación del libro de Poo *The Age of Dignity*. Antes de que ella hablara se nos pidió que nos volviéramos hacia la persona sentada a nuestro lado y le contáramos una historia sobre alguien que hubiera cuidado de nosotros. La primera persona que me vino a la mente fue uno de mis maestros de meditación, un individuo increíblemente alentador y afectuoso (recuerda que fui a la India cuando apenas tenía dieciocho años, luego de una infancia y adolescencia traumática y fracturada; mis maestros fueron básicamente mis segundos padres). No sabía si la noción de un maestro de meditación como cuidador sería aceptada culturalmente por mi compañera de asiento, pero resultó que ella era de Nepal y que estaba en total sintonía conmigo.

A menudo asumimos el cuidado que hemos recibido y a quienes nos lo brindaron. Poo básicamente procura un cambio en la conciencia que nos eleve al amor. Dice: "Siempre he creído importante hacer visible lo invisible y desde siempre he sabido, de manera instintiva, que valorar lo que se ha dado por hecho es clave para el tipo de sociedad en la que quiero vivir y educar a mis hijos".[4]

DE LA IRA AL AMOR

Su primera incursión en el movimiento obrero fue como voluntaria en un refugio para víctimas de la violencia doméstica especializado en reunir a inmigrantes asiáticas. Al considerar los orígenes de su labor, Poo habló a *The Nation* de su "creciente ansiedad por llegar a las causas de fondo del problema", una insidiosa combinación de pobreza y opresión de género.[5] Una de sus metas cuando desarrolló la organización Caring Across Generations fue ampliar la noción de "problemas de los trabajadores" para incluir en ella la discriminación salarial, las guarderías infantiles, las escuelas y la vivienda; asuntos con los que las mujeres suelen lidiar y sin duda importantes cuando se trata del deber de los trabajadores de dar de comer a su familia y tener un empleo estable. La organización de Poo se asocia frecuentemente con otras organizaciones nacionales, como 9to5, y con entidades no lucrativas vinculadas con cuestiones de raza y género.

Ai-jen Poo no sólo intenta ayudar a las trabajadoras a catalizar sus justas demandas, tanto entre ellas mismas como con sus patrones; Caring Across Generations busca crear un sistema de apoyo al progreso y las reformas, en beneficio de ambas partes. Este modelo contrasta con las clásicas acciones sindicales de oponer entre sí a los obreros. "Aprendí que ningún aliado es imposible", dijo en otra entrevista con *The Nation*.[6] Y aunque quizá su labor se sostiene en parte en un firme compromiso contra el esquema de las cosas, es evidente que reconoce que el amor y la proximidad poseen una fuerza que desarma.

INCLINARSE CON AMOR

Los hermanos Ali y Atman Smith y su socio Andrés "Andy" Gonzalez, fundadores de la Holistic Life Foundation de Baltimore, dicen, en son de broma, ser "zombis del amor". Los conocí hace varios años en el Omega Institute, en una conferencia sobre atención y educación, y me enamoré de ellos. Sentí que ellos también me querían, algo que muchas otras personas podrían decir; se lo he oído a sus alumnos, discípulos, colegas y partidarios: "Me recuerdan que el amor sí existe", "Ellos me enseñaron que valgo", "Gracias a ellos dejé de pensar que es raro decir 'Te quiero'" y muchas otras cosas por el estilo.

A pesar de que Ali y Atman crecieron en el oeste de Baltimore (la misma zona derruida en la que el joven Freddie Gray murió bajo custodia policiaca en 2015), no fueron los chicos habituales del barrio; su padre y su tío les enseñaron yoga a temprana edad y ambos asistieron a una escuela cuáquera privada. Pero esa área era diferente en aquellos días. "Había más sentido de comunidad, lo que incluía un sistema informal de mentoría en el que los chicos mayores servían de modelo a los más jóvenes", dice Atman. "Luego llegó el crack y arrasó con una generación entera, que consumía o vendía drogas, cayó en ellas o murió. Pienso que a eso se debe que hayan proliferado las pandillas; nadie hacía responsables a los muchachos como se hizo con nosotros cuando éramos chicos".[7]

Ali y Atman conocieron a Andy en la Universidad de Maryland en College Park; practicaban juntos el yoga y devoraban libros sobre espiritualidad. Al terminar sus estudios regresaron a Baltimore y se sumergieron aún más en el yoga, la me-

ditación, la práctica de la respiración y el autoanálisis. Un día
la madre de Ali y Atman les preguntó si querían enseñar a jugar futbol americano a veinte "chicos malos" en la escuela
donde ella daba clases; cuando se reunieron con la directora
le preguntaron si, en cambio, podían enseñar yoga y ella les
dijo que lo intentaran. "Los chicos se inconformaron y moles-
taron", recuerda Andy y agrega: "Pero semanas después los
maestros y empleados nos dijeron: 'No sabemos qué hacen y
no nos importa, pero da resultado, así que continúen'." Quince años más tarde, la mayoría de los miembros de ese primer
grupo de "chicos malos" trabajan en la Holistic Life Foundation, cuyo personal ha pasado de los tres empleados origina-
les a veinticinco.

"Vimos la oportunidad y la aprovechamos", dice Andy.
"Había malestar por todos lados y nosotros queríamos hacer
una diferencia. Nos concentramos en comunidades desaten-
didas —chicos de zonas urbanas deprimidas, centros de reha-
bilitación de drogadictos, clínicas psiquiátricas, refugios
para personas sin hogar y casas para ancianos—, donde no se
disponía de esas prácticas. Queríamos liberarlos. Nuestro
programa después de clases comenzó con veinte chicos; ahora atendemos a ciento veinte cada semana. Imagino que dentro de cinco o diez años esos muchachos volverán y nuestro
ejército de soldados del amor no cesará de crecer."[8]

Ali relata el caso de Ja'Naisa, una de las chicas del programa después de clases que tenía la costumbre de pelear con
sus compañeros. "Todos se burlaban de ella, hombres y mujeres, y Ja'Naisa los golpeaba", cuenta Ali. Un día en el gim-
nasio, una jovencita hizo un comentario ofensivo sobre ella y

Ja'Naisa la empujó contra la pared. "La miró, nos vio, se volvió nuevamente hacia ella y le dijo: 'Tienes suerte de que medite'", recuerda Ali. "Se fue a la esquina y meditó un rato; cuando terminó se puso de pie, sonrió y se fue a jugar con sus amigas."

Tras los disturbios que siguieron a la muerte de Freddie Gray en Baltimore en 2015, el equipo de Holistic Life organizó un evento en la ciudad que llamó "Be More Love". "Había tanta fricción y cólera que pensamos que la única forma en que podíamos contrarrestar esa vibra de ira era con la vibra del amor", explica Atman. "Así, reunimos a personas de muy diversos orígenes en la zona de la rebelión. Había gente de comunidades adineradas que nunca había estado en el oeste de Baltimore y que descubría cosas que sólo había visto en la tele; también llegaron personas de nuestra comunidad, entre ellas los chicos de nuestro programa. Condujimos entonces un grupo de meditación de bondad amorosa y la gente dirigió amor a sí misma, a la familia de Freddie Gray, a las víctimas de la brutalidad policiaca y a las víctimas de la violencia en todas partes."

"Queríamos pasar de la cólera a la curación", añade Ali. "La ira sacó a la luz muchos problemas, pero el amor fue la fuerza de cohesión."[9]

Ali reconoce que "aunque la ira puede ser la chispa que encienda el fuego, después hay que controlarlo. En lugar de un incendio forestal que consuma todo el bosque, debes imaginar un incendio controlado que acabe con las especies invasoras y la maleza y permita que todo lo demás florezca. Es lo mismo con la cólera. [...] Debes decir: 'De acuerdo, estoy furioso' y ajustar tu atención para actuar por amor, empatía y compasión".

Siempre habrá personas y situaciones que enciendan nuestra indignación por buenas razones. Sin embargo, cuando dejamos de resistirnos a la ira y nos relacionamos con ella con conciencia, nos liberamos de su opresión. Si nos permitimos percibir lo que sentimos, nos deshacemos de la expectativa de que penosos estados anímicos como el enojo nos consumirán; pueden emerger y nosotros podemos dejarlos pasar, como la marea o las fases de la luna. Ésta es una práctica de no aferrarse, de decidir no identificarse. De este modo, la energía que tenemos para hacer una diferencia se fortalece y depura.

PRÁCTICAS DEL CAPÍTULO 23

Los muchos lados de la ira

Suele ser difícil ver la ira como un sentimiento complejo. Después de todo, cuando nos enojamos nos sumimos en un estado estático y nos estancamos en él. Pero cuando practicamos estar más atentos a la cólera en cuanto surge, podemos evitar perdernos en la visión de túnel y ver en cambio que el enojo es multifacético; que contiene emociones como ansiedad, miedo, tristeza y hasta amor.

Reconocer los elementos de la ira hace que parezca más compleja, pero también más manejable. No es sólida e irreprimible; forma parte de nuestro variable sistema de sentimientos y condiciones, un sistema vivo que no cesa de cambiar y es efímero siempre.

1. Para que te familiarices con la naturaleza multifacética de la ira, haz una lista de las emociones que has experimentado cuando te enojas con otra persona, a causa de una situación o incluso contigo mismo.

2. Mientras haces tu lluvia de ideas quizá sea útil que cierres los ojos y visualices un momento específico en el que te hayas enojado. ¿Qué emociones emergen? Escribe algunas de las que aparecen antes de que tu enojo llegue a la cúspide.

3. En tanto inhalas y exhalas, piensa en las sensaciones físicas que el enojo te produjo. ¿Tus músculos se tensaron? ¿Te dieron ganas de gritar? Recuerda que la ira y el estrés generan la hormona del estrés cortisol, que eleva la presión arterial y acelera el ritmo cardiaco.

4. Intenta concentrarte en algunos de los matices psicológicos de la ira (frustración, impaciencia, inseguridad, etcétera).

El arte de la autointervención

La cólera es molesta ¡pero también adictiva! En situaciones difíciles se presenta como un mecanismo de defensa, una herramienta que te da energía para manejar lo que catalizó ese sentimiento. Cada vez que nos enojamos, nos convencemos de que nuestro fuego interior nos ayudará a lidiar con lo que nos alteró, sea una persona o una cosa. Ignoramos que con frecuencia nos provocamos solos, y en mayor grado aún, cuando permitimos que algo tóxico prevalezca en nosotros.

La buena noticia es que podemos intervenir en momentos de ira cuando aprendemos que dejar que ésta nos controle suele ser nuestro peor enemigo. Así, la próxima vez que estés en una situación que te genere una reacción de enojo, prueba esta práctica de autointervención.

1. Reconoce tu ira tan pronto como se presente. Si la reprimes, sólo la volverás más intensa e insuperable.

2. Considera si hay algo concreto que puedas hacer o decir para remediar la situación (como salir de la sala donde acaba de desarrollarse una conversación acalorada o dar un paseo para calmarte).

3. Si no puedes hacer nada por lo pronto, fija tu atención en la simple admisión de tu ira. Dirigir tu mente al control de la situación con atención te evitará la visión de túnel. Éste es un acto de cuidado hacia ti.

4. Si te resulta imposible tolerar la molestia de tu ira, intenta ampliar tu perspectiva. Piensa en ese instante en todas las cosas que agradeces. Esto podría ayudarte a cambiar tu percepción de la situación inmediata.

Lo creas o no, aceptarnos a nosotros mismos —por enojados que estemos— es un acto de compasión y amor. Esos momentos siempre llegarán y se irán. La gran pregunta es entonces: "¿Cómo puedo transformar esta ira en un acto de amor?".

24

Di sí a la vida

Naces solo. Mueres solo. El valor del espacio intermedio es la
confianza y el amor.

LOUISE BOURGEOIS

Una vez abordé en Nueva Delhi un tren con destino a Bodh
Gaya y a un retiro de silencio para meditar; es decir, supuse que al cabo de diecisiete horas de viaje me bajaría cerca
de la legendaria ciudad donde Buda alcanzó la iluminación.
Me arrastré hasta mi diminuto compartimiento y me dormí.
Cuando desperté, lista para descender sobre suelo sagrado,
descubrí que mientras yo descansaba el tren había dado marcha atrás y vuelto a Delhi. Había habido algún problema en
las vías con una vaca necia, o quizá fue una manada entera,
nunca lo supe.

Así, antes de que tomara asiento en un cojín para meditar
recordé una de las lecciones más profundas del entrenamiento de la atención: *No te pelees con la realidad*. Pese a mi ingenui-
dad y juventud, me di cuenta de que podía reaccionar a la

situación de dos formas: angustiarme y molestarme por perder el inicio del retiro o abrirme a lo que sucedía y verlo como una sorpresiva aventura de la que podía aprender algo, aunque entonces no supiera qué. Al final resultó que no tenía que preocuparme por mi retraso; ¡no supe hasta que llegamos que el maestro que yo iba a buscar a Bodh Gaya —el renombrado S. N. Goenka— viajaba en ese mismo tren!

En las cuatro décadas transcurridas desde mi viaje en tren a la nada se me ha recordado, una y otra vez, que no es preciso que vayamos a ninguna parte para que nos acerquemos a la vida con la sensación aventurera y de apertura que yo experimenté en Delhi esa mañana. Sólo es cuestión de decir sí a la vida.

Decir *sí* a la vida es vivificante y tonificador.

Decir *sí* a la vida libera nuestra energía para que estemos presentes en todo lo que ocurra.

Decir *sí* a la vida es la puerta a aventuras y posibilidades impensables, las cuales están a nuestro alcance en la sala tanto como en un viaje por la India. Todo es cuestión de cómo nos relacionemos con nuestras experiencias en progreso.

ABRIRSE AL MOMENTO

Susan, una alumna de meditación, me escribió esto: "Cuando me siento desconectada, sola o ansiosa, hago cuanto puedo por recordar que debo prestar atención a los detalles. Aunque esto tiene un efecto relajante, me doy cuenta de que prestar atención —exquisita y extraordinaria— es una forma de enamorarse. Puedo enamorarme de las complejidades de una semilla de maple, del ruido agudo de las urracas y las ardillas que pelean cerca. Puedo enamorarme de la tensión en mi corazón y mi garganta cuando pienso en la incertidumbre de los meses por venir. Éste es un amor que elijo conscientemente y que transforma todo momento de prisa, impaciencia o abandono en un momento del que caigo enamorada".

Cuanto más nos abrimos a nuestras circunstancias presentes —nuestras experiencias internas tanto como nuestras relaciones con los demás y el mundo que nos rodea—, más creamos las condiciones indispensables para que la felicidad florezca. Al final nos percatamos de que, en efecto, todo lo que necesitamos para ser felices ya está aquí, cuando decimos sí a la vida.

Decir sí a la vida no significa que deba gustarnos lo que sucede a cada instante. De hecho, crecemos y podemos ser más felices incluso si reparamos en aquellos momentos en que decimos *no* a la vida. Me encontraba un otoño en Santa Fe en un retiro con el maestro tibetano Tsoknyi Rinpoche; una tarde lluviosa llegué al estacionamiento del hotel y vi que muchas personas fotografiaban el cielo. Miré arriba y me encontré con un precioso arcoíris. Bajé del coche de un salto para documentar con los demás ese momento, pero cuando mi viejo iPhone se encendió el arcoíris ya había desaparecido, sustituido por luminosas nubes rosas en el cielo que no me evitaron una enorme desilusión. Me obsesioné con que no había tenido el cuidado de comprar un iPhone nuevo. Momentos después, dos señoras salieron del hotel y pasaron a mi lado; oí que una de ellas exclamaba: "¡Vaya, mira qué espléndidas

nubes!". Comprendí entonces que yo podía decir sí a la vida
y lo hice. Fui capaz de reírme de mi hábito de desentender-
me de la belleza de la vida por aferrarme a viejas tendencias,
historias, juicios y críticas; y mientras me reía, solté todo eso.
Me instalé en el momento. ¡Esas nubes eran extraordinarias!

Cuando nos abrimos a *este* momento y no lo juzgamos ni
intentamos cambiarlo, aun si sufrimos y quisiéramos que
las cosas fueran distintas, nos valemos de nuestra amplitud
mental para avanzar con destreza, discernimiento y alegría.
En otras palabras, incluimos cada aspecto de nuestras experiencias. Ninguna idea, emoción o sensación física indeseable
es relegada. Esto es integridad.

CURIOSIDAD Y ASOMBRO

Tal como ya vimos, así como podemos buscar esas cualidades
en nuestras relaciones personales para que nos transformen,
en lugar de que nos parezcan trilladas o empalagosas, también podemos requerirlas en nuestra relación con la vida.

El asombro no nos pide permiso para cautivarnos; sólo se
nos planta enfrente con algo grande sin molestarse en discutir con nosotros para que dejemos nuestro tedio. Puede llegar
con un simple vistazo, un sonido hermoso, un gesto sincero.
Piensa en que podemos arrastrarnos por el pequeño túnel de
nuestra vida diaria, de ida y vuelta, y un día pasar de repente
junto a un arbusto de violetas en flor. La fragancia será lo primero que nos atrape, y luego la belleza de esas flores. Si hacemos una pausa para apreciarlas recibiremos un recordatorio

de lo espectacular. De igual forma, el asombro puede procurarnos una estimulante sensación de novedad en nuestras relaciones cotidianas, que de otro modo nos parecerían quizás aburridas o anticuadas.

La curiosidad es la cuna del asombro y comienza con la agudización de nuestros sentidos. Tal vez sospechemos que la vida contiene muchos misterios, pero sólo si prestamos atención tenemos acceso a la grandeza y las sutilezas que vuelven a cada persona diferente y a cada encuentro algo nuevo. Cuando usamos nuestros sentidos y prestamos un diferente tipo de atención al mundo que nos rodea, podríamos ver que las personas son más complejas de lo que creímos. Si somos capaces de abrir nuestra mente para investigar, quizá descubramos que algunas personas son mucho más simples que la historia que forjamos en torno suyo. La curiosidad nos conduce a lo inesperado. Es el antídoto para los momentos de rutina en que somos incapaces de percibir cualquier cosa nueva porque no podemos arriesgarnos a perturbar el monótono orden de la vida diaria. Bajo ese contexto, daría la impresión de que la curiosidad consume demasiada energía. *¿Quieres que aparte de todo cuestione mi realidad? Francamente no tengo tiempo para el asombro ni la maravilla.*

En lugar de apegarnos a una idea fija de cómo son o deberían ser las cosas, podemos educar nuestra mente para que no se tome esas nociones tan en serio e inicie cada día con la disposición a explorar. No hace falta que exijamos al mundo que demuestre que tenemos la razón. Podemos decirle en cambio: *Sorpréndeme.* Emocionarnos con la posibilidad de abrir nuestro corazón a algo nuevo si mantenemos abiertos los ojos.

Tener una apertura que cultive el asombro no significa que debamos ser crédulos y sentimentales, pese a que una actitud irónica —fingir que nada nos impresiona porque tememos parecer ridículos— nos hace experimentar la vida de lejos. Si, por el contrario, abrimos nuestro corazón al amor verdadero, nos permitimos sentir la maravilla de la vida, lo cual es vital, aseguran las investigaciones, para sostener nuestra conexión con el mundo y entre unos y otros.

El asombro se presenta en un espectro que va de la inspiración por algo muy pequeño a la exaltación producida por lo majestuoso y elevado. En un extremo está el "¡Ah!", el sonido que hacemos cuando vemos algo que nos recuerda las dificultades que todos compartimos y cómo las asumimos de todo corazón, empeñados en hacer nuestro mejor esfuerzo. El "¡Ah!" nos sale de la boca casi sin que lo notemos; es el enlace automático con el corazón que experimentamos de manera espontánea cuando vemos a un niño dar con osadía sus primeros pasos, tomado de la mano de su radiante abuela. El bebé se regocija en la novedad de su cuerpo y se emociona con sus crecientes aptitudes, mientras que a la abuela le embelesa guiar al niño a la plenitud de la vida. ¡Ahhh! Vemos a un cachorro correr detrás de una vara, recibimos la inesperada llamada de un amigo que nos recuerda que hoy es el aniversario luctuoso de nuestra madre, vemos en el metro a un adolescente que parece observar el mundo como un personaje de una angustiosa novela distópica ceder su asiento a un anciano que acaba de subir trabajosamente al vagón. Ese sonido particular ("¡Ah!") recoge nuestro embeleso por las cosas simples, los formidables momentos que acontecen entre las personas todo el tiempo.

El otro extremo del espectro es el *asombro*. Éste puede revelarse en las cosas menudas, los pequeños triunfos personales, pero lo que vislumbramos por medio de él es una noción de la inmensidad del mundo en todas sus posibilidades, la vastedad de su superficie y nuestra participación en todo ello. Este asombro genera resonancia a través del contacto con lo grande e ilimitado. En nuestras experiencias de amor verdadero con nosotros, los demás y el mundo abarcamos el espectro entero del asombro, del lugar común al infinito, con alguien a la mano o con toda la vida.

Dos profesores de psicología, Paul Piff y Dacher Keltner, realizaron un experimento sobre el significado del asombro, cualidad que definieron como "estar en presencia de algo inmenso que trasciende nuestra comprensión del mundo [y que] nos distrae de nuestro limitado interés propio". En ese experimento llevaron a los participantes a una arboleda de eucaliptos a orillas del campus de la Universidad de California en Berkeley, para demostrar que el asombro aumenta nuestro deseo de colaborar y nuestra aceptación y refuerza los lazos entre nosotros.

Dieron a los participantes dos opciones: contemplar esos magníficos árboles, muchos de ellos de más de sesenta metros de alto, o mirar la fachada de concreto de un edificio de ciencias al este del bosque. Mientras tanto, los profesores escenificaron un contratiempo; hicieron que alguien que atravesaba el bosque tropezara y dejara caer un puñado de plumas. Los sujetos que habían dedicado un minuto, sólo un minuto, a mirar los árboles se mostraron más solícitos con la persona que tropezó y recogieron más plumas que los que observaron el edificio. Las líneas de éste atraían a la mente racional, concluyeron los investigadores, no al corazón. Cuando el corazón y la mente se abrieron por efecto de la contemplación de los árboles, la sensación de asombro reforzó la tendencia de la gente a ser menos egoísta, más amable y más solícita con un desconocido.[1]

Recuerdo cuando vi el estrecho del Bósforo la primera vez que viajé a la India. Me emocionó encontrarme en la unión de dos continentes. Me hallaba en Estambul a la espera del transbordador y veía Europa de un lado y Asia del otro, con todo el misterio y posibilidades de ello. Este instante fue igual para mí al de quienes contemplaron esos árboles: me sentí unida a la inmensidad del mundo, a lo ilimitado de mis sueños y la curiosidad por lo que vendría después.

Una amiga que asistió a Berkeley dice que le gustaría enseñarme esa arboleda de eucaliptos, porque cuando la visitó de estudiante sintió lo mismo que yo cuando estuve en el Bósforo. Me contó que entre una clase y otra se refugiaba a veces en ese bosque e inhalaba el mentolado aroma de los árboles. La temperatura en el centro de la arboleda es más fresca que en el resto del campus, y en la mañana la niebla permanece ahí, lo que confiere al conjunto una cualidad mística. Dos bifurcaciones del Strawberry Creek, el río que cruza la ciudad de Berkeley, convergen en el bosque. Al respirar la fragancia de los árboles y oír cómo corría el agua entre las rocas en el cauce, ella veía que su cuerpo se sumergía en la sensación de ser un grupo de átomos entre otros átomos, sostenidos por el mundo, y parte vital e integrada a la red de la vida. Esto le daba una lección de humildad, pero también la unía a la infinita escala de la vida. Una dicha enorme recorría su cuerpo, y después sentía que el murmullo en su mente disminuía. Se sentía menos estresada y más disponible en lo emocional para la gente a su alrededor. Experimentaba lo que esos investigadores describieron como el impacto del asombro, el cual imbuye a las personas de humildad y un diferente concepto de sí mismas, parte de algo más grande.

En el caso de mi amiga, ella buscaba intencionalmente esa experiencia para estimular su conexión consigo misma y el universo y para reabastecerse de energía en beneficio de sus seres queridos.

Nosotros podemos educar nuestra mente para que sea como la de ella: buscar deleite en la vida diaria nos elevará y nos ayudará a percibirnos completamente, y a quienes amamos. Me agrada lo que la actriz Rashida Jones observó acerca de sus padres, el productor musical Quincy Jones y la actriz Peggy Lipton; ella se dejó sorprender por el asombro: "Mis padres son lo mejor de lo mejor en cada nivel", declaró en una entrevista, "porque aprecian al máximo cada momento de su vida".[2]

TRANSFORMA EL *NO* EN *SÍ*

Entre más cultivamos la atención, más claramente vemos y apreciamos lo que está frente a nosotros, libres de prejuicios o expectativas. Y entre más apreciamos la vida que nos rodea, más nos apreciamos a nosotros mismos. Ésta es una ecuación perfecta.

No fue hasta que se mudó a su nuevo departamento que Donna reparó en la oficina de correos al otro lado de la calle. Se había trasladado a esa pequeña ciudad en busca de paz y tranquilidad, pero la oficina de correos y el estacionamiento contiguo bullían de actividad. Aunque se enojó consigo misma por no haberse fijado en eso antes de firmar el contrato de arrendamiento, no quería mudarse de nuevo, así que decidió prestar atención a su resistencia y a la conmoción más allá de su ventana.

El primer suceso fue la mañana en la que los integrantes de una numerosa familia bajaron de una camioneta enorme y la mamá gritó: "¡Muéstrenme todos las fotos de su pasaporte!". Era obvio que enfilaban en dirección a una aventura, y Donna sintió una oleada de emoción por ellos.

Pronto reparó en el anciano que recogía cada semana su correspondencia. Lento y encorvado, se apoyaba en un bastón y cruzaba el estacionamiento. Pese a que la primera reacción de Donna fue preocuparse por su propia movilidad cuando envejeciera, luego vio que el anciano regresaba a su auto, y se ponía a recoger basura con esmero. Ella imaginó que quería contribuir a hacer un mundo mejor mientras pudiera. La visión de su propio futuro se iluminó.

En otra ocasión vio que un viejo Toyota llegaba rechinando al estacionamiento y que una mujer con un celular apretado entre el hombro y la oreja levantaba de su asiento a un niño dormido. En su prisa lo golpeó en la cabeza con el coche y el niño despertó gritando. La mujer tiró el teléfono, estrechó a su hijo, lo besó en la cabeza y murmuró palabras de consuelo hasta que el chico se tranquilizó.

Donna se sentía enaltecida por esos efímeros y ordinarios momentos. Aun si ninguna de las personas que observaba recordaría después los hechos que ella había presenciado, Donna sí los recordaría y la llenarían de felicidad. Le ayudaban a acordarse de viajes que había hecho, los estresantes pero alegres años que dedicó a educar a sus hijos y su sensible envejecimiento. Ver a tanta gente la hizo tomar conciencia de que todos luchamos a diario para ser felices. Lo mejor de todo fue que se dio cuenta de que si podía extender esa compasiva conciencia a desconocidos, podía otorgársela también a sí misma.

Para algunos, por supuesto, los obstáculos cotidianos son enormes, al punto mismo de amenazar la vida que han soñado y por la que han hecho tantos esfuerzos.

La bailarina india Sudha Chandran, que había estudiado danza desde niña, tuvo un accidente automovilístico que provocó la amputación de su pie derecho cuando tenía dieciséis años, y tardó tres años en recuperarse. En la página de Facebook de un proyecto de retratos titulado Humans of Bombay, ella compartió su historia: "Recuerdo que la gente venía a mi casa y me decía cosas como 'Es muy triste que tus sueños no puedan volverse realidad'", rememora. Sin embargo, ella decidió aprender a bailar otra vez: "Fue un proceso lento y doloroso", explica, "pero con cada paso que aprendía, sabía que eso era lo que deseaba."[3]

El día de su primera actuación tras el accidente, el titular del periódico decía: PIERDE UN PIE, CAMINA UNA MILLA. No ha dejado de bailar desde entonces.

Aunque es indudable que Chandran experimentó frustración, desconcierto, cavilación y pesar mientras reformulaba

su relación con la danza, se abrió para ver lo que podía rea-
prender y se volvió más resistente. Al final, su mayor triun-
fo no fue bailar de nuevo, sino haber tenido un corazón tan
grande para intentarlo. Pienso siempre en ese corazón cuando
reflexiono en esta frase suya: "No necesitas pies para bailar".

ESTE MUNDO EFÍMERO COMO UNA BURBUJA EN UN RÍO

El tiempo es simultáneamente el ladrón implacable que hurta
los dones de la vida y el mensajero sagrado que los concede.

Aunque sabemos que cada día de nuestra vida podría ser el
último, no queremos creerlo. Pero cuando somos capaces de
abrirnos a la verdad de incluso nuestras pérdidas más atroces, hallamos momentos de impensable gracia.

Rosemary, diseñadora de interiores y veterana practicante
del budismo tibetano, perdió a su esposo, Jonathan, por causa del cáncer hace tiempo, diez años después de su diagnóstico. "Nos dieron la noticia el día de nuestro aniversario de
bodas", recuerda ella. "Me sentí tan devastada que no podía
pensar en otra cosa salvo que debíamos volver a casa a llorar.
Pero Jonathan no me hizo caso; me dijo: 'Rosemary, no sabemos qué pasará. Celebremos nuestra vida, no permitamos
que el cáncer nos vuelva distintos, sigamos siendo lo que somos'." Decidió ver su vida como algo normal durante el curso de su enfermedad, que incluyó quimioterapias y un difícil
trasplante de células madre. "Todos experimentamos pérdidas y cambios a cada momento", le dijo a Rosemary. "Los
míos son sólo más notorios."

A pesar de que ella se preparó para la muerte de Jonathan, cuando sucedió se sintió apabullada. "Creo que lo más difícil cuando enviudas y has tenido un intercambio tan amoroso es que te desconectas de repente y el amor no entra ni sale", dice. "Es como si estuvieras conectada a un enchufe eléctrico y ocurriera de súbito un apagón eterno. Yo sabía que sería difícil, pero no que me sentiría como si cayera a un despeñadero."

En las semanas y meses posteriores a la muerte de Jonathan, Rosemary contó con la ayuda de sus familiares, amigos y un grupo de apoyo para viudas. Este grupo, señala, le ayudó a abrirse a su pesar en una forma más profunda y segura que cuando estaba sola. Y su comunidad espiritual, que había sido una inmensa fuente de apoyo para ambos a lo largo de la enfermedad de Jonathan, desempeñó también un papel clave mientras ella atravesaba su periodo de duelo. "Estar con personas que conocieron a Jonathan hizo una gran diferencia", dice. "Su compañía me hacía sentir que existía un puente entre mi estado anterior, el actual y mi destino. Era un puente largo, así que jamás volví a sentirme al borde de un peñasco."

En determinado momento, sin embargo, tuvo que dejar de pensar en su pérdida. "El dolor era tan fuerte que sentía que me hundía", explica. "Creo que aunque es importante vivir tu sufrimiento, debes poner límites. No puedes dejarte ir; a veces tienes que salir a caminar, llamarle a una amiga o ver una película. Entonces un día despiertas y decides que ya no quieres vivir en el pasado. Jonathan tenía una valentía innata para vivir a como diera lugar, y yo quería honrarlo y celebrar la vida que compartimos."

Ahora, tres años después, Rosemary dice: "Es como si todo el amor que le di mi esposo pudiera dirigirlo ahora al mundo entero, y que todo el mundo fuera él".

Oír la historia de Rosemary me hizo pensar en la ocasión en que, hace años, fui a visitar a Taiwán a mi maestro tibetano, Nyoshul Khen Rinpoche. Quería mucho a Khenpo (como le decían) y me alegró mucho verlo de nuevo, pero me preocupó hallarlo tan enfermo y frágil. Aunque él no había gozado nunca de muy buena salud, esta vez lo vi peor.

Después de la visita, regresamos a nuestro hotel, que se hallaba cerca. Planeábamos volver a visitar a Khenpo unos días más tarde, pero en el ínterin nos enteramos de que se había trasladado a otro sitio. Cuando llegó el día de nuestra segunda visita, con flores y ofrendas en las manos esperábamos fuera del hotel los taxis que nos conducirían al nuevo sitio y yo me sentía muy triste. Sólo pensaba: *Quizás ésta sea la última vez que vea a Khenpo*. Esta idea era devastadora y me trastornó mucho.

En cuanto los taxis nos recogieron, fueron a perderse en las calles de Taiwán. Mientras dábamos infructuosas vueltas, mi actitud hacia la visita a Rinpoche cambió de repente. Ahora pensaba: *Daría cualquier cosa por verlo una vez más. ¡Una vez más sería lo mejor en el universo! ¡Sería el regalo más grande que podría recibir!*

Al final los taxis dieron con la dirección correcta y pudimos ver a Rinpoche. Contra lo que yo temía, él vivió muchos años más y volví a verlo en numerosas ocasiones. Pese a todo, esa experiencia me enseñó una valiosa lección, ya que vi con claridad que "una vez más" puede ser la mejor o la peor perspectiva, dependiendo de cómo me relacione con ella.

En el ámbito de la atención se habla de la sensación de un presente ampliado. Nuestras quejas, el apego al pasado y los intentos por controlar el futuro pueden aparecer, pero se atenúan en alto grado cuando recordamos estar simplemente con lo que es. Descendemos con nuestras reacciones a un espacio de profunda y agradecida conexión, el amor por la vida. Nunca pierdas de vista que, en realidad, lo que podemos tener en este momento con un amigo, un lugar, un baile, un poema, es "una vez más". Atesórala.

El amor, la pérdida y el pesar; la renuncia al pasado y la nueva aceptación del amor y la vida forman el delicado, inexorable, pero natural ritmo de nuestros días. Si nos abrimos a este ritmo, encontraremos en nosotros el amor inquebrantable que buscamos. También a esto aprendemos a decirle que sí.

Si el amor es una aptitud, una fuerza naciente dentro de mí, ¿no es también mi responsabilidad? Esto es algo con lo que batallo a menudo. La bondad o crueldad con que me trato cuando cometo un error, la forma en que llevo vergüenza a mi corazón o lo mantengo en perspectiva, mi facilidad para reír, quererme y darme ánimos o para consolarme cuando sufro, ¿todo esto depende de mí?

Y cuando me encuentro con un desconocido, tengo una deuda de gratitud, tropiezo con un viejo amigo que ya no lo es, veo abrirse mi corazón bajo la mirada de admiración de otro o me siento desaparecer mientras me empeño en complacer a los demás, ¿mi respuesta está realmente en mis manos?

¿Y qué hay cuando la vida me da un duro golpe, cuando la injusticia o la crueldad me hacen tambalear, cuando mi cuerpo o mi vecino o mi país traicionan todo lo que me importa?

"El amor es una fortaleza, no una debilidad" bien podría ser mi máxima preferida, pero ¿qué hay de aquellos momentos en los que me siento tentada a cruzar los dedos a mi espalda antes de pronunciarla? ¿El amor que sigue—amor por mí, por otro, por la vida— también depende de mí?

Pienso que sí. Que el amor depende de cada uno de nosotros. Y pienso que empeñarse en cumplir esta promesa es lo más maravilloso que podemos hacer con nuestra vida.

Conclusiones de cada sección

Conclusiones de la sección 1

- Todos llevamos en nosotros la capacidad de amar.
- Podemos deshacernos de las historias negativas que nos contamos a nosotros mismos.
- El amor propio puede surgir de poner a prueba los límites de nuestros prejuicios y suposiciones.
- Nunca dejamos de cambiar y poseemos en todo momento un potencial incalculable.
- El perfeccionismo es un uso improductivo de la atención. Criticarnos no nos hará "mejores".
- La aceptación nos permite darnos cuenta de que todas las experiencias son oportunidades de aprendizaje y crecimiento.
- Mediante la bondad amorosa para nosotros mismos podemos aprender a aceptar —y amar— a nuestro imperfecto yo.

Conclusiones de la sección 2

- Una vez que identificamos las expectativas, suposiciones y hábitos mentales que aplicamos a los demás, podemos abrirnos al amor verdadero.

- Una importante base para amar a los demás es mantener nuestra curiosidad; siempre es posible que aprendamos más de quienes nos rodean.

- En una relación con otra persona, la justicia no es un principio fijo de "válido" e "inválido", sino una disposición mutua a reevaluar la situación y adoptar una nueva perspectiva.

- En nuestra intimidad con otra persona habrá siempre un espacio que nos separa. Gracias a la atención seremos capaces de explorar ese espacio con una sensación de posibilidad, no de miedo.

- Desprenderse es esencial en el amor, lo opuesto a aferrarse a expectativas de cómo *deberían* ser las cosas para permitirnos aceptar a los demás (¡y a nosotros mismos!) tal como son.

- Admitir que nadie puede hacernos sentir completos aumenta nuestra capacidad para amar y recibir amor de quienes nos rodean.

- La atención nos faculta para ver el conflicto desde una nueva perspectiva, a fin de que podamos sentir emociones, como la ira, sin perdernos en ellas.

- El gozo solidario nos distrae de nuestras preocupaciones y nos permite ver que la felicidad está a nuestra disposición en muchos más lugares de los que creímos.

- El perdón es el camino a la paz y un poderoso elemento del amor por nosotros y los demás.

Conclusiones de la sección 3

- La compasión no es un don o talento; es el resultado natural de prestar atención y reparar en las infinitas oportunidades de relacionarnos con los demás.

- Cuando hacemos pequeños esfuerzos por realizar ocasionales actos de bondad, nuestra vida se vuelve menos estresante y más agradable para nosotros y las personas a nuestro alrededor.

- Dirigir bondad amorosa a los demás (aun si no los conocemos o apreciamos) no nos convierte en títeres, sino en versiones más fuertes y auténticas de nosotros mismos.

- El primer paso para mostrar compasión por otros es tener la intención de hacerlo; podemos originar alegría haciendo un esfuerzo con bondad y autoaceptación.

- Cuando nuestra reacción al miedo se apodera de nosotros y nos aislamos de quienes percibimos como diferentes o amenazantes, limitamos nuestra propia identidad.

- Cuando dejamos atrás nuestro condicionamiento, vemos que muchas diferencias a las que nos aferramos se basan en construcciones sociales.

- Aun si no formamos parte de un grupo real, todos compartimos ciertas comunidades cotidianas: en un vagón del metro o la fila en una oficina gubernamental. En esos momentos comunes podemos reconocer nuestra profunda interdependencia.

- Hace falta mucho valor y apertura para transformar sentimientos como la ira en amor y esperanza.

❦ Cuando aprendemos a no resistirnos a sentimientos difíciles como la ira, podemos enfrentarlos con conciencia; una vez hecho esto, vemos que no son permanentes.

❦ Abordar la vida con una sensación de aventura está siempre a nuestra disposición, dondequiera que nos encontremos.

Agradecimientos

Estoy muy agradecida con Bob Miller, de Flatiron Books, por defender siempre el amor; con Carole Tonkinson, de Blue-bird, por entender tan bien lo que yo quería decir, y con mi agente, Joy Harris, por ser la mejor de las agentes y la mejor de las amigas.

Como todo en mi vida, hace falta una ciudad para que las cosas sucedan, y esta vez fue igual. Muchas personas me ofrecieron sus historias, poemas, citas e imágenes de amor. Ellas son en verdad el corazón y el alma de este libro.

Danelle Morton me ayudó mucho a entender la estructura del libro y después a recopilar las historias y trabajarlas para que esa estructura cobrara vida. Lise Funderburg iluminó un camino claro por el peliagudo terreno del amor a los demás, ¡sean padres, hijos, parejas, colegas o perros!

Lily Cushman se convirtió en mi asistente poco después de que empecé a trabajar en este libro y llevó todo mi trabajo a un nivel completamente distinto de presentación, creatividad e impacto.

Barbara Graham es una autora muy talentosa que hizo a un lado su trabajo para ayudarme cuando más lo necesitaba.

Su amplio conocimiento sobre temas como meditación, traumas y gratitud, combinado con su humor, bondad y experiencia en la mecánica de la escritura, volvió invaluables sus contribuciones.

Charlotte Lieberman trabajó conmigo mucho tiempo en este proyecto, ayudándome primero a pasar de una pavorosa pantalla en blanco a la concepción del libro; entrevistando después a muchas personas para recoger sus historias; ayudándome a responder a sugerencias editoriales en varias oportunidades y realizando todo tipo de tareas terriblemente detalladas, como conseguir autorizaciones para reproducir citas. Y esto es terrible.

Siempre había querido trabajar con Toni Burbank como editora y por fin lo logré. Ella es una leyenda y lo merece. Mis incesantes viajes y compromisos de enseñanza hicieron de mí, estoy segura, un caso difícil. Toni fue siempre brillante en sus señalamientos de lo que debía hacerse pese a todo, y esa brillantez se refleja a todo lo largo del libro.

De los muchos amigos con los que he sido bendecida en esta vida sólo puedo mencionar a unos cuantos: Joseph, Gyano, Steve, Elizabeth, Willa y Josey son como mi familia. Jeff, Jerry y Jennifer me brindaron constante apoyo. Mi comunidad de meditación me ofrece inspiración, tanto en la contemplación como en las acciones. Y quiero soltar un grito de aclamación por Jason, Christi y Kevin Garner, quienes estuvieron ahí en los momentos más intensos del libro —la entrega del primer borrador, la entrega de la versión definitiva— cuidando de mí. Y cuando estaba más desanimada para escribir, sintiendo que no podía contentarme con ser mediocre pero que tal vez tendría que hacerlo, Jason y Kevin me llevaron al teatro a ver *Hamilton*. Al salir sabía que en la composición de este libro tenía que poner todo lo que hay en mí. Así que gracias también a Lin-Manuel Miranda por su magnífica obra, que lo cambió todo.

Notas

INTRODUCCIÓN: EN BUSCA DE AMOR

1. James Baldwin, "Letter from a Region of my Mind", en *The Fire Next Time*, Nueva York, Vintage, 1992.

SECCIÓN 1

INTRODUCCIÓN: MÁS ALLÁ DEL LUGAR COMÚN

1. Linda Carroll, entrevista con la autora, julio de 2015.
2. James Baldwin, "They Can't Turn Back", en *The Price of the Ticket: Collected Nonfiction*, Nueva York, St. Martin's Press, 1985.
3. Sonja Lyubomirsky, *The How of Happiness: A Scientific Approach to Getting the Life You Want*, Nueva York, Penguin, 2007.
4. Maya Angelou, *Letter to My Daughter*, Nueva York, Random House, 2008.
5. Kristin Neff, "The Chemicals of Care: How Self-Compassion Manifests in Our Bodies", en self-compassion.org/the-chemicals-of-care-how-self-compassion-manifests-in-our-bodies.

1. LAS HISTORIAS QUE NOS CONTAMOS

1. Mark Wolynn, *It Didn't Start with You: How Inherited Family Trauma Shapes Who We Are and How to End the Cycle*, Nueva York, Viking, 2016.
2. L. H. Lumey *et al.*, "Prenatal Famine and Adult Health", en *Annual Review of Public Health*, núm. 32, 2011.
3. Rachel Yehuda *et al.*, "Holocaust Exposure Induced Intergenerational Effects on FKBp5 Methylation", en *Biological Psychiatry*, vol. 80, núm. 5, 2015.
4. Nancy Napier, entrevista con la autora, noviembre de 2016.

2. LAS HISTORIAS QUE OTROS CUENTAN DE NOSOTROS

1. Estadísticas de 2004 i-SAFE Foundation Survey, isafe.org/outreach/media/media_cyber_bullying.

2. Frank Bruni, "Our Weddings, Our Worth", en *New York Times*, 26 de junio de 2015.

3. Paul Raushenbush, "Debating My Gay Marriage? Don't Do Me Any Favors", en *Huffington Post*, 20 de octubre de 2014, huffingtonpost.com/paul-raushenbush/dont-do-me-any-favors_b_6014926.html.

3. ACEPTA TUS EMOCIONES

1. Daphne Zuniga, entrevista con la autora, agosto de 2015.

2. Jordi Quodbach *et al.*, "Emodiversity and the Emotional Ecosystem", en *Journal of Experimental Psychology*, vol. 143, núm. 6, 2014.

3. Barbara Graham, entrevista con la autora, marzo de 2016.

4. ENFRENTA A TU CRÍTICO INTERNO

1. George Mumford, *The Mindful Athlete: Secrets to Pure Performance*, Berkeley, Parallax Press, 2015.

2. Mark Coleman, entrevista con la autora, octubre de 2016.

5. OLVIDA LA PERFECCIÓN

1. Oscar Wilde, *An Ideal Husband*, Mineola, Dover Publications, 2012.

2. Kathryn Budig, entrevista con la autora, abril de 2015.

3. Citado en Kathy Jesse, "David Letterman, Even Retired, Keeps on Interviewing", en *New York Times*, 1o. de diciembre de 2015, nytimes.com/2015/12/02/arts/television/david-letterman-even-retired-keeps-on-interviewing.html.

6. REENCUÉNTRATE CON TU CUERPO

1. Ben Harper, "You Found Another Lover (I Lost Another Friend)", en *Get Up!*, Stax Records, 2013.

7. TRASCIENDE LA VERGÜENZA

1. Margaret Cho, "Self-Esteem Rant", en *NOTORIOUS C.H.O.: Live at Carnegie Hall*, Nueva York, Wellspring Media, 2002.

9. SIGUE TU BRÚJULA ÉTICA

1. Christopher Alexander, *The Nature of Order*, vol. 4, Berkeley, Center for Environmental Structure, 2002.
2. Citado en Olga Khazan, "Spill the Beans", en *Atlantic*, 8 de julio de 2015, theatlantic.com/health/archive/2015/07/spill-the-beans/397859/.

SECCIÓN 2

INTRODUCCIÓN: EL AMOR COMO VERBO

1. Oscar Wilde, *The Importance of Being Earnest*, Ballingslöv, Wisehouse, 2016.
2. Linda Carroll, entrevista con la autora, julio de 2015.
3. Zadie Smith, *White Teeth*, Nueva York, Knopf, 2001.
4. Toni Morrison, *Jazz*, Nueva York, Knopf, 2004.
5. Atul Gawande, "Hellhole", en *New Yorker*, 30 de marzo de 2009, newyorker.com/magazine/2009/03/30/hellhole.
6. Baljinder Sahdra y Phillip Shaver, "Comparing Attachment Theory and Buddhist Psychology", en *International Journal for the Psychology of Religion*, vol. 23, núm. 4, 2013.
7. Richard Davidson *et al.*, "Lending a Hand: Social Regulation of the Neural Response to Threat", en Psychological Science, núm. 17, 2006.
8. Barbara Fredrickson, "Remaking Love", TedX, 10 de enero de 2014.
9. Barbara Fredrickson, *Love 2.0: Creating Happiness and Health in Moments of Connection*, Nueva York, Penguin, 2013.

10. BARRERAS AL AMOR VERDADERO

1. James Baldwin, "Letter from a Region of My Mind", en *The Fire Next Time*, Nueva York, Vintage, 1992.
2. Rumi, traducción de Brad Gooch y Maryam Mortaz (inédito).
3. James Hollis, *The Eden Project: In Search of the Magical Other*, Toronto, Inner City Books, 1998.
4. Erich Fromm, *The Art of Loving: The Centennial Edition*, Londres, Bloomsbury Academic, 2000.

11. CULTIVA LA CURIOSIDAD Y EL ASOMBRO

1. Stephen Levine, *Embracing the Beloved*, Nueva York, Anchor, 1996.

12. LA COMUNICACIÓN AUTÉNTICA

1. Virginia Satir, *The Satir Model*, Palo Alto, Science and Behavior Books, 1991.
2. Citado en Emily Esfahani Smith, "Masters of Love", en *Atlantic*, 12 de junio de 2014, theatlantic.com/health/archive/2014/06/happily-ever-after/372573/.
3. Kathlyn y Gay Hendricks, "How to Create a Conscious Relationship: 7 Principles, 7 Practices", en *Huffington Post*, 15 de noviembre de 2011, huffingtonpost.com/kathlyn-and-gay-hendricks/creating-conscious-relationships_b_1092339.html.
4. John y Julie Gottman, *And Baby Makes Three: The Six-Step Plan for Preserving Marital Intimacy and Rekindling Romance After Baby Arrives*, Nueva York, Harmony, 2007.
5. George Taylor, entrevista con la autora, octubre de 2016.
6. Mark Wolynn, *It Didn't Start with You: How Inherited Family Trauma Shapes Who We Are and How to End the Cycle*, Nueva York, Viking, 2016.

13. JUEGO LIMPIO: UNA PROPUESTA DE BENEFICIO MUTUO

1. B. Janet Hibbs, *Try to See It My Way: Being Fair in Love and Marriage*, Nueva York, Avery, 2009.

14. SORTEA EL ESPACIO INTERMEDIO

1. Deborah Luepnitz, *Schopenhauer's Porcupines: Intimacy and Its Dilemmas*, Nueva York, Basic Books, 2008.
2. Rainer Maria Rilke, *Letters to a Young Poet*, trad. de M. D. Herter Norton, Nueva York, W. W. Norton, 1934.
3. Thomas Merton, *No Man Is an Island*, Boston, Mariner, 2002.

15. DESPRÉNDETE

1. Alice Walker, "Even as I Hold You", en *Good Night, Willie Lee, I'll See You in the Morning*, Nueva York, Doubleday, 1979.
2. James Hollis, *The Eden Project: In Search of the Magical Other*, Toronto, Inner City Books, 1998.
3. Christine Carter, "Raising Happiness", en *Greater Good*, 29 de abril de 2014, greatergood.berkeley.edu/raising_happiness/.
4. Barbara Kingsolver, *Animal Dreams*, Nueva York, HarperCollins, 2009.

16. CURACIÓN, NO VICTORIA

1. George Taylor, *A Path for Couples: Ten Practices for Love and Joy* (edición de autor, 2015).

17. EL CORAZÓN ES UN MÚSCULO GENEROSO

1. Shelly Gable *et al.*, "Will You Be There for Me When Things Go Right? Supportive Responses to Positive Event Disclosures", en *Journal of Personality and Social Psychology*, núm. 91, 2006.

18. PERDÓN Y RECONCILIACIÓN

1. Naomi Shihab Nye, *Honeybee: Poems and Short Prose*, Nueva York, HarperCollins Publishers, 2008.
2. Helen Whitney, *Forgiveness: A Time to Love and a Time to Hate*, PBS, 2011.
3. Frederick Buechner, *Telling the Truth: The Gospel as Comedy, Tragedy, and Fairy Tale*, Nueva York, Harper & Row, 1977.

SECCIÓN 3

INTRODUCCIÓN: EL AMPLIO CRISTAL DE LA COMPASIÓN

1. Jason Garner, entrevista con la autora, julio de 2016.
2. Jacqueline Novogratz, *The Blue Sweater: Bridging the Gap Between Rich and Poor in an Interconnected World*, Emmaus, Rodale, 2010.
3. Citado en "Feeling Others' Pain: Transforming Empathy into Compassion", en *Cognitive Neurological Society*, 24 de junio de 2013, cogneurosociety.org/empathy_pain/.
4. Julianne Holt-Lunstad *et al.*, "Social Relationships and Mortality Risk: A Meta-Analytic Review", en *PLoS Medicine*, núm. 7, 2010.
5. Kevin Berrill, entrevista con la autora, septiembre de 2015.
6. Daniel Goleman, "Rich People Just Care Less", en *New York Times*, 5 de octubre de 2013.

19. PREPARA EL TERRENO

1. Sonja Lyubomirsky, *The How of Happiness: A Scientific Approach to Getting the Life You Want*, Nueva York, Penguin, 2007.

20. CÓMO DESAFIAR NUESTRAS SUPOSICIONES

1. Rhonda Magee, "How Mindfulness Can Defeat Racial Bias", en *Greater Good*, 14 de mayo de 2015, greatergood.berkeley.edu/article/item/how_mindfulness_can_defeat_racial_bias.
2. Citado en Karin Evans, "Fear Less, Love More", en *Mindful*, 7 de junio de 2016, mindful.org/fear-less-love-more/.
3. Thomas Pettigrew y Linda Tropp, "A Meta-Analytic Test of Intergroup Contact Theory", en *Journal of Personality and Social Psychology*, núm. 90, 2006.
4. Andrew Todd *et al.*, "Does Seeing Faces of Young Black Boys Facilitate the Identification of Threatening Stimuli?", en *Psychological Science*, núm. 27, 2016.
5. Karin Evans, *op. cit.*
6. *Ibid.*
7. Historia de Aman Ali sobre el 11 de septiembre, post en Facebook, facebook.com/amanalistatus/posts/10103715731256804?notif_t=like.

21. AMA A TODOS

1. Thich Nhat Hanh, *How to Love*, Berkeley, Parallax Press, 2014.
2. Entrevista de Jon Stewart con Malala Yousafzai, en *The Daily Show*, 8 de octubre de 2013, cc.com/video-clips/a335nz/the-daily-show-with-jon-stewart-malala-yousafzai.
3. Arzobispo Tutu, TheForgivenessProject.com.
4. Robi Damelin, "Palestinian and Israeli Bereaved Mothers Feel the Same Pain", en *Haaretz*, 24 de febrero de 2016, haaretz.com/opinion/.premium-1.703226.
5. Citado en Sharon Salzberg, "Three Simple Ways to Pay Attention", en *Mindful*, 4 de marzo de 2016, mindful.org/meditation-start-here/.

22. CREACIÓN DE COMUNIDAD

1. Barbara Fredrickson, *Love 2.0: Creating Happiness and Health in Moments of Connection*, Nueva York, Penguin, 2013.
2. Robert Putnam, *Bowling Alone: The Collapse and Revival of American Community*, Nueva York, Touchstone Books, 2001.
3. Miller McPherson *et al.*, "Social Isolation in America: Changes in Core Discussion Networks over Two Decades", en *American Sociological Review*, vol. 71, núm. 3, 2006.

4. Rebecca Solnit, *A Paradise Built in Hell: The Extraordinary Communities That Arise in Disaster*, Nueva York, Penguin, 2010.

5. Alix Kates Shulman, *Drinking the Rain: A Memoir*, Nueva York, Farrar, Straus and Giroux, 1995, se reproduce con autorización.

23. DE LA IRA AL AMOR

1. Robert Thurman y Sharon Salzberg, *Love Your Enemies: How to Break the Anger Habit and Be a Whole Lot Happier*, Carlsbad, Hay House, 2013.

2. Mallika Dutt, entrevista con la autora, abril de 2016.

3. Citado en Mark Engler, "Ai-jen Poo: Organizing Labor —With Love", en *Yes! Magazine*, 9 de noviembre de 2011, yesmagazine.org/issues/the-yes-breakthrough-15/ai-jen-poo-organizing-labor-with-love.

4. Citado en "An Incredible Container for Transformation: An Interview with Labor Organizer and Feminist Ai-jen Poo", en *Believer*, 9 de mayo de 2014, logger.believermag.com/post/85221891259/an-incredible-container-for-transformation.

5. Citado en Bryce Covert, "How the Rise of Women in Labor Could Save the Movement", en *Nation*, 10 de enero de 2014, thenation.com/article/how-rise-women-labor-could-save-movement.

6. Citado en Laura Flanders, "Can 'Caring Across Generations' Change the World?", en *Nation*, 11 de abril de 2012, thenation.com/article/can-caring-across-generations-change-world.

7. Atman Smith, entrevista con la autora, abril de 2016.

8. Andy Gonzalez, entrevista con la autora, abril de 2016.

9. Ali Smith, entrevista con la autora, abril de 2016.

24. DI SÍ A LA VIDA

1. Paul Piff, Dacher Keltner *et al.*, "Awe, the Small Self, and Prosocial Behavior", en *Journal of Personality and Social Psychology*, vol. 108, núm. 6, 2015.

2. Citado en Sean O'Neal, "Interview with Rashida Jones", en *A.V. Club*, 8 de abril de 2009, avclub.com/article/rashida-jones-26240.

3. Historia de Sudha Chandran, Humans of Bombay, post en Facebook, 18 de enero de 2016, ow.ly/hjoe307axmx.

Esta obra se imprimió y encuadernó
en el mes de marzo de 2018,
en los talleres de Impregráfica Digital, S.A. de C.V.,
Calle España 385, Col. San Nicolás Tolentino,
C.P. 09850, Iztapalapa, Ciudad de México.